百年名校给父母的家庭教育指导手册

不惧未来

十大核心能力塑造内核强大的孩子

薛丽霞 李 娟 谷思艺 主 编

机械工业出版社

本书由来自北京市史家教育集团和北京市第二中学教育集团的上百位一线教师联合编写。

书中内容凝结了这些一线优秀教师多年的工作经验和教育智慧。作者梳理出新时代内核强大的孩子需要培养的十大核心能力，在系统、严谨的理论知识的基础上，分享了丰富的、有趣有料的、有内涵的案例和解析，还为每种能力提供了系统性的实践方案。

读者可以从本书中获取养育知识，针对性地学习教育方法和理念，改善家庭氛围和育儿技巧，提升家庭教育方面的自我修养。书中的案例涉及小学、初中和高中，可以帮助家长更好地适应孩子的不同阶段，以及更深入地理解孩子的需求，满足他们个性化的要求，还可以帮助家长了解新教育模式，以及人工智能时代下，孩子们最需要培养的能力。

这是一本学校给家长的有理念、有案例、有实践方法的教育指南，读者不仅可以从众多案例中找到参考，还可以通过实践游戏寓教于乐，实施教育理念，具备较强的实用性和可操作性。

图书在版编目（CIP）数据

不惧未来：十大核心能力塑造内核强大的孩子 / 薛丽霞, 李娟, 谷思艺主编. -- 北京：机械工业出版社, 2025.2. -- ISBN 978-7-111-77907-0

I. G782

中国国家版本馆CIP数据核字第2025UC7375号

机械工业出版社（北京市百万庄大街22号　邮政编码100037）
策划编辑：徐曙宁　　　　　责任编辑：徐曙宁　兰　梅
责任校对：郑　婕　王　延　责任印制：单爱军
中煤（北京）印务有限公司印刷
2025年5月第1版第1次印刷
169mm×230mm・20.5印张・1插页・232千字
标准书号：ISBN 978-7-111-77907-0
定价：69.80元

电话服务　　　　　　　　　网络服务
客服电话：010-88361066　　机　工　官　网：www.cmpbook.com
　　　　　010-88379833　　机　工　官　博：weibo.com/cmp1952
　　　　　010-68326294　　金　书　网：www.golden-book.com
封底无防伪标均为盗版　　　机工教育服务网：www.cmpedu.com

主　　　编： 薛丽霞　李　娟　谷思艺

学术指导专家： 曹　丛　岳秋华　李昀洋

编　　　委： （按音序排列）

崔韧楠　陈萌萌　丁笑迎　高李英　侯　婕　冀红杰
李超群　梁　琪　马清原　苗姗姗　牛东芳　万　平
王燕红　吴　斯　张东海　张　璐　左升鹭

参　　　编： （按音序排列）

边晔迪　白明辉　陈　晨　陈　静　陈　茉　陈　思
陈正明　崔玉文　董　鑫　段　利　冯金旭　高明一
韩春明　韩凯旋　韩月桥　康　良　孔宪梅　李东梅
李　辉　李丽梅　李秋敏　李　欣　李　桢　李　植
刘芳娜　刘洪洋　刘梦媛　刘宁宁　刘宇欣　鲁　静
鲁秀明　鲁志梅　罗　曦　马涵爽　马　骏　穆晨阳
彭　帅　钱孟乔　任　阳　沈保刚　石　濛　石杨子
宋丹阳　宋　敏　孙彬彬　孙　鸿　孙美玲　谭　瑢
佟　爽　汪　廉　王　琛　王成龙　王熙嵘　魏　兴
吴　悠　辛雨晴　邢嘉文　熊文霞　徐　菲　徐艳丽
许富娟　杨　婧　杨晓雅　殷思晗　英　文　尤佩娜
于　晶　臧雨薇　翟梓菲　张艾琼　张京利　张　萌
张梦乔　张　倩　张　冉　张婉霞　张文芳　赵新玉
赵　鑫　郑　珊　钟静盈　周　娜

校长寄语

著名教育家苏霍姆林斯基认为，教育是一个整体，面对的是孩子完整的精神世界。随着社会的发展和教育的改革，学校教育和家庭教育的关系越来越紧密。学校不再是孤立的教育机构，而是与家庭、社区共同构成了一个复杂的教育生态系统。在儿童的成长教育上，只有做到教育理念的共识、教育方法的共享，才能实现教育的协同共为。

党的十八大以来，中共中央、国务院、教育部相继出台《教育部关于加强家庭教育工作的指导意见》《中华人民共和国家庭教育促进法》《关于健全学校家庭社会协同育人机制的意见》等文件，强调家校共育工作的重要性，学校、社会和家庭都应重视家庭教育，它关系到孩子的终身发展及国家与民族的未来。自2022年1月开始施行的《中华人民共和国家庭教育促进法》更是明确规定：父母或者其他监护人应当树立家庭是第一个课堂、家长是第一任老师的责任意识，承担对未成年人实施家庭教育的主体责任。当前，学校正在将家庭教育纳入学校德育工作体系，旨在帮助家长增强家庭教育意识，明确家庭教育定位，提高家庭教育素养，既要树立正确的家庭教育理念，更要掌握科学的家庭教育知识。

作为一线教育的实践者，我们希望家庭教育回归本位，凝聚家校合力，激活学生潜能。努力在家校共育中画好同心圆，双向奔赴教育的美好未来。

北京市第二中学教育集团

薛丽霞

前　言

市面上有关家庭教育的书籍很多，这些书能帮助家长了解孩子的成长需求，学习一些科学的教育方法，也梳理了一些教育理念，但是这些理念在孩子成长过程中遇到困难时会动摇。而且这些书中提供的方法应用起来过于教条，缺乏实际的可操作性。本书由硬核的编创团队总结出了面对未来的青少年需要培养的十大核心能力，内容包含系统、严谨的理论知识和有趣、有料、有内涵的案例解析，它不仅是一本家庭教育工具书，更是数百位名师的智慧锦囊。

硬核的创作团队

北京市东城区史家实验学校是东城区第一所"双集团"管理下的九年一贯制学校，于 2014 年加入史家教育集团，提出"和谐 + 生态"的办学理念，并一直致力于关注学生心理健康教育和家庭教育的探究，推行"家校同行"的家庭教育理念，也逐渐赢得家长的支持与肯定。在教育部、北京市教育学院、东城区委教育工作委员会和东城区教育委员会的引领之下，2017 年成为全国心理特色示范校，2023 年被评为北京市东城区家校社协同育人实践研究基地校。2022 年加入北京市第二中学教育集团后，学校总结以往家校共育经验，聚焦育人新载体，以"和谐 + 生态"对接二中"空气养人"的办学理念，提出了培养学生"全面、个性、可持续发展"的育人目标，重新构建"生态圈"课程体系，着力于"小初高一体化"的贯通培养与教育。学校构建的"生态圈课程群"，更是变课程的"跑道思维"为"平台思维"，为学生搭建一个去中心、开放化、无边界、生成性、流动性、合作共享、深度交互、高度包容的学习平台。

北京市第二中学最早为创建于1724年的清朝左翼宗学，距今已有三百年建校史，是北京市示范高中。学校提出了"空气养人"的办学理念，努力实现学生的全面发展，倡导学生的个性发展，实现学生的可持续发展，以"养眼、养心、养德、养智、养体、养行"为育人指导思想。学校落实立德树人的根本任务，积极构建"校家社"协同育人机制。学校通过发挥家委会的作用，搭建家校合作平台，整合优质社会资源，开发社会大课堂，增强协同育人实效。学校更依托校家社资源优势，开展丰富多彩的教育活动，通过"百位专家进校园"，实现大师引领成长；开展"百所职场体验"，打开社会窗口；走进"百家博物馆"，追寻文化记忆；开展"百所高校进校园"，指引学生前行方向；推出"百封家书进校园"，传递感恩，增进亲情……学校发挥育人主阵地作用，加强协同育人机制建设，营造了全员、全过程、全方位的育人氛围。

十大核心能力助力青少年飞翔

学习内驱力——主动学习、探索知识和世界的核心力量。

情绪自控力——感知情绪、调节情绪的能力，更是提升情商的必备能力。

自我认知力——指对自我的认知、评价的能力。这种能力能让青少年了解自我的需求，并确定努力的方向。

团队协作力——与人合作、共同达成目标的能力。随着社会分工越来越细化，个人的力量是有限的，很难突破时空的障碍。青少年需要明白，成功不是单打独斗就能实现的，要学会与他人合作共赢。

时间管理力——善于规划时间、使用时间的能力。

人际沟通力——这种能力并不是指能言善辩、口若悬河，而是指一种复杂的综合能力，它不仅涉及语言表达，还包括倾听、理解和反馈等多个方面。

抗挫折力——任何事情的成功都需要经历无数次的失败，拥有抗挫折力，会让青少年认识到失败不仅是成功的先导，也是成长和进步的动力，需要我们善于反思，并坚韧不拔。

坚毅力——即在困难中能够持久努力、坚持不懈的品质，这也是青少年在逆境中成长所必备的能力。

钝感力——即对外界事物、关系、情景、细节、功利等感知迟钝，把更多注意力放到自己身上，不执着于外界、他人的评价的能力。对于生活中非常容易自怨自艾、多愁善感的孩子，需要提升一些钝感力。

自我约束力——对自身的冲动、感情、欲望等施以自主控制的能力。这不仅是一种态度和品质，更是对欲望加以审视和克制的能力。

如何使用这本书

➢ 了解新时代青少年需要培养的品质能力

在新时代背景下，青少年的成长环境和面临的挑战与以往有所不同。因此，新时代青少年需要具备一些特定的品质和能力，以适应不断变化的社会环境和个人发展需求。本书结合青少年心理发展理论和工作实践，总结出青少年发展需要提升的十大核心能力。

➤ **解答实际养育问题**

家长们在教育孩子的过程中难免会遇到各种问题，例如：如何处理孩子的叛逆期、敏感性格，如何帮助孩子应对学业压力等。

本书汇聚了小学、初中、高中不同学龄段的数百位教师的教育案例，探索问题的本质，总结成功的经验，给每个家庭提供教育的素材。读者不仅能提升育儿的认知和技巧，更能深化对家庭教育本质的理解。

➤ **参考专业的教育理论**

本书不仅包含了丰富的实践案例，还融入了社会学、教育学和心理学等专业理论和评述。不仅能够帮助家长更深入地理解孩子的行为模式，还有助于家长做出更有针对性的决策。例如，家长可以通过阅读有关调节情绪的理论和案例，了解如何帮助孩子识别和表达自己的情绪，以及如何在家庭环境中建立健康的互动模式。

➤ **学习家庭环境中适用的日常实践游戏**

真正的教育不是言辞恳切的说教，而是不露声色的引导。大量的事实证明，游戏是一种协助孩子改变不良习惯、改善亲子关系、调整孩子内心世界的高效实用的方式。本书研发创造了大量亲子游戏，适宜在家庭、社区演示操作，寓教于乐，在游戏的世界中提升青少年品质。

目　录

校长寄语 / Ⅳ

前言 / Ⅴ

第一章　学习内驱力：破解孩子的学习难题 / 1

◆ 家长早知道 / 2

◇ "费劲"学习背后的读写障碍 / 5

◇ 学习困难的孩子，如何安排寒暑假 / 8

◇ 改变家庭教养环境，提升孩子的

注意力 / 12

◇ 让学习跟生活挂钩，提升孩子的

学习兴趣 / 14

◇ 稳定情绪，打破大考前精力不集中的

现象 / 18

◇ 调整孩子的消极心态，改变沉迷游戏的

状态 / 22

◇ 从兴趣入手，激发学习内驱力 / 26

◇ 做好作业规划，改善拖沓和低效 / 29

◇ 抓住"高峰期"，培养良好的学习

习惯 / 33

◆ 日常实践方案 / 37

先导游戏：一站到底 / 38

游戏1：一起开火车 / 38

游戏2：听力大比拼 / 39

游戏3：舒尔特方格训练 / 40

第二章　情绪自控力：助力孩子心情舒畅 / 43

◆ 家长早知道 / 44

◇ 调整教养理念，改变孩子的

"胆小退缩" / 47

◇ 勇于接纳，改善孩子的负性情绪 / 50

◇ 探索心理冲突，化解厌学情绪 / 53

◇ 教会孩子交朋友，是融入集体环境的

法宝 / 57

◇ 系统化应对，缓解孩子的厌学情绪 / 60

◆ 日常实践方案 / 64

先导游戏：感知情绪 / 65

游戏1：绘画法缓解害羞 / 65

游戏2：开心果创造快乐 / 67

第三章　自我认知力：深度引导孩子自我成长 / 69

◆ 家长早知道 / 70

◇ 使用积极语言，提升孩子的自信心 / 74

◇ 温暖互动，让孩子变成"优等生" / 77

◇ 发现孩子的闪光点，改变孩子的

不自信 / 81

◇ 运动，提升孩子良好自我状态的

催化剂 / 83

◇ 虚心求助，让孩子成为一名优秀的

班干部 / 86

◆ 日常实践方案 / 90

先导游戏：听指令，做动作 / 91

游戏1：角色扮演 / 91

游戏2：星星点赞卡 / 93

游戏3：手工制作 / 94

游戏4：生命教育 / 96

目 录

第四章 团队协作力：让孩子在合作中成长 / 99

◆ 家长早知道 / 100

◇ 团队协作，让动画创作变得更好玩 / 104

◇ 鼓励式社交，缓解独生子女的"烦恼" / 107

◇ 家庭中的情景剧，让孩子拥有自己的"小团体" / 108

◆ 日常实践方案 / 111

先导游戏：传递呼啦圈 / 112

游戏1：美育教育 / 112

游戏2：废弃物回收 / 114

游戏3：乒乓球大作战 / 115

游戏4：鸟兽斗游戏 / 116

第五章 时间管理力：高效学习，告别拖延 / 121

◆ 家长早知道 / 122

◇ 引导孩子自主安排时间，改变爱拖拉的习惯 / 126

◇ 深度感知时间，提高孩子的时间管理力 / 127

◇ 刻意训练，帮助孩子改掉拖拉的坏习惯 / 130

◇ 对孩子的教育需要先做好减法，再加速 / 132

◆ 日常实践方案 / 136

先导游戏：生命账单 / 137

游戏1："秒时"追逐赛 / 138

游戏2：制订"任务清单" / 139

游戏3：巧用时间色卡 / 140

游戏4：时间瓶子 / 143

游戏5：四象限法 / 144

游戏6：音乐趣味赛 / 145

第六章　人际沟通力：构建孩子的人际桥梁 / 147

◆ 家长早知道 / 148

◇ 积极关注，淡化孩子的"怪动作" / 152

◇ 创造"帮忙的机会"，赶走孩子的怯懦 / 154

◇ 澄清式沟通，应对"二孩"问题 / 157

◇ 改变沟通技巧，让孩子变得"听话" / 161

◇ 亲子良性互动，培养孩子的同理心 / 163

◇ 善用倾听，化解青春期的逆反行为 / 166

◇ 用集体荣誉感激发孩子们的斗志 / 169

◆ 日常实践方案 / 173

先导游戏：鸡同鸭讲 / 174

游戏1：家庭"大作战" / 174

游戏2："赞美"式沟通 / 176

第七章　抗挫折力：教会孩子坚韧不拔 / 181

◆ 家长早知道 / 182

◇ 孩子不敢面对挫折，家长怎么办 / 187

◇ 用宠物离世的事件，给孩子做生命教育 / 190

◇ 躬身力行，让孩子学会坚持 / 193

◇ 启发式沟通，让孩子拥有积极情绪 / 196

◆ 日常实践方案 / 200

先导游戏：彩虹涂鸦 / 201

游戏1：思考帽 / 201

游戏2：模拟游戏 / 204

游戏3：拼图挑战 / 204

游戏4：户外探险 / 205

目 录

第八章 坚毅力：让孩子在困难中成长 / 207

◆ 家长早知道 / 208

◇ 共情式陪伴，缓解孩子的畏难状态 / 212

◇ 借用困难，引导孩子学习成长的技能 / 213

◇ 直面困难，缓解孩子的"表演恐惧" / 215

◇ 寓言故事，让孩子学会克服困难 / 217

◇ 深度共情，培养孩子坚毅的品质 / 221

◆ 日常实践方案 / 228

先导游戏：钉纽扣 / 229

游戏1：故事"七巧板" / 229

游戏2：创作"勇敢坚持之歌" / 230

游戏3：讲故事消除"害怕"情绪 / 232

第九章 钝感力：指引孩子平常心视角 / 237

◆ 家长早知道 / 238

◇ 情绪调节训练，缓解孩子的敏感状态 / 242

◇ 用耐心和毅力，缓解孩子的敏感情绪 / 245

◇ 高效亲子沟通，松弛孩子紧绷的神经 / 249

◇ 多场景实践，改变孩子敏感脆弱的性格 / 252

◇ 无条件积极关注，促进孩子更快地适应环境 / 255

◇ 丢弃溺爱的教育方式，让孩子不再"玻璃心" / 257

◆ 日常实践方案 / 262

先导游戏：豌豆公主 / 263

游戏1：被干扰的"斯巴达" / 263

游戏2：情景训练 / 265

游戏3：制作同理心卡片 / 268

游戏4：在实验中体验钝感力 / 269

游戏5：拓展体验 / 272

XIII

第十章　自我约束力：引导孩子高效成长 / 277

◆ 家长早知道 / 278

　　◇ 目标管理，让孩子不再磨蹭 / 282

　　◇ 让孩子爱上阅读，养成良好的阅读习惯 / 285

　　◇ 系统化的养成方式，培养孩子的自我约束力 / 289

　　◇ 制订学习目标，改变孩子不按时写作业的习惯 / 292

　　◇ 一揽子计划，帮助孩子顺利适应初中生活 / 296

　　◇ 抓住时机，让孩子去自我中心化 / 300

◆ 日常实践方案 / 306

　　先导游戏：熊猫保卫战 / 307

　　游戏1：俯撑石头剪刀布 / 307

　　游戏2：屈腿石头剪刀布 / 308

　　游戏3：猜拳踩脚 / 309

后记 / 311

第一章

学习内驱力：

破解孩子的学习难题

家长早知道

(北京市东城区史家实验学校　宋丹阳)

什么是学习内驱力

学习内驱力是指青少年能自主且满怀期待地去学习,不依靠外界的引导、激励,而是源于自身对于学习的认可,是实现自我价值的强烈渴望的一种主观能动性。同时,它也属于孩子个体内部的学习动力,它促使孩子出于兴趣、好奇心或追求成就感而主动学习。

现状与成因

每每谈到孩子不爱学习的问题时,许多家长都会有共鸣。在这个信息多元化的新时代,孩子们接触了许多的新鲜事物,同时也被赋予了无限的可能性。然而,面对生活中无数的干扰因素,如何激发孩子的学习内驱力,让他们在学习的海洋中乘风破浪,成为每位家长和教育者深思的问题。

我们要认识到,孩子不爱学习并非出于单一的原因,而是由于多方面的因素交织在一起,共同作用于孩子的心理和行为。

1. 孩子主体的学习压力。校内,学生承担着各科的学业任务,校外,家长也会给孩子布置额外任务,这使得孩子们感到疲惫不堪,不仅消磨了他们对知识的好奇心,更可能产生厌学情绪。

2. 家庭环境也是影响孩子学习态度的重要因素。家长的期望值过高或者过于严苛，会给孩子带来巨大的心理压力。一些家长过分强调成绩，忽视了孩子的兴趣和特长，这种片面的教育观念往往会消磨孩子学习的积极性。

3. 当前社会新鲜有趣的事物较多，学生容易受到诱惑。短视频平台和网络游戏的乐趣都渗透到了孩子们的生活当中，有的学生会禁不住诱惑，将大把的时间精力投入进去，甚至在学习时心不在焉，哼唱"爆火神曲"或者回想游戏中的人物技能，使注意力分散，投入到学习中的时间和精力大大减少。这些快餐式的娱乐文化，不仅占据了孩子们的业余时间，更有可能影响其价值观，使他们对学习失去兴趣。

应对方法

在激发孩子的内驱力方面，家长和老师可以这样做：

1. 确立目标，引领方向。目标是行动的指南针，帮助青少年设定清晰、具体的学习目标，可以让他们明白学习的方向。当然，这些目标不要盲目设定，应当既有挑战性，又能够实现，可以激励学生为之努力。同时，家长也要让孩子了解当前教育竞争的环境，适当增加孩子的紧迫感。

2. 培养兴趣，激发热情。兴趣是最好的老师，当青少年对某个领域产生浓厚的兴趣时，他们的学习内驱力自然会增强。因此，家长可以在节假日带孩子到大自然中探索、去科技馆学习观展、到音乐厅听一场演奏，让孩子在实践中发现学习的乐趣。同时，鼓励学生探索自己的兴趣爱好，将兴趣与学习内容相结合，提高学习的主动性和积极性。

3. 鼓励孩子自主学习，增强责任感。自主学习是提升学习内驱力的有效途径。家长和老师不要全方位监督孩子的学习成果，应逐步引导学生独立完成学习任务，让他们在自我管理的过程中增强责任感和自信心。通过制订学习计划、自我检查进度和反思总结，引导孩子更好地掌握学习的节奏，从而提升学习的内在动力。

4. 向青少年提供正向反馈，建立其自信。积极的反馈能够增强孩子的自信心，进而提升学习内驱力。家长和老师应及时给予正面的评价和鼓励，尤其是当孩子取得进步或克服困难时；同时，在失败时要鼓励青少年正视失败，从中吸取教训，这样他们才能在挫折面前保持坚韧不拔的学习态度。

提升学生的学习内驱力是一个复杂而长期的过程，需要学生、家长和教师共同努力，通过确立目标、培养兴趣、自主学习、正向反馈等策略，有效地激发学生的学习激情。家长和校方应携手合作，为孩子们的未来点燃希望之火，将他们培养成为终身学习者。

第一章

学习内驱力：破解孩子的学习难题

"费劲"学习背后的读写障碍

（北京市东城区史家实验学校　尤佩娜）

- 老师，我家孩子都二年级了，依然"bdpq"不分，教了无数次、记了无数次，但好像怎么都记不住，我看其他孩子也没这么费劲儿啊……

- 老师，我发现我家孩子考试成绩虽然不好，但是如果问他听过的知识，他基本能回答上来，可是一落到笔头上，就惨不忍睹了……

- 我上五年级了，考试成绩不太理想，生字、单词对我而言依然是特别困难，可能别人看几遍就记住了，我至少要记十遍，即便如此，第二天也可能全部忘记。我一度认为自己就是天生比别人笨，但是最近看了一部纪录片《我不是笨小孩》，我觉得可能自己就是里边的那种孩子……

- 老师，我发现我家孩子读书特别容易漏字，甚至有时候读的顺序都颠三倒四的，很难顺畅地读完一篇文章，语文老师也和我反映过很多次，让多练习，我们也花费了特别多的时间，但作用似乎并不大……

****

从上述案例中，我们可以看到，面对孩子的学业问题，家长都是特别重视的。尤其是当孩子学业成绩不是很理想的时候，容易让双方感觉到焦虑，甚至引发各种负性情绪体验。对此，作为家长，您有没有想过，孩子学业成绩不理想的真正原因是什么呢？

结合上述的四个小案例，让我们一起了解一下导致部分孩子学业成绩不理想的原因之一：读写障碍。

1. 读写障碍是一种特殊的学习障碍，主要表现为孩子在阅读、书写、识字等方面有困难，经常出现和自身年龄不相符的失误和低效。比如：识字用时长且记忆效果差，难以辨认形近字等；书写困难，无法注意细节区别，很容易写错别字；阅读时漏字、错字、颠倒顺序等。

2. 存在读写障碍的孩子往往会伴随学业成绩不理想，特别是纸笔测试，因为这些测试对读写的要求偏高。因此，读写障碍的孩子测验分数容易比较低。长此以往，导致存在读写障碍的孩子，随着年龄的增长很容易在自信心、自尊等方面受到打击，进而影响学习态度，最终容易被认为学习不认真、不努力等，导致家长对孩子的真正问题出现误读、误判。

近年来，读写障碍已经开始越来越多地被关注到，如果遇到阅读障碍的孩子，我们应该如何应对呢？

正确面对，寻求专业帮助

读写障碍从其本质上来说依然是一种需要调整的状态，因此，对待有读写障碍的孩子，家长首先要做的就是认识到问题的真实存在，用平静的心态面对：既不能视而不见，消极逃避，也无须谈之色变。就像对待我们日常生活中的感冒一样，把它当作生命中的一种病症，然后去积极应对。我们还要肩负起让孩子正确对待这个问题的引导工作，因为孩子年龄比较小，不一定能够理解自己的真实状态，这个时候家长就需要用一些形象化的比喻来化解孩子的困境，比如："有的人像小鱼，特别擅长游泳，更适合在水中生活；而有的人则像雄鹰，更适合在天空中飞翔……我们每个人都不一样，所以你在这方面不是最棒的，但是妈妈/爸爸知道你在××方面特别厉害！"帮助孩子从多元的角度发掘自己的优势，减少读写障碍可能带来的消极影响。

积极寻求专业帮助也必不可少。对于有读写障碍，或者被怀疑可能是读写障碍的孩子，家长在可能的情况下，应尽早积极寻求专业帮助，因为一般越早对读写障碍进行专业干预，效果往往会越好。

理解接纳，温暖支持

有阅读障碍的孩子，一旦进入到小学校园，随着年级的升高，在体验过学业方面的困难或失败后，往往会对自己的学业表现有一些负面的判断和评价，年龄越大，这样的评价会越多、越深刻。对此，我们要从心理层面给予孩子足够的支持和理解，让他切实感受到自己的现状不是因为自己不努力、不认真，更不是因为自己"笨"导致的，只是因为自己和别人接收信息、学习知识的方式不太一样而已。同时，要增进孩子对阅读障碍相关专业知识的了解，陪伴孩子在日常活动和体验中提升对自己的理解和接纳。

寻找优势，重建自信

这主要是针对由于读写障碍，已经造成了一些消极影响的孩子，比如：认为自己不是学习的料、比别人"笨"的孩子。对此，家长要陪孩子一起探索属于他的独特优势，让其在具体的实践、体验中真实感受到自己"能行"，体会到自己在某些方面是强于同龄人的，由此提升孩子的自信和自我效能感，削弱前期由读写障碍导致的不自信，最终找到适合孩子自己的发展之路。

学习困难的孩子,如何安排寒暑假

(北京市东城区史家实验学校 杨晓雅)

有这样一位学习特别困难的男孩。他在低年级时被发现存在读写障碍的情况:说话有口吃,书写汉字时结构解体、笔画分散;能口头表达,却无法连贯地读出5个字以上的词句,学过的字词记不住。随着年级的升高,问题愈发严重:识字有障碍,听不懂老师讲解的内容,看不懂书上的字,专注力继而出现问题,课堂经常左顾右盼,无法集中注意力干一件事。书写有困难,因而作业也出现拖沓、甚至不愿写的情况,成绩常常不及格。在学习方面有退缩、消极的情绪,逐渐丧失了学习的内驱力。

****

面对孩子读写障碍、学习困难的情况,许多父母一开始只觉得孩子就是懒惰,一旦孩子写作业慢、出错多,父母就经常发脾气,甚至安排孩子做更多的练习题,当孩子写作业拖沓时,父母竟然还会帮着写作业,这导致孩子对知识的接收愈发被动,更提不起对学习的兴趣。

身为家长,面对这样的情况,要如何与老师配合,才能更好地帮助孩子提高学习内驱力呢?

我们可以尝试从以下几个方面着手:

了解孩子学习兴趣低迷的原因

患有读写障碍的孩子，上课时，不明白课堂上的专业术语，只知道自己看不懂、记不住知识。随着年龄增长，孩子自尊心逐渐加强，更想要表现自身好的一面，心里着急却又屡屡受挫，不知如何是好。这样负性情绪累积下来，就会影响到孩子的学习行为习惯。例如，孩子在课堂上跟不上老师讲课的节奏，看不懂课本中的字，听不明白知识点，无所事事，进而走神去做其他事，注意力不集中的情况就越来越严重。听不懂知识，书写又有问题，作业自然也不会写，就会产生磨蹭、不愿写的情况，进而越来越不想学习、害怕学习。其实这都是由读写障碍引发的环环相扣的情况。我们不能单纯抛开这个问题，只说孩子的学习态度或学习兴趣。

不回避不否认，直面问题，积极解决

有时家长的做法与情绪会影响孩子的意识。例如，家长拿自己孩子和班里其他孩子比较，发现自己孩子字写得不好，错题又多，写作业还磨蹭，就会对孩子更严格，布置更多的学习任务，孩子得不到大人的肯定反而受到更多的责备与惩罚，这使其内心的压力更大，对学习的抵触情绪更严重，转而去做那些让他感到放松有趣的事，行为更加放肆、不受约束，从而陷入恶性循环。

读写障碍的问题只是让孩子在接受知识上出现了困难，与正常孩子相比，他们接受知识的速度慢了，但并不是一点都记不住、学不会。所以要给孩子充足的时间和信心去吸收知识，不可要求速度，急功近利。所以，

一定要在充分了解原因的情况下，制订一套适合提升孩子学习内驱力的计划。

日常生活中，孩子可能难以与班级整体的学习状态统一步伐，而寒暑假期则相对自由、操作空间较大，非常适合用来提升孩子的学习能力。因此，家长要和老师充分沟通与配合，一起帮助孩子制订计划，进而提升学习内驱力，让孩子保持对学习的热情。

可以尝试这样做

将寒暑假期分成三个时间段，分别用来复习校内所学知识、放松走出去拓宽视野、做自己喜欢的事。这样不仅能巩固所学的知识，还能充分放松情绪，帮助孩子在学习这条路上走得更长久、从容一些。

第一个时间段是课内知识复习时间，帮助孩子端正学习态度。

家长可以与孩子一起制订假期复习计划，从基础内容入手，这样做难度不高且孩子容易接受，最重要的是可以见到成效，利于孩子提升对学习的兴趣与信心。寒假主要复习上学期学过的知识点，暑假时间相对长一些，可以在复习的同时加入预习新学期的内容，促使孩子对升入更高一个年级产生期待与兴趣。假期也要按照在校的时间安排，学习容量不宜过大，变为平时的一半或三分之一即可，循序渐进，让孩子游刃有余地接收所学知识。这样压力不会太大，又能提升孩子学习的信心，进而让孩子把这种感觉保持到平时学习中，达到提升学习内驱力的目的。

第二个时间段是课外开阔视野时间，引导孩子走出去、看得远。

假期中，我们可以找出时间陪伴孩子外出旅游散心，或者参加冬夏令营等活动。课外拓展可以引导孩子将所学的知识运用在生活中，并从活动中获得以往不知道的内容,丰富其视野,激发其求知欲,并且掌握许多生活技能。同时,家长也会在这个过程中发现孩子更多的优点与能力,多给予孩子肯定,增进亲子感情。

第三个时间段是保持生命热情时间,让孩子去做喜欢的事。

孩子都有自己的兴趣爱好,哪怕微不足道,也要给出孩子能自由选择而不由我们安排的时间。这样,孩子做了自己觉得好玩的、想做的事情,便不会选择在学习过程中走神,将注意力投入自己热爱的事情上。在此时间段内,家长也可以继续配合复习计划,孩子的专注力会逐渐集中,不会因为想做的事情没做成而产生抵触情绪。

家长与孩子做好计划,充分利用寒假、暑假的时间,不仅能得到假期的放松愉悦感,同时也能积蓄力量,为新学期的学习铺路,帮助孩子恢复学习的信心与勇气。孩子在学习之路上可能会出现各种情况,我们要做的是一点点去摸索与探究,发现情况、思考方法、解决问题。

细水长流的努力

学习知识就像盖楼房,地基建得不牢固,越往上盖越不稳定,最终会崩塌。最根本的原因,是要从最基础的部分开始,因材施教。而学习内驱力更不是一蹴而就的,它是一种"细水长流"的能力,是行为、思想、情绪、兴趣等的结合体,而大人也要拥有"细水长流"的耐心,进而找到"细水长流"式的教育方式,以此逐步激发学生的学习内驱力。

慢慢来,教育是细水长流的滋润,教育是水滴石穿的等待,教育是一步一个脚印,脚踏实地促成成长。

不惧未来
十大核心能力塑造内核强大的孩子

改变家庭教养环境，提升孩子的注意力

（北京市东城区史家实验学校　钱孟乔）

小远[1]是一位聪明伶俐、可爱活泼的男孩。然而，他经常在学习方面表现出一些问题。在课堂上，他的注意力明显不集中，上课时容易分心，缺乏认真听讲的态度，经常做与课程无关的事情，有时候看着窗外出神，有时候翻看后面的课文，有时还会不停地摆弄自己的笔袋，难以专注。课间总能看到他在楼道里闲逛的身影，改错题的学习任务也总是要老师们三催四请。放学回家后，他完成作业的速度也非常缓慢。他的家长必须坐在旁边看着他，即使这样，小远也仍然需要许多额外的时间才能完成当天的作业。再加上复习和预习的时间，每每拖到深夜，他才能上床睡觉。如此恶性循环，小远每天上学都有点无精打采的，像霜打的茄子一样。老师和家长都看在眼里，急在心上。

****

深入分析原因

谈到孩子注意力不集中的问题，相信很多父母都深有感触，不知如何是好，属于当下的"世界级难题"。要想从根源上解决问题，我们首先要刨根问底，找出这一切的"始作俑者"。

---

[1] 本书所有案例中人名均为化名。——编者注

1. 个人因素：小远可能存在对学习兴趣不浓厚、容易分心的特点。这可能与他的性格、兴趣爱好等个人因素有关。某些学科可能没有引起他的兴趣，导致他对学习缺乏主动性。

2. 家庭环境：家庭对小远学习态度的影响也不可忽视。家长如果对学习不够重视，或者对他的学习缺乏指导和督促，也可能导致他的学习动力不足。家庭氛围是否支持学习，父母是否给予他足够的鼓励和支持，都会影响到他的学习动力。

3. 学校教育环境：学校的教学方式、课程设置等也可能对小远的学习产生影响。学校如果教学方式单一、缺乏趣味性，很难激发学生的学习兴趣，从而影响到他们的学习内驱力。此外，课堂上是否存在积极的互动、教师是否能够及时发现并解决学生的学习问题，也会影响到学生的学习动力。

对症下药

面对孩子精力不集中的问题，我们要做的是在找准原因的基础上做出改变，其实可以这样做：

1. 个人因素：针对小远的个人特点，可以采取差异化教育的方法，根据他的兴趣爱好和学习能力，设计个性化的学习计划。同时，通过让他参与一些有趣的学习活动，激发其学习兴趣，增强学习内驱力。

2. 家庭环境：家长要加强与学校的沟通，充分了解小远在学校学习上的情况，并获取一些学习指导和建议。家长应该在家庭环境中营造良好的学习氛围，给予孩子足够的支持和鼓励，帮助他建立正确的学习态度和价值观。

3. 学校教育环境：学校可以通过改进教学方式和课程设置，增加课堂互动和趣味性，吸引学生的注意力，提高他们的学习积极性。同时，教师应该关注每个学生的学习情况，及时发现并解决问题，给予他们必要的帮助和指导。

通过以上努力，我们相信小远在学习上的表现将会有所改善。激发学生的学习内驱力不仅仅能提高他们的学习效果，更能帮助其建立终身学习的习惯和意识，为他们未来的发展打下坚实的基础。因此，我们应该共同努力，为每一个学生的成长和发展创造良好的学习环境和条件。

让学习跟生活挂钩，提升孩子的学习兴趣

（北京市第二中学分校　王成龙）

有一个男孩的学习态度和行为引人关注。在课堂上，他经常出现走神的情况，很难集中注意力听讲，与老师和同学的互动也少之又少。这名男生对待作业不认真，作业质量差且经常不交，成绩也相对落后。这种状况不仅影响了他个人的学业发展，也让家长和教师感到焦虑。然而，这名学生在课下的社交表现却截然不同——他与同学们相处融洽，这又显示出他在人际交往中积极的一面。

****

现象与反思

这样的对比揭示了一个有意思的现象：一个在学习上缺乏动力和参与度的学生，为何在其他社交场合却能表现出积极的一面？尽管在学习上被动，面对作业和课堂内容时缺少热情，但他却能在非正式的社交环境中建立起良好的人际关系。这种差异揭示了学生在不同环境下的多重面貌，也暗示了学生的学习问题可能与心理和情感需求有关。正是他在课下与同学们自然和谐地交往，为我们提供了新的视角：他具备与人沟通的能力，只是这种能力在学习场景中未能得到有效发挥。家长和教师可以更加全面地把握他的需求，进而为提升他的学习动力提出更有针对性的策略，做到既关注他的学业成长，也重视他的个人发展。

探究源起

与这名学生的深入沟通中，我试图了解他对学习的真实感受以及他眼中学习的意义。当问及他对未来的规划时，他的回答令人深思：他认为学习无用，视学习仅为任务，他所描述的生活轨迹——考高中、考大学、找工作、结婚、生子、再让子女重走这条路，显得既简单又循环，缺乏对学习深层次意义的认识。他感到自己在学习的征途上孤独且无助，觉得自己的努力未得到应有的认可，甚至在家庭中被标签化为"废物"。

与家长进一步的对话揭示了更深层的问题：这个男生的父母都属于"成功人士"，在孩子的教育中，家长过分看重成绩，对孩子更多的是批评而非鼓励，忽视了对孩子积极行为的正面反馈。家长在教育孩子时过分强调自身的经历和所谓的"成功案例"，试图将自己的经验和期望强加给孩子。

家长认为自己早些年的经验对现在的孩子还能直接应用，总想着以过来人的视角去教育孩子，认为"你现在就该如何如何，要不以后你会如何如何"，他们会有"当年爸妈可以，为什么现在你不行"这样的想法，在孩子的教育中常以自己的奋斗过程和成就来设定标准，希望孩子能复制他们的路径，而忽略了孩子个性化的需求和感受。

家长这种基于间接经验的教育方式忽视了孩子自身的意愿和特点，可能会激发孩子的逆反心理，加剧孩子对学习的抗拒感。间接经验教育对孩子的成长固然重要，可以让孩子少走弯路，但如果孩子的教育中只有间接经验，缺少平等的尊重，缺少孩子自己对学习获得的感受，这只会让孩子感觉学习是完成父母要求的一项任务。间接经验教育限制了孩子自我探索和发展的空间，使孩子感到自己的价值和能力仅被定义于父母的期望之中。这种教育方式往往使孩子感受到重压，缺乏个人目标和动力，从而对学习产生消极态度。

在这位学生的案例中，父母的教育方法使学生无法正确评估自我价值，阻碍了学生认识到学习的价值和乐趣，也加剧了学生对学习的厌恶。

这些对话和发现揭示了该学生学习动力不足的多重原因，不仅是这个男孩对学习价值的认识不足，未能看到学习对个人发展的重要性，还有家庭教育背景等关键因素。这些因素共同作用，形成了一个让学生感到学习无意义、努力无价值的消极循环，亟须通过有效的干预措施来打破这一局面，重新激发学生的学习兴趣和内驱力。

激发学习动力

在与孩子父母的沟通之后，他们开始意识到过去的教育方式可能导致了孩子学习动力缺失。为了解决这一问题，我建议他们做出这样的调整：

1. 建立平等的沟通。家长需要与孩子建立起平等、尊重的沟通模式。初中时期的孩子正处于青春期，自我意识正在形成，平等尊重的沟通意味着要倾听孩子的想法，尊重他们的意见，而不是单方面强加自己的观点。这样的沟通方式会让他们感到自己被重视，有助于增强孩子的自信心，树立正确的价值观。

2. 共同经历丰富的生活。建议家长利用休闲时间与孩子共同经历多样化的生活，如户外散步、走进博物馆等，这样既可以增进亲子关系，又可以丰富孩子的认知，感受世界的多样性。通过观察不同人的生活和工作，孩子可以发现自己的兴趣点，逐渐形成对自身未来的想法和规划，从而找到学习的意义和动力。

3. 联系现实生活。初中阶段的孩子想法仍比较单纯，比较看重物质方面的享受。对于需要提升学习兴趣的孩子，家长可以和孩子讨论通过努力学习改善其短期的物质条件，将学习与日常生活紧密联系起来，增加学习的吸引力，让孩子尝到学习的"甜头"。这样让孩子先体会到学习和生活品质、个人追求之间的直接联系，再在合适的时机融入人生规划和理想的教育，将学习的价值上升到精神层面及个人发展方面。

4. 积极评价促成长。孩子能展示出良好的社交能力，代表孩子收获了周围伙伴的认可，孩子也能从中收获满足感。同时，这也会促进其社交方面的进一步发展。而在家庭教育中，孩子进步时，家长要做出及时的、积极的认可，这对孩子成长是非常关键的。家长对孩子进步的反馈应具体、有针对性，并且关注孩子的努力和成长，而不仅仅是学习成绩。这样的积极评价能有效地提高学生的自我效能感，从而提升孩子学习的兴趣和动力。

从单向命令到平等互动

家庭教育的角色至关重要，家长自身的态度和行为也在为孩子树立学习的榜样。家长应从单向的命令和期望转变为与孩子进行平等和尊重的沟通，通过了解孩子的学习特点，理解和尊重孩子的想法和感受，关注孩子的情感和心理需求，创造一个鼓励和支持的环境。在这种环境中，对孩子进步的认可和积极有效的激励能极大地提升孩子的自信和学习兴趣，父母的生活经验也将成为孩子宝贵的财富。

生活中尝试着将学习和孩子的需求联系起来，可以帮助孩子发现学习的意义。平日里家长多带着孩子观察生活百态，通过讨论理想的职业、生活环境等话题，能够帮助孩子更好地发现自身兴趣点所在，树立人生的目标和规划，这样可以帮助孩子理解学习对自身未来生活的重要性，从而激发孩子的内在学习动机，引领他们走向更加积极和充实的学习生活。

稳定情绪，打破大考前精力不集中的现象

（北京市第二中学分校　魏　兴）

中考快到了，我发现女儿每晚在家复习功课时，总会走神，很简单的计算题也会出问题。出了几次问题后，我没忍住，朝她发火了。突然，我发现女儿默默地哭了起来，眼里噙着泪。我心里一惊，孩子以前是很少流

泪的人，她怎么突然这样了？我赶紧询问她，她说自己一直被老师和家长在无形中寄予了厚望，这样的期待一旦被定格，她要拼命蹦跳着去完成。中考来临前，各种任务比较多，她不免心有羁绊、思虑重重，进而状态欠佳。

后来，女儿还偷偷告诉我，她经常在一些规模比较大的考试中，面对难题而心生挫败感，题目不仅没完成，她还怀疑起自己的复习效率。面对曾经活泼开朗的女儿，我该怎么办呢？

****

深入探究原因

通过案例我们发现：中考倒计时中，很多考生会出现不同的应试心理表征。例如上述案例中的女生，很明显，她内心一直累积着压力，她会倾向于认为中考是为了实现他人的期望，而非满足自己的需要，这就非常容易出现认知偏差，进而使她出现复习状态不佳和负性情绪爆发的现象。从我的教育经验来分析，面对孩子的哭诉，家长一般会十分自责，认为自己给了孩子过多的压力，只是希望通过调整自身状态来给孩子减压，其实这是存在一定偏差的，老师和家长的厚望的确是压力的来源，但根本原因在于孩子并没有把家长给予的期望科学地内化到自己的目标当中，这既表明了孩子缺乏有效的目标设定方法，也体现了家长与孩子之前的沟通不到位。

调整孩子的学习动机

面对孩子大考前心理、情绪不稳定的问题，家长们应该主要从帮孩子调整动机水平入手。心理学家曾研究出一个公认的定律：学习动机的强度与学习效率、学习结果的关系是倒 U 型曲线关系——动机太高或太低都不能引起大脑皮质最佳的兴奋状态，因而也不能得到最佳的效率和结果。那么，什么才是最佳的动机水平呢？心理学研究表明：动机的最佳水平随着要完成的任务性质的不同而不同。例如不同学科、不同知识点。如果这项任务对您的孩子来说相对容易，那么持有较高的动机水平会取得较好的结果；而如果另一项任务对您孩子来说难度较大，则应该引导他持有较低的动机水平，这样才有利于任务的出色完成。

观察孩子的学习状态

虽然每个孩子和家长都希望能够在即将到来的重要考试中拔得头筹，但上述研究结果已经证明了"并不是有高目标就一定有好结果"。因此，我建议家长们应该多观察孩子每天的状态，像案例中的这位家长能够发现孩子近期的异常表现，是非常值得肯定的。家长和孩子都不应该只把注意力放在分数上，家长要多留意孩子的情绪特点，最好能和孩子不定期地聊聊天，把上述科学目标设定方法告诉孩子，以此降低紧张、焦虑等负性情绪。

当家长观察到孩子的异常状态后，最优的方法是利用亲子间的有效沟通来进行心理疏导。沟通时，家长不要长时间地唠叨，因为在备考阶段家长很容易把自己的紧张情绪通过唠叨来集中在孩子身上，沟通变成说教，效果很不明显，甚至背道而驰。建议沟通的开始一定要以孩子先说为主。例如上述案例中家长就首先留给了孩子倾诉的机会，自己先是做一个倾听者、陪伴者。即使孩子表露出很多负性情绪，也应在确保安全的前提下让孩子去宣泄，因为这是他自我减压的最好时机。之后，就可以引导孩子从感性的负性情绪转移到理性的学习方法上。

考试前夕，以稳固知识点为主

中考前最后两周的时间里，非常不建议考生再做难题、新题，而应该要把精力放在近期在校做的各种模拟卷子和复习资料上，尤其是要关注基础题、错题，因为这些模拟试卷对中考很有针对性，而练习基础题和复习错题也是在最后冲刺阶段自我累积自信的方法。另外，无论成绩好坏，家长不要总是单单针对分数加以评价，一定要鼓励孩子多多反思、归纳和总结。对孩子做得优秀的地方，要先引导其明确"到底是哪方面做得好""具体又是怎么做的"，然后持之以恒；对有问题的地方要告诉孩子"不要急""要肯花时间反思、总结，因为这反而会节省后续的时间"等。

上述的做法说起来容易，但家长们看到孩子成绩时其实心里一定也很着急，就算孩子考得不错，但也可能未达到家长心目中的那个目标，因此在和孩子沟通的过程中会无意识地转到分数上去。为此，我建议家长在和孩子谈话前可以在心中甚至是在纸上列出一个简单的谈话提纲。另外，当孩子尝试做出上述科学冲刺方法时，家长也应及时给予鼓励，让孩子感到家长关注的是方法和过程，而不只是期盼他们考出好成绩，压力进而自然降低。

调整孩子的消极心态，改变沉迷游戏的状态

（北京市第二中学分校 郑 珊）

有一个"精力旺盛"的活泼大男孩小A。初中前两年，他经常违反课堂纪律，与同学发生矛盾，没有将个人精力用于学习。初三刚接班时，我感觉到他的基础知识较为薄弱，学习习惯有待改善。通过与其家长深入沟通，我了解到孩子母亲毕业于国内985大学，之前主要是批评式教育，她总觉得孩子不够优秀、不够努力。爷爷奶奶心疼孙子，不舍得孙子吃苦受累，爸爸夹在中间很为难。三方教育观点不同导致孩子对学习兴趣不浓，甚至出现想做"炸药"炸自己家的想法。

****

谈到孩子学习内驱力不足，学习兴趣低，甚至长期打游戏等行为，相信很多父母都深有感触，这些也令我们特别苦恼。父母时常讲述自己小时候努力学习的案例，或是拿亲戚朋友家的"别人家的孩子"给孩子讲，哪知孩子不了解几十年前的样子，也未曾亲眼见"别人家的孩子"的成长经历，有时学生非但没有感同身受，甚至还会出现更加逆反的心理。

积极调整心态

面对孩子学习没有内驱力的情况，家长和老师首先要积极调整心态，

从细节做好人文关怀。作为班主任，我始终坚持在做一件小事，每周升旗或者上台领奖前，都会给学生整理下衣服领子。此事虽小，一方面会增强学生的仪式感；另一方面，我会告诉他们，未来他也要上台讲话，要时刻注意自己的形象。作为老师，我会积极向孩子传达"老师相信你的优秀"，希望孩子给自己积极的心理暗示。利用午饭后的休息和广播后的碎片化时间，我会给孩子们讲讲临近的学长学姐改变的故事，一部分是关于优秀生如何规划时间，还有一些是基础薄弱的学生如何通过自己的努力获得提升的故事，素材选取要"接地气"，让孩子觉得我也可以尝试一下。

打开孩子的心扉

通过与家长沟通和同学的走访，并仔细观察小A同学的行为习惯，我深入了解了问题产生的原因。小A总觉得父母工作忙，不关心他，更看不到他的点滴变化，他希望能够通过违反纪律得到同学的关注，但是每次犯错后，他又会后悔自己的行为，也担心老师跟家长"告状"。有一次小A出现纪律问题时，作为老师，我与孩子一起面对问题。小A在对面教室黑板画了一幅画，我陪他一起到对方班级给同学们道歉。他开始感觉到来自老师的那份温暖，觉得老师关心他，没有跟家长"告状"，而是耐心处理，并希望家长多关注孩子。由此，他愿意跟老师打开心扉说心里话。

物理教学中，我试图寻找他的兴趣点，并表示肯定。记得有一天，物理课代表生病，小A主动承担了送实验器材的工作，我看他全程小心翼翼地把实验器材捧在手心。我也借此机会再跟他聊聊他感兴趣的话题，邀请他为班级同学讲讲那个火警报警装置的原理。经过一晚上的认真准备，小 A 把动态电路的变化过程慷慨激昂地给同学讲完，赢得了全班同学的掌声。课后，同学们纷纷竖大拇指肯定他。他也第一次感受到，自己通过努力得到了同学们的关注、认可和表扬。

肯定孩子的成就

我将小 A 同学为同学们讲解动态电路的事跟家长沟通时，听到了电话那头家长哽噎的声音。家长为孩子的改变而激动，为孩子的进步而开心。我也期待家长配合肯定孩子的付出，建议家长多听听孩子的心声，然后提醒家长要关注孩子的点滴变化。此后，小 A 的物理课总能聚精会神听讲。我通过与他约定其他学科的学习目标，他也履行契约精神，坚持不懈地努力，利用午休时间，为全班同学录制物理实验复习视频、数学几何难题解析等。他将这股学习热情坚持到中考，中考成绩比区一模分数提高了将近 80 分。家长、老师和同伴三方的肯定帮助了小 A 同学的成长。

提升孩子内驱力的建议

面对孩子没有学习内驱力的情况，我们其实可以这样做：

1. 积极调整情绪，坚信孩子可以更加优秀。家长和老师是孩子成长的引路人，如果我们都怀疑孩子的学习能力，孩子似乎就更缺少心底的那一份自信了。孩子在成长的不同时期，可能会出现偶尔没有学习动力，或者目标迷失的情况，我们要调整自己的负性情绪和急躁状态，不对孩子一味提要求，盲目地讲故事，给孩子调整的空间，让孩子有一份源自于我们内心深处的认可，这样孩子才能感受到我们对他的关爱。

2. 仔细观察，深入沟通，了解现状产生的原因。孩子学习内驱力不足，我们要坚持家校沟通，共同分析现状产生的原因。选取目标不要只是"别人家的孩子"的成功案例，要全面、有代表性、有可复制性。接受孩子的现状，适时、适度地与孩子共情，给予必要的陪伴，让孩子觉得"其实我也可以尝试改变一下"。

3. 及时鼓励，肯定孩子的点滴变化。特别是孩子刚刚想开始改变时，他自己都持有怀疑的态度。作为教师和家长，我们要观察到孩子的点滴变化，尽可能鼓励孩子。及时的肯定，对孩子必定是"及时雨"般的帮助。这样做是为了保护好孩子的点滴变化。同时，青春期的孩子也很在意同伴的看法，作为教师，此时，我们可以为孩子提供展示的机会，搭建展示的平台，让孩子体验付出后的成功。

4. 坚持付出，收获成长。长期的家校沟通、共情陪伴，引领孩子体验付出的成果。家长可以放下自己作为"过来人""成功人"和"指点学习"的姿态，问问孩子需要自己帮忙做些什么。然后，老师和家长进一步共同引领学生，将前期的学习热情和成功体验转化成长期的学习习惯。

家长和老师是孩子成长的引路人，我们不能替代孩子成为学习的主人，长期的陪伴不是单纯地监督他们完成作业。青春期的孩子需要得到来自家长、老师和同伴的关爱、平等的尊重和自主发展的空间。温馨的家庭氛围、和谐的师生关系，能够帮助孩子健康快乐成长。

作为孩子的共同教育者，我们可以坚持长期有效的家校沟通、换位思考的处事态度，适时适度地为孩子搭建展示自己的平台，在教育教学中发挥学科育人功能，共助孩子的成长成才。

不惧未来
十大核心能力塑造内核强大的孩子

从兴趣入手，激发学习内驱力

（北京市第二中学分校　王　琛）

有这样一个"学习内驱力不足"的男孩，他对于学习没有太大的热情，没有自己的目标，学习专注力差，课堂听课效率低下。他学习主动性不强，作业拖拉，有时不能完成老师布置的作业，能拖则拖。在假期，他对学习更是没有安排和计划，如果不是家长的催促、老师的监管，就完全不知道学习这回事。

****

分析原因，做评估

谈到孩子学习内驱力不强的问题，相信很多父母都深有感触，这也让我们特别苦恼。孩子对自己的学习没有目标和规划，对于想考上什么样的学校往往只是家长的"一厢情愿"。孩子在家完成作业的效率低下，需要家长不断地督促。家长时常对孩子边玩电子产品、边写作业的行为大发雷霆，然后严厉地批评、指责孩子。但每当这样处理问题时，却发现效果并不好。

身为家长，应该如何与老师合作，提高孩子的学习内驱力呢？

孩子学习内驱力不强，一方面源于孩子本身，另一方面源于我们自己。首先，孩子的学习内驱力来自他们对人生的期望和想要达到的高度，但是大部分孩子对自己的人生没有规划，对自己的学习没有清晰的目标和明确的计划，因此缺乏学习的动力。其次，孩子对学习缺少兴趣，对学习有畏难情绪，因为很多孩子在学习上从来没有体验过获得成就感，这都会导致学习内驱力不足。最后，孩子对自身成败的归因影响其学习动机水平。孩子可能因为某几次考试的失利，就会认为自己能力不足或者付出的努力没能得到回报，进而产生习得性无助心理，最终对学习丧失信心。

了解了孩子的原因，我们也找找自己存在的问题。在某种角度上，我们的愤怒与烦恼也体现了自身的教育问题。例如，家长在辅导孩子功课时，会习惯性地说出"怎么这么简单的题你还不会？你不比别人笨，为什么成绩不如别人"等话语。孩子听不到积极的评价，感受不到家长对自己的理解和关爱，可能会产生厌学心理。

给出方法或建议

我们要做的是在找准原因的基础上做出改变，面对孩子学习内驱力不足时，可以这样做：

1. 调整情绪，为孩子提供自主支持型环境。我们应该创造一个充满理解和支持的家庭环境，多表达对孩子的爱和关心，同时尊重他们的意见和选择。首先，要给予孩子更多的关心和支持。当孩子在学习中遇到困难时，家长应该鼓励孩子解决难题，提供建议和指导，以帮助孩子顺利解决难题，建立自信心。其次，可以鼓励孩子自主学习。家长可以与孩子共同制订学习目标，提供必要的学习资源，定期回顾学习进展，给孩子提供独立的学习空间，为孩子提供选择的机会。例如，可以在家中给孩子创设不同的学习情境，让孩子获得生动有趣的学习体验，从而激发学习潜能，提升学习积极性。

2. 激发孩子对学习的兴趣。首先，我们可以给孩子更多自主权，让他们尝试新的事物，探索自己的兴趣爱好。这样，孩子才能真正地发现自己的兴趣所在，更加渴望探索在学习中遇到的难题。其次，要让孩子经常体验到成功的快乐。学习内驱力来自孩子对学习的成就感和自信心，家长应多给孩子表现的机会。例如，家长在家与孩子共同鉴赏一首古诗，或用英文进行日常对话，与孩子共同学习，用鼓励的话语向他们表达肯定。还可以鼓励孩子用所学的知识解释生活中的现象，解决生活中的问题，并及时给予孩子表扬和鼓励。

3. 引导孩子正确归因。当孩子出现不适当的归因倾向时，我们要进行干预，将消极的归因转变为积极的归因，增强孩子的自我效能感，提高其学习积极性。例如，当孩子的考试分数不理想时，家长要引导孩子不要把失败的原因归为能力因素，而是要引导他们对失败做出"不够努力"的归因，让孩子意识到努力比能力更重要，只要努力就能提高能力。这样，孩子能保持积极的情绪，制订下一阶段的努力目标和学习计划，争取下次考好。

4. 培养孩子内在的人生目标。首先，要引导孩子树立远大理想。家长要帮助孩子找到适合自己的发展方向，让孩子明白树立理想不能只是一句口号，而是要通过努力，把理想变为现实，从而推动孩子为实现理想而努力学习。其次，要帮助孩子树立正确的"三观"。家长要正确引导，引导孩子把自己的理想和目标同国家和民族的未来联系起来，同人类命运联系起来，以此不断激励、鞭策自己的学习。这样，孩子能自发地学习，不断地向目标靠近，学习内驱力也将得到提升。

总结

为了培养孩子学习的内驱力，家长在平时要创造一个充满爱、尊重和理解的家庭环境，积极表达对孩子的爱和关心，同时尊重孩子的选择并提供自主发展的空间。其次，要鼓励孩子尝试新的事物，探索自己的兴趣爱好，肯定孩子做出的努力，发现他们的优点。另外，要帮助孩子对学业进行正确归因，增强孩子的自我效能感，提高其学习积极性。最重要的是培养孩子内心的人生目标，不断鼓励孩子发自内心地去自主学习，不断向理想和目标靠近。

做好作业规划，改善拖沓和低效

（北京市第二中学　任　阳）

有一些孩子经常因作业问题被"家长催着早睡、老师追着改错"。在学校总是忙忙碌碌，疲于赶作业，可是回到家还是会因为作业拖到很晚才能入睡。第二天毫无精神，课堂学习效率低下，学习进入了恶性循环。家长们经常会发出这样的感叹："为何我的孩子做作业这么努力，学习却还是不见起色？"

****

说到做作业的问题，相信很多父母都会有如上的感慨，孩子已然对作业如此重视和付出，成绩却总是提不上去，家长除了催促孩子抓紧时间、提高效率外，仿佛无计可施。身为家长，我们首先需要思考孩子做作业效率低的原因有哪些？

深入探究原因

孩子作业拖沓、效率低的原因，可以由浅入深地归结为以下几个方面：

1. 孩子缺乏对作业时间的总体规划。每个孩子的学习背景和各科基础不同，对待优势科目和弱势科目或许没有进行作业比例的合理分配。从孩子自我满足的心理需求角度看，他们更愿意优先、花更大精力完成优势科目的作业，这导致弱势科目作业时间不足。

2. 孩子不明确每项作业的目的。在作业减负增效的大背景下，各科作业目标都开始指向素养进阶，每项作业都有其自身的功能，一般老师在布置作业时都会说明其目的和意义。孩子如果不明确用意而只是报以应付的心态，就不能对作业做深入思考，遇到问题习惯用手机查找答案。当前作业情境与时俱进，和孩子的生活经历、国家大事息息相关。有的老师会在一个学习周期后布置一项实践类作业，但是有的家长和孩子会对这样的非纸笔类作业持轻视态度，由此丢失了宝贵的学习机会。再次，孩子未将作业的反馈视为学习的重要一环。作业的重要功能是查缺补漏，能够及时诊断出学生对知识和方法的掌握程度。有的孩子非常不重视改错环节，学习缺少"收尾"意识，没有用好作业中的"问题"资源。

3. 孩子和家长缺乏通过作业与老师沟通的意识。随着学段的升高，家长直接参与到孩子作业过程中的机会越来越少，因而很少去关注作业中反映出的深层次问题。其实孩子对待作业的态度可以侧面反映出这门课程的师生关系，然而这个层面很少有人关注，也就因此失去了老师、家长和学生之间沟通的一个珍贵平台。

科学合理的应对方法

作为家长，该如何帮助孩子提升作业的效率呢？我们可以根据上面归纳出的问题，结合孩子的自身情况，分层次采取以下措施。

1. 弱科作业懂取舍提信心。对待弱科，家长不能"有病乱投医"，将学校作业放在一边而迷信地相信短期提升课会有很大的功效。每项作业都有一定的等级结构，即使是孩子的弱势科目也有相当一部分的题目是基础类的，孩子只要按照老师的方法一般是可以完成的。家长可以帮助孩子设定作业时间期限，划定自身能完成的题目、"蹦一下就能够得着"的题目，敢于舍弃较难的题目。这样有梯度地完成作业，可以大幅提升孩子的自信心，帮助孩子更全面地发展。

2. 化作业为学习的助推器。孩子存在的问题就是增长点。家长在平时言谈中应注意多表达这样的积极观点，将问题和挑战视为难得的成长机会。帮助孩子认识到，作业中的问题是宝贵的学习资源。在孩子低年级的时候就要关注错题的改错，少些指责批评、多给予些耐心的询问和探讨，共同解决问题。长久下去，孩子心中就会形成成长型思维，他们会更关注错题的整理，将其作为宝贵的学习资源，不断增强战胜困难的信心。

3. 借作业架起沟通的桥梁。随着孩子年龄的增长，家长虽然不能直接参与到孩子的作业过程中，却可以站位高些，从作业的价值和意义等方面多留意，多关注孩子对作业的反馈和内心表达，从中找到教育的契机。我们可以了解孩子对作业的兴趣点或是疑问点，对孩子感兴趣的作业内容，家长可以共同参与，和孩子交流自身对作业价值的理解，比如，作业的内容正好与自己熟悉的领域相关，就可以主动和孩子谈谈自己对这方面的理解和成绩，这样做能够帮助他们实现知行合一。如果是实践类的作业，家长更应该思考作业与现实生活的关系，释放积极的信号，并为孩子提供必要的支持，或是与孩子组建一个临时的学习共同体，与孩子共同成长，与时俱进。对孩子有畏难情绪的作业，家长首先要尊重孩子的真实感受，多些同理心，少些责怪，家长如果不能够帮助疏导的，可以借此机会和任课老师进行具体问题的沟通，了解作业的目的，帮助孩子化解负性情绪，也可以借此机会更有针对性地和老师进行孩子日常学情的深度交流。

在家庭教育的角度，作业不是要家长亲自参与其中、陪着孩子完成的任务，而是家校共育、亲子间交流、家庭与社会发展同频共振的平台。作业是一份份作品，通过它我们能发现孩子的闪光点和兴趣；作业是一面镜子，透过它我们可以读出孩子的心理变化；作业是沟通的桥梁，借助它可以帮助我们实现家校间更高效的沟通。作业不仅是孩子突破自我、实现成长的阶梯，也是家长不断学习的有效途径。

抓住"高峰期",培养良好的学习习惯

(北京市第二中学 谭 瑢)

习惯无处不在,渗透在每个人的生活中。人们通常只把习惯和日常行为举止联系起来,却很少将其与成功挂钩。然而,深入了解许多成功者的经验后,我们不难发现,习惯几乎是他们成功的关键之一。有些习惯是从小培养的,而有些则是在后来的学习、工作中有意识地塑造出来的。例如,一个人从小养成了"今日事今日毕"的习惯,成年后自然会在工作中展现出强大的计划性和执行力。

良好的学习习惯尤为重要。相较于初中阶段,高中的知识广度和深度都有显著提升,对孩子的学习方法和习惯也提出了更高的要求。因此,在高中阶段,无论是家长还是教师,都应当更加注重引导和培养学生的良好学习习惯。高中生正处于几个重要的"高峰期":记忆力、自我意识觉醒、情感感受。在这个阶段,家长和校方如果能够给予适当的引导和支持,孩子不仅能够更好地掌握知识,还可以在未来的发展中受益终生。

培养孩子良好的听课习惯

专心听讲是孩子主动参与学习、积极思考的基础,也是提高课堂效率的关键。为了帮助孩子养成专心听讲的习惯,教师可以考虑采取以下措施:

1. 课堂教学应动静结合，调节孩子的听课情绪。单一、机械化的练习形式容易削弱学生的兴趣，导致注意力分散。因此，练习设计要注重激发学生的思维、语言和动手能力。在设计练习时，需兼顾思考性、趣味性以及多样性和科学性，同时保持练习的渐进性和层次性，以练促学，培养学生的逻辑思维能力。在授课和讨论中，教师应抓住机会引导学生开口表达、动手操作、动笔练习，通过多种形式强化逻辑思维。此外，适当穿插轻松愉快的教学活动，也有助于调节学生的情绪，增强专注力。学生置身于一个轻松、愉快的学习氛围中，有意注意力的持续时间自然也会延长，从而进一步提升课堂的学习效果。

2. 教学语言应尽量口语化且富有趣味，以激发学生专心听讲的兴趣。如果教学内容本身较为抽象枯燥，而教师的语言又生硬呆板，学生很容易感到乏味和疲倦，难以保持高度的注意力。因此，教学语言在保持精炼、准确的同时，应更加生动活泼，赋予内容更多形象化的表达，使学生更易于理解和接受。此外，应尽可能为学生创造更多回答问题的机会，使他们始终保持积极主动的学习状态。在课堂上，若学生只是被动地听教师讲授，缺乏"我要学"的主动参与意识，听讲效果必然大打折扣，学习动力也会减弱，这对培养专心听讲的习惯极为不利。只有在积极主动的学习状态下，孩子才能真正做到全神贯注。因此，课堂教学中要尽量让每位学生有更多机会参与问答，充分调动他们的学习积极性和主动性，促使他们更专注于课堂内容。

培养孩子的阅读习惯

尽管教师在课堂上不断呼吁孩子多读书，但如果没有帮助他们明确阅读的重要性，学生很难自主地去阅读。正如布鲁纳所言："使学生对一门学科产生兴趣的最佳方法，就是让他们觉得这门学科值得学习。"换句话说，家长和教师必须帮助学生明确学习的目标，让他们朝着这个目标不断前进。

书本是死的，而学生是活的。当孩子对课外阅读产生兴趣时，他们在轻松愉快的氛围中学到的知识，是课本无法涵盖的。孔子曾说："知之者不如好知者，好知者不如乐知者。"如果孩子能够乐于学习，又有什么难题不能解决呢？

因此，我们应该让孩子明白，学习不应局限于课堂上的40分钟，要鼓励他们多读书、多看报，扩大知识视野。同时，针对孩子普遍存在的好奇心，激发他们对课外阅读的兴趣，并培养他们持之以恒的阅读习惯。这样，孩子不仅能够提升知识储备，还能在阅读中找到学习的乐趣。

培养孩子限时完成任务的习惯

不少孩子在学习时磨磨蹭蹭，看似投入了大量时间，实际上却心不在焉，效率低下。这种现象的原因在于他们缺乏"专时专用"的意识，无法养成注重效率的习惯。学习应当同时注重速度与质量，在规定的时间内按要求完成一定数量的任务。要让孩子理解这一原则，并通过反复实践加以强化。

孩子年龄不同、个性各异，每人每次能集中注意力的时间也不尽相同，因此我们需要因材施教。例如，高一年级的孩子每次学习时间控制在50分钟左右为宜，之后再逐步延长学习时长。更为关键的是，家长和教师应引导孩子为自己设定具体的学习目标，包括学习任务的数量和质量。

孩子一旦坐到书桌前，便应进入适度紧张的学习状态。长期坚持下来，孩子便能够养成按时按点完成任务的好习惯，学习效率也会随之提高。

培养孩子独立钻研、务求甚解的习惯

学习最忌讳的便是一知半解、浅尝辄止。要想真正学好，必须养成独立思考、深度钻研的习惯。那么，如何培养这样的习惯呢？

1. 鼓励孩子刨根问底的好奇心。在日常生活中，孩子常常对许多事情充满好奇，喜欢刨根问底。这种好奇心正是他们求知欲的体现，说明孩子喜欢思考。作为教师或者家长，我们切不可因孩子的问题多而感到厌烦，冷漠应对。相反，应该与孩子共同探讨，能解决的问题当场解决，无法解答的可以共同查阅资料或请教他人，这种互动将极大促进他们的学习积极性。

2. 在学习过程中，引导孩子多问自己几个"为什么"。由于学习任务繁重，许多孩子往往满足于知道"是什么"就匆匆略过，很少追问"为什么"。引导孩子从表面知识深入思考其背后的原因，能够有效提升他们的理解力和思辨能力。

良好学习习惯的培养，贯穿于日常生活的每一个细微环节，常常不易被察觉。然而，这些习惯的养成，需要教师和家长在日常教学和生活中耐心细致地、一点一滴地加以引导和培养。一旦孩子养成了良好的学习习惯，他们便真正掌握了"学习的方法"。只要我们时刻把孩子的成长放在心中，真正关爱他们，那么我们跟孩子的相处一定会充满温情和智慧的光辉。

日常实践方案

当孩子的注意力无法集中继而影响学习，而倍感痛苦时，家长不妨从这四个方面去引导：

1. 养成"早睡早起"的习惯。
2. 及时清理外界和内心的干扰。
3. 学会自我减压。
4. 加强注意力的科学训练，即通过调动视觉、听觉、动觉等神经元的协调配合，强化注意力感知的稳定性、广度和强度，从而提升个人专注力、观察力水平，进而养成做事认真投入的好习惯。

下面提供了一组游戏，方便家长和孩子在游戏中科学训练，提升孩子注意力。

▶【活动目标】

1. 知识与技能：理解注意力的概念、重要性及其影响因素。
2. 过程与方法：通过创设的活动，掌握科学训练注意力的方法。
3. 情感态度与价值观：培养良好的心理品质，激发对学习的热情。

▶【活动过程】　先导游戏：一站到底
　　　　　　　　游戏1：一起开火车
　　　　　　　　游戏2：听力大比拼
　　　　　　　　游戏3：舒尔特方格训练

先导游戏：一站到底　　　　（北京市东城区史家实验学校　冯金旭）

> **活动规则：**

1. 正口令反口令，活动引导者说一些口令，孩子要做出相反的行为。例如，说"点头"，孩子应该"摇头"。常用口令，如：摇头、向左转、举右手、摸左耳、向前看等。

2. 词语反说，活动引导者说一个词语，孩子要反过来说。例如，词汇"白天"，孩子应该说"天白"。游戏过程中，参与者站立，说错的人要坐下。常见词汇，如：左右、品尝、厌恶、观赏、长年累月、你追我赶、毛手毛脚。家长可根据孩子自身特点调整难度。

3. 游戏结束后，大家分享成功或失败的经验。

> **小结：** 通过刚才的游戏其实不难看出，做任何一件事情都要集中注意力。注意力，是指人的心理活动指向和集中于某种事物的能力。

游戏1：一起开火车　　　　（北京市东城区史家实验学校　冯金旭）

> **活动规则：**

1. 成员3~5人围坐一圈，每个人报出一个站名，通过几句对话来开动"火车"。如4人游戏，A当北京站，B当深圳站，C当广州站，D当长沙站。

2. A 拍手喊:"北京的火车就要开。"大家一起拍手喊:"往哪儿开?" A 拍手喊:"广州。"C 要马上接口:"广州的火车就要开。"大家又齐拍手喊:"往哪儿开?"C 拍手喊:"深圳。"这样"火车"开到谁那儿,谁就得马上接上。

3. "火车"开得越快越好,中间不要有停歇。

4. 活动结束后进行经验分享。

> **小结:** 让孩子在参与活动的过程中体验和感受如何集中注意力,通过参与训练活动提高孩子的注意力。

游戏 2:听力大比拼

(北京市东城区史家实验学校 冯金旭)

▶▶ 活动规则:

1. 适合团体一起玩,3 人以上或更多。

2. 由引导者朗读文章,其他成员倾听参与,当听到"花朵"时,举左手;当听到"雨滴"时,举右手。

3. 比一比谁出错最少。

▶▶ 文章范例:

当花朵最需要雨滴的时候,雨滴适时而来,在我们的故乡,称此时的雨滴为"花雨",此时的花朵为"雨花"。因为只有在这个时候,花朵才最艳丽动人,雨滴才最晶莹光彩。怎样才能描述两者"结合"的情景,曾经让我苦苦思索。近读一位诗人的新作,才让我惊喜地读懂了我所理解的诗美:花朵是雨滴的最佳归宿,雨滴是花朵最爱恋的宝贝。雨滴流进了花朵，自己充满了花的欢笑；花朵迎进了雨滴，焕发着雨滴的晶莹。雨滴感染了花朵的颜色，花朵呈现了雨滴的光泽，他们共同映见了天光，并使天光与他们的颜色结合。雨滴进入了花朵，成了花的一部分；花朵融入了雨滴，他的生命是由雨滴构成的。

> **小结：** 让孩子在参与活动的过程中去体验和感受如何集中注意力，从而让他们掌握这些训练方法，在学习之余认真训练，以提高注意力。

游戏3：舒尔特方格训练　　（北京市东城区史家实验学校　冯金旭）

▶ 活动规则：

1. 舒尔特方格是由一组填入数字（或文字）的小正方形组合而成的大正方形表格。其中的小方格数量以N×N计算，一般有3×3、4×4、5×5……10×10。将印有舒尔特方格的纸或卡摆放于距离孩子眼睛30厘米左右的位置，按下计时器，要求孩子按一定顺序依次指出每个数字（或文字）对应方格的具体位置。

家长可以在家自行制作此表格。制作的方法：以3×3表格为例，裁剪出3×3cm的方形纸片或卡片，画出格子线，将数字1~9随意填入方格中。也可以自行购买现成的舒尔特方格卡片。

2. 作答完毕，记录用时，用时越短说明注意力水平越高。

▶ 物料准备：

由家长和孩子一起用纸和笔手工绘制的表格，或者自行购买的舒尔特方格卡片。

>> **活动训练指导：**

舒尔特方格可用于测量儿童注意力集中的稳定性，坚持练习可大幅提高注意力的稳定性、转移速度和广度，进而综合提升孩子的专注力水平。

训练过程即观察识别、作答计时。一般识别一张舒尔特表格用时9秒左右。

坚持训练，循序渐进。建议每次练习3~5张表格为宜，从易到难（建议从3×3开始），逐步提升难度，每次练习完毕，注意放松眼睛、保护视力。

> **小结：** 通过调动视觉、听觉、动觉等神经元的协调配合，达到强化注意力感知的稳定性、广度和强度的目的，从而提升个人专注力、观察力水平，进而养成做事认真投入的好习惯。

第二章

情绪自控力：
助力孩子心情舒畅

家长早知道

什么是情绪自控力

情绪是指人们在内心活动过程中所产生的心理体验，或者说，是人们在心理活动中，对客观事物的态度体验。

情绪自控力是指青少年在面对不同情景时，能够有效地管理和调节自己的情绪反应，以达到积极的心理状态和行为表现。这一能力对于维护个人的身心健康、提升人际关系质量以及实现个人目标具有重要意义。

现状与成因

（北京市东城区史家实验学校　张　冉）

由于种种因素，当下的青少年的确存在一些负性情绪。我在假期中设计了一张12道题的调查问卷，并发给全班学生和家长。从调查问卷当中，我了解到我们班学生的负性情绪很大。有的孩子情绪不能自控、上课时随意大叫大喊，往往不能遵守学校纪律；有的孩子遇到不开心的事情就情绪暴躁，使劲踢小柜子、掀翻桌椅；有的孩子和同学之前产生了一点小矛盾就暴躁地大打出手。这些行为使家长和教师都特别苦恼。然而，当给这些孩子指出不当行为时，他们非但不承认错误，还跟家长和老师争辩，有一定的认知偏差。

家长对孩子的负性情绪也是非常关注的。很多家长只是生气，没有其他更有效的好方法，会对孩子表现出深深的失望，还会严厉地批评、指责孩子。有的家长对孩子的教育方式就是大打出手，严厉地训斥孩子。有的家长甚至因此带孩子去儿童医院看医生，希望能靠吃药物理调理孩子身体等。

导致这种情况的原因有很多：青少年的心理特点，一些孩子处在非黑即白的思维状态中；学业压力，不少孩子除了学校的系统知识内容的学习，还参加了很多的兴趣班，时间压迫感比较强；亲子关系不良，也会导致孩子情绪状态不稳定；家庭变故，父母离异或者家中亲人去世，这些对于青少年而言都属于负性事件，也是导致负性情绪激增的因素；沉迷于网络游戏，一些青少年游戏成瘾，沉浸在虚拟世界里，疏离现实世界，不愿意在现实世界进行正常、健康的交往和体育锻炼，长此以往，睡眠不足，会出现严重的负性情绪。

应对方法

1. 了解孩子产生负性情绪的原因。

一般情况下，原因主要有两方面：一方面源于青少年自身，另一方面源于家庭。例如孩子害怕惩罚、逃避责任、希望获取家长关注等。小学生处于人生观、世界观形成的初级阶段，看问题易带片面性和表面性，他们对周围人给予的评价非常敏感和关注，一件小事就会引起孩子内心的极大波动和应激反应，遇到问题如果处理不好，极容易影响孩子的情绪。家长和老师不能片面看待问题，"简单粗暴"地为孩子贴上各种不好的标签，需要耐心地了解事情发生的过程。

2. 家长要做好情绪的自我觉察，掌握调节情绪的方法，以身作则。

家长不耐烦的态度、给孩子的不负责的指责和定论也体现了我们自身的教育问题。例如在孩子犯错后习惯性地发脾气、批评、惩罚、指责，甚至是打骂孩子，导致孩子情绪不稳定，心理压力过大，并以大声喊叫、骂人、撒谎来逃避责任等。这时，家长更容易急躁并表现出对孩子的失望，进而更加严厉地指责孩子，说出一些非常伤害孩子自尊心的"狠话"等。长此以往，孩子听不到积极的评价，感受不到家长和老师对自己的理解和关爱，对自己不自信，不信任家长和老师。

想要孩子情绪稳定，家长首先要以身作则，确保自己在孩子心中的信任值，要用温和、正确的方式给孩子树立情绪榜样，父母要通过生活点滴，时刻传递给孩子正能量及正确的价值观、荣辱观，帮助孩子形成良好的品质，也可以写一个"家训牌"挂在家里，例如"把最好的情绪、最温暖的拥抱留给家人"等有温度的言语，时刻温暖孩子，培养孩子积极、稳定的情绪。

3. 家校合作，调节青少年的负性情绪。

从了解青少年的情绪动态，到引导其掌握情绪调节的方法，再到老师的支持和鼓励、观察，家庭中孩子的情绪变化，每一个方面都需要家校之间的紧密联系。调节青少年的情绪状态是系统的、长期的过程，更需要方法和理论相结合、恩威并重的教育态度，共同为孩子营造一个良好的成长环境。

第二章

情绪自控力：助力孩子心情舒畅

调整教养理念，改变孩子的"胆小退缩"

（北京市东城区史家实验学校　翟梓菲）

明明是一个坐在班级角落里"不起眼"的小男孩，平时能不说话就不说话，能往后躲就往后躲。上课时，别的同学都会把手举得高高的，争着抢着回答问题，明明则安安静静地坐在座位上瞅着老师，即使被叫起来，回答问题的声音也很小。自由活动时，明明一个人安静地写着作业，午饭后默默地帮老师收拾餐车。老师表扬他时，他的小脸上会露出羞涩的笑。

妈妈担心明明受委屈，总是规定一些条条框框，限制他做他不擅长的事情，以免出什么差错，遇事儿也多半会替他做决定。时间长了，明明似乎更害怕动手和开口了。每当这时，脾气有些急躁的妈妈就会斥责他："你怎么这么胆小，遇事就知道退缩！"所以明明很少和老师同学主动说话，也很少主动为班集体服务，最好的朋友是他的同桌阳阳，一个同样文静内向的小伙子。眼看孩子就要升入高年级了，这可让妈妈着急犯了难，那么我们该如何帮助明明改变这种状态呢？

****

案例中展示的是一个性格相对内向、怯懦的孩子。众所周知，儿童的性格形成不仅来自遗传因素，社会环境的影响和熏陶也是一大原因。

而儿童性格发展会影响其社会适应性行为，良好的性格表现为责任心强、勇敢自信、不畏艰难、乐观积极等。若孩子经常表现出害怕陌生事物、害怕当众表现、不自信等，这不仅会对其智力发展、情绪、语言交流等方面产生影响，还容易使其出现盲目从众的心理和行为，出现"人云亦云"的情况。在自卑心理的作祟下，孩子对结识他人兴趣索然，甚至不敢结交朋友。并且由于过度害羞，在学校、家庭、社会交往中的接触面十分狭小，各种能力的发展也受到严重的限制。因此，帮助孩子克服胆小退缩的特性，培养勇敢自信的品格，是摆在家长面前的重要任务。

对于这样的孩子，我们可以尝试以下几个小方法。

改变教养态度与方式，避免对孩子过于严厉

孩子在成长过程中难免会犯错，家长如果对孩子的错误指责过于严厉，孩子便会开始怀疑自己，因害怕失败犯错而退缩。为了避免犯错，他们就尽可能少做、少说，以致越来越不敢表达自己，表现得越来越胆怯。父母应当及时改变教养态度及方式：多一些耐心和信任，利用各种机会锻炼孩子；多给孩子一些陪伴，给予孩子情感支持与力量；言传身教，教会孩子解决问题的方法，并不断鼓励孩子亲身尝试，克服畏难情绪。

大胆放手，给孩子一定的决策自由

平时利用去超市购物、向行人问路等机会鼓励孩子开口说话。起初这可能比较困难，父母必须有耐心，多鼓励与表扬，切忌说"你怎么这么没用""你怎么这么笨""你怎么什么都做不好"之类的话。鼓励孩子多

多参加同龄人的集体活动,与同学一起看场电影、打打篮球等。利用寒暑假,全家去旅游,走近大自然,既可以开阔眼界,又可以获取知识、培养良好的性格。总之要鼓励孩子走出家门,与不同的人接触,与不同的人交流。生活上尽量给孩子提供锻炼的机会,不可对孩子溺爱,更不能越俎代庖。遇到事情更要给孩子充分的信任,给他思考和真正自主决定的机会,不能把自己的想法强加给孩子。

家校携手,重视老师和同伴对良好性格塑造的作用

环境对一个人性格的形成和发展具有重要和深远的影响,家庭、学校、社会都有义务为孩子提供良好、健康的环境,帮助他们塑造良好的性格。家长应该选择合适的时机与学校老师沟通,获取老师的支持,家校携手,使孩子在学校、班级中获得更多讲话的机会。家长要多鼓励孩子发挥自身特长,参加学校、班级组织的集体活动,提升孩子的参与意识,多与外向开朗的同学交往,帮助其克服胆怯心理。

提倡父亲陪伴

相对于母亲来说,父亲有些情况下更加外向、勇敢、果断,爸爸带孩子游戏的内容和方式更能锻炼孩子的胆量。如果说妈妈像月亮,那么爸爸就像太阳。一个孩子只沐浴着月光,很难成长为一个阳光少年,他必须吸收来自太阳的光辉。父亲"顶天立地"的家庭形象更能建立起榜样和示范作用,多陪伴孩子打篮球、下象棋、骑车远足等,在陶冶情操中潜移默化地影响孩子的性格,增进亲子情感的同时,培养孩子坚毅果敢的意志品质。

不惧未来
十大核心能力塑造内核强大的孩子

勇于接纳，改善孩子的负性情绪

（北京市东城区史家实验学校　张京利）

曾有一个叫天天的孩子，从上学第一天起，她就几乎全校闻名，说"打遍天下无敌手"有些夸张，可她确实很霸道。有一次，她非要穿过另一位同学的座位去柜子里取东西，可是对方一时没有让开，她先是硬挤，把那个同学挤到角落里，还是过不去，就要施以"暴力"。直到看到老师她才罢手，眼看就上课了，两个人依然僵持着。老师的眼神暗示、"先上课再说"的劝阻都没有奏效。这时，老师意识到孩子的"老毛病"又犯了，硬性强迫是绝对不行的。

老师把她拉到一边问她："你现在感觉怎么样？"她说想去厕所。于是老师拉着孩子的手去了厕所。一路上没有提这件事，回来之后他们在办公室面对面坐下来，老师先递给她湿纸巾让她擦手，随后说："刚才你很生气哦。"她认同地点点头，然后跟老师讲了她生气的理由——那个同学不让她过去。老师静静地听着，没有打断她，她一直感到很气愤，不让过就得打他。老师不时地"哦"，表示理解。当她把事情叙述完之后，脸上露出了放松的表情。

老师说："哦，原来是这么回事呀。"

见到老师对她的认同，孩子说："老师，他就是不让我过去"。

老师说："我有办法。"

第二章

情绪自控力：助力孩子心情舒畅

"什么办法？"

"人家原本在那里坐得好好的，你要从那里过去就是给人家添麻烦了。说句好听的话不就解决啦？"

"啊，这也行啊。"

"不信你试试。"

"哦，好吧，老师我知道不能硬挤，要有礼貌。"她喃喃地说道。

"你真懂事！"老师称赞道。

老师继续问："那你说他要是不同意你过去，怎么办呢？"

……

"他要是不同意，那……那我就绕开。"孩子似乎很兴奋。

"你很会解决问题啊！"我说，"怎么样，现在感觉好些了吗？"

"感觉好多了，我不太生气了，回去我和他道歉。"

"为你点赞！"老师向她伸出了一个大大的拇指，继续说，"生气发脾气是魔鬼，还是要平复情绪想办法解决问题。"

孩子若有所思地点点头。

课间回到教室，天天和那位同学重归于好了。

****

深入分析原因

这个案例不禁让我们重新审视现在的青少年，他们都被浓浓的爱包围着，只知道"我"怎样怎样，很少想到别人会怎样，在日常交往中稍有不如意就只会指责别人，向外归因，自己还一肚子委屈，甚至情绪失控。面对这样的孩子，我们一定要先接纳他的感受，帮他平复情绪，再慢慢地进行疏导。孩子们之间的"仇恨"大都是日常琐碎小事。但是，我们如果借助这些琐事契机，积极地开导孩子，教给他们管理情绪的方法，孩子会受益良多。

给出应对方法

1. 接纳孩子的感受，并且帮助孩子面对自己的感受。

作为成年人，我们应该蹲下身去，站在孩子的视角去倾听、感受孩子的心灵，很多事虽然在我们眼里都是些微不足道的小事，可那就是孩子的世界。孩子的年龄特点决定了他的视野，他的生活经历决定了他的经验。对于孩子的感受，我们要去关注，要毫不吝啬地接纳。而且，我们还要帮助孩子逐步面对他自己的感受。

2. 教给孩子管理自己情绪的方法。

孩子是天真活泼的，每天都会有许多不确定。同学之间发生矛盾、发生口角也是在所难免。这些矛盾与口角解决不好就会给孩子带来负面影响，久而久之会影响孩子的三观。在一件件日常小事中，我们要帮助孩子树立解决问题的意识，而不是一味地让他发泄情绪，所以更重要的是我们要教给孩子管理自己情绪的方法。遇到不开心的事情，孩子可以第一时间找自己信任的老师或者家长求助，也可以找小伙伴倾诉。要让孩子逐渐意识到：把自己的感受倾吐出来，其实自己会舒服许多。另外，遇到不开心的事情时，首先要平复自己，再想想自己需要的是什么，矛盾究竟出在哪，有没有什么办法解决。也许这样开导孩子显得比较理性，对于情绪波动强烈的孩子来说不太适用，那就告诉他不伤害自己的最好办法是先离开此处，回到座位或者跑到楼道，深呼吸，数几个数，也可以在一张纸上写一写画一画、告诉老师等。总之，平复情绪是非常关键的，要让孩子意识到，只有情绪平复了，才能更好地解决问题。

3. 让孩子承担自然后果比惩罚重要得多。

管理情绪，接纳感受，并不意味着孩子做的所有事都对。他要懂得从小对自己的行为负责任。对于年龄尚小的小学生来说，讲大道理就如同"对牛弹琴"，讲十遍大道理也不如一次具体的指导。必要的道理讲出来，是要让他们明白的，但是也要深入浅出，使孩子能够在心理上、感情上接受。所以当孩子犯了错误或者某些事做得不好时，要让他承担自然后果，而不是受罚。

健康的心态，健全的人格，良好的情绪管理，是于小事之中一点一滴地积累起来的，在这种积累的过程中，教师作为主导者，承担着让每一个学生健康成长的重任。转变传统观念，创建良好的师生关系，让我们的教育更加包容，充满和谐。

探索心理冲突，化解厌学情绪

（北京市第二中学　陈　茉）

小李，女，高三学生，最近一段日子她感到虽然自己很想学习，但是面对学习有了厌烦的情绪，虽有学习动机但是效率很低，希望能提高学习效率。

小李生活在一个普通的三口之家，父母和子女关系融洽。小李以前的学习成绩都排名中上，能自觉学习，刻苦努力，在班级中是让老师比较省心的学生。

****

从小李的自我描述和家长、老师的反映来看，她对学习产生的烦躁、厌烦的情绪是因为高三的知识量增加，学习难度加大，智商并不出众的她却对自己有比较严格的要求，希望自己能有出色的学业表现，这种高标准和自己平平的能力是产生心理冲突的根本原因，而且高三的课业负担比较大，付出的努力和取得的成绩不成正比，导致她在学业方面的自我效能感比较低，自信心受到打击。于是面对学习，她产生了一些担心和害怕，内心也变得不再如以往那样充满力量。

层层深入，给予心理支持

根据小李的情况，心理教师帮助她疏导了不良的情绪，建立合理认知，转化为积极的情绪，塑造正确的行为方式。

1. 心理教师从认知层面对她进行了辅导，指出小李现在的状况是由于过强的心理动机引起的。学习动机和学习效率呈"倒 U"的关系。只有中等强度的学习动机才能有较高的学习效率，过强或过弱的动机反而影响学习效率，所以心理教师建议小李要调整学习动机的强度。

2. 心理教师采用意象对话的心理治疗方法，从潜意识层面找到原因，并进行辅导。

（1）第一阶段，当心理教师以"当你想到学习的时候，你的头脑中会出现一些画面，看看是什么？"作为引导语，使小李进入意象时，小李感觉像一本字典，这让她感到非常烦躁，想揉成一团扔掉。心理教师进一步问她"字典会希望你怎么对待它"时，小李认为字典会说："别急，一点一点把我吃透，我理解你的心情。"

（2）第二阶段，心理教师让小李继续感受这本字典，小李开始觉得它像一本故事书，里面写的是春天里一个阳光明媚的早上，她和爷爷奶奶去森林里踏青，她感到轻松愉快。后来她觉得这个故事开始变得阴森恐怖，她看到了城堡、魔鬼，还有巫婆在熬毒药。城堡像地狱，像数学带给自己的感受。在心理老师的问话中，小李说巫婆熬毒药是为了避免有别人进入城堡的第二层，因为那里有魔鬼。心理教师让她走进城堡，她说，第一层很漂亮，她和巫婆也有了更多的交流，她觉得巫婆也没那么可怕。当进入城堡的第二层时，那里的木门很破、房间很暗、桌椅很烂，全是灰尘，堆在一起像一片废墟，小李感觉很恐惧。因为尘土太多，小李想打扫却无从下手，这时她看到一个大坑，里面有一具骷髅。小李向骷髅提供了它所需要的帮助，慢慢地，骷髅长出肉身，而巫婆也变成了漂亮的妇人，最后他们一起清扫了屋子，这时房间变大变亮，城堡由黑色变成白色，外面鲜花盛开，此时小李的心情愉快舒畅多了。

（3）第三阶段，心理教师请小李回顾从城堡归来的感受，并引导她回到现实世界。

几次咨询下来，达到了比较明显的效果。

方法精华提炼

本案例利用意象对话技术[一]解决学生厌学情绪的问题。心理教师先由意识层面入手，进行认知澄清，激发了学生内心对动机的调整，而后对其

[一] 意象对话技术是由我国心理学家朱建军先生在 20 世纪 90 年代创立的心理咨询与治疗的技术。在求助者想象的事物中，很多是具有象征意义的，试图掩盖的真正原因也都会"浮出水面"，变得清晰可见。
意象对话的优点在于形式新颖，生动灵活，充满神秘色彩，让学生像做白日梦或幻想一般，探索内心的真实想法，在对话中，学生自然而然地摆脱负性情绪，建立积极的情绪，调整心理状态，非常适合在青少年人群中应用。

潜意识层面进行探索，让学生与自己的潜意识建立联系，宣泄情绪，调整心态。

第一阶段心理教师处理了小李焦急烦躁的情绪。她想把字典揉成团时，实际是一种烦躁情绪的逃避处理，心理辅导运用"停留在此处""关注此刻感受"的技术，让小李清楚地"看到"自己的情绪，从而宣泄出来。心理辅导不只是宣泄不良情绪，在这里，心理教师通过引导让小李听字典说话，达到沟通效果，并让小李在共情中与冲突对象相互理解。

第二阶段是深入探索阶段。随着书往后翻，内容变得阴森恐怖，城堡、巫婆都是她潜意识里所害怕的东西，可能潜意识里她对数学是恐惧的。巫婆熬毒药是为了避免外来人进入第二层时被魔鬼吓到，可见巫婆并非想象中那么邪恶。城堡在意象对话中是内心的代表，进入第二层是深入内心的意思。而落满灰尘的残破家具代表了她抑郁的情绪。骷髅是内心缺乏爱、孤独的象征，当骷髅的需求得到满足而长出肉身，这代表了得到关爱的内心重新得到滋养而强大起来，清扫房间是消除抑郁、焦虑情绪的象征。此时小李的内心更强大了，有了生机和愉悦感，对恐惧的事物，态度也有所缓和。

对于小李而言，咨询过程伴随着复习考试，压力源仍然存在，所以她的心理问题会出现反复的状况，这都是正常的现象。如果学生在平时能自己运用意象来与内心世界沟通，效果将更加明显。

厌学是当今社会中普遍又棘手的问题。大多数高中阶段的学生有不同程度的厌学情绪，而老师的说教和劝导并非不正确，但是为什么不奏效呢？通常老师们会从激发学习动机、寻找学习兴趣入手，来激励学生学习，如果不奏效，有些老师会责备孩子不懂事、不刻苦。利用意象对话的技术是换一种思路来走进孩子内心,成功的案例告诉我们,敢于尝试就会发现,这是一种有意思又有意义的咨询方法,能辅助学生通过自己的心理能量恢复内心的平衡。

(参考书籍:朱建军.我是谁——心理咨询与意象对话技术[M].北京:中国城市出版社,2015)

教会孩子交朋友,是融入集体环境的法宝

(北京市东城区史家实验学校 王熙嵘)

第一次发现小秦的特别是在某一次晨操上。在体育老师"稍息、立正"的口令下,满操场听见了一声大喝"到",本来捂嘴想笑的我猛然发现,大家的视线都往我们班这边看来,声音是从我们班队伍里发出来的,是小秦。慢慢地,我发现他还有这样的表现:面对其他同学的私语,他觉得是在议论他,于是会大吼大叫,愤怒地掀翻课桌;同学们不愿意和他一起做游戏时,他会抡起拳头直取对方的面门;中午打饭时,只要他认为其他同学站在了他的前面,就是插队,于是把一整份午饭全都扣在同学身上。同学们都不喜欢他,不愿意接触他,小秦自己也越来越郁闷,不愿意来学校,家长也非常着急。我也觉得:孩子这样可不行啊!

我开始单独约孩子聊天,沟通以后了解到,小秦自己也知道做得不对,事件发生的时候,他的确想和同学们和睦相处,但就是控制不住自己的情绪。猜疑、暴躁、控制不住自己的情绪、不善于和同学们沟通……这

些问题背后有孩子自身的心理问题，也有家长日常对孩子教育的问题。家长最初是不认可孩子有问题，觉得班级同学对小秦有偏见，也主动找其他家长沟通过，但是效果不大。家长对孩子的维护，使小秦觉得自己占据了优势，与同学的关系也日趋不和谐。

于是，我对班级的同学们进行了调研，询问了大家对小秦的看法和意见。同学们表示"有时能够感受到小秦的善意，也会试着和小秦接触，但是，他的劲儿太大了，经常弄疼我""刚开始还可以，后来他就故意捣乱了""大家一起玩儿的时候都得听他的，不然他就会打人"。

充分了解了情况后，我主动联系了家长，本着客观的原则把孩子在学校的情况一一告知了对方，孩子性格敏感、有些暴躁，现有的表现是有一些问题的。随着孩子的长大，家长在家也逐渐感受到孩子有许多负性情绪。

****

感受与原因分析

这个案例对我触动很大，和家长沟通后，我也翻阅了一些书籍，学习了一些心理知识，并且实施于行动。心理学上把焦虑、紧张、愤怒、沮丧、悲伤、痛苦等情绪统称为负性情绪。当孩子不断地产生负性情绪，周围的负性情绪也会靠近你。最终导致负性情绪越来越难以控制，甚至会出现情绪崩溃的局面。

应对方法

首先，我跟小秦成了好朋友，经常聊天、沟通，努力培养孩子的自信心,并告诉小秦,"你很棒,同学们其实都很喜欢你,愿意和你成为好朋友。"我会给予他及时的赞扬,并且指导他学会用积极的话语暗示自己,"我能行!"更多时候不是说给别人听的,而是对自己说的,这种积极正向的自我暗示往往能够帮助个体完成一项比较困难的任务。

其次,我选取了一些积极乐观的书籍送给小秦,让他在心情沮丧或者受到打击的时候,调节一下心情。有的时候,读什么样的书籍就会带来怎么样的心情。读积极乐观的书,人会豁然开朗。读书的时候,书中的思想和思维方式也在潜移默化地改变着我们。

再次,鼓励班级中性格开朗的孩子与小秦交流,互相倾诉学习生活中的趣事。一个人出现负性情绪时,很容易让自己的思绪进入死胡同,郁闷的情绪积累,最终导致负性情绪越来越多。与信任的人交流,不仅情绪能有宣泄的出口,而且别人的一些建议和看法,也可以让自己变得豁然开朗。其实有些道理孩子是懂得,但是碍于情绪的不稳定,自己也不能说服自己。他人的认同对于人的情绪疏通意义非凡。如果和一个很阳光的人沟通,你也会跟着开朗起来。

最后,带孩子多亲近大自然,鼓励孩子参加园艺心理的课程,和家人一起去旅行。感受绿树、阳光、空气。有实验表明,亲近大自然可以促进体内多巴胺、血清素、内啡肽、催产素、肾上腺素以及其他物质的分泌,让人产生自然的兴奋感,感到精力充沛、幸福而充满活力。

通过这些有效方法的干预,小秦的状况有所缓解,他大部分时间都能够有效地控制自己的情感和负性情绪,在班级中也有了一些说得来的好朋友。小秦的学校生活肉眼可见地快乐起来了,他也学会了享受学校生活。

英国教育家赫伯特·斯宾塞说过,"教育是一项充满快乐而漫长的事业，需要一点耐心。"教育的快乐来自学生，来自教育的成就感。给孩子期望，去呵护他们的梦想，教育有爱，静待花开。

系统化应对，缓解孩子的厌学情绪

（北京市第二中学　白明辉）

由于临近高考，高三的孩子们每天有做不完的题，考不完的试，每天都忙碌着，压力很大。但对于很多学生来说，未来却没有方向。有些压力来自学校，毕竟我校是市重点，考出好成绩似乎是理所应当的；有些压力来自家庭，希望知识改变命运的家庭观念依旧根深蒂固；还有些压力来自自身，优秀的学校培养了优秀的学生，优秀的学生共性之一就是比较好强，不甘落后，力争第一，自然就会给自身很大压力，如果自家亲戚再有因为考学出人头地的，那更是压力倍增。这种种压力如果没有得到有效地缓解，孩子们每天身上像背了一个沉甸甸的行囊，抑或压了一座大山，再加之他们正处在青春期，叛逆、迷茫、困惑交织在一起，很有可能会出现一些心理问题，最严重的当然是——抑郁症。一直以来，我都觉得这个名词很陌生，离我很远。但在那个冬天它却来到了我身边，而且来得非常猛烈。我的班级中就有三个抑郁症患者，其中一位是李同学，他的父母一直在广州工作，他和姥姥一起生活，高一时成绩非常突出；但到了高二，他突然产生厌学心理，并有自杀倾向。

****

第二章
情绪自控力：助力孩子心情舒畅

分析原因

这些年孩子的抑郁心理问题越来越多，似乎成了一种常态，也给班主任工作带来了非常高的挑战。当我们批评孩子的时候，有一些孩子会进行反思，并加以改正，另一些调皮的孩子会用各种各样的方法来应对批评，有时会找理由搪塞，用另一个窟窿补救这个窟窿，或者装作生病不舒服，目的很简单，就是要和老师"斗争"，以达到他自己的目的，其实这些孩子的做法都是非常正常的现象。最不正常的就是，他好像在听，但眼神迷离，甚至当很多家长大发雷霆、对孩子很失望，严厉地批评、指责孩子，并凶巴巴地教训孩子时，孩子却两眼空洞，没有丝毫反应，似乎活在自己的世界中。他们看上去对什么都没有兴趣，沉浸在自己的思绪中无法自拔。

造成孩子出现这种情况的原因有很多，其中自身对情绪控制、对未来的迷茫、自身压力、遭遇变故等是主要原因。

像学习压力大、缺乏和父母及时有效的沟通等原因，前面已经分析过了。但还有一些原因需要我们深入到家庭中去寻找答案。例如，作为班主任，在他出现这一问题的初期，我就和他的姥姥谈话了解到，因为他从小朋友比较少，喜欢打游戏，其他时间就是学习做题，所以一直以来成绩都非常优秀，学习也似乎是他的全部。记得高一第二次学段考试，很多班的学生来班里"膜拜"他，以保佑自己考好，那时候他在学生心目中是神一样的存在。但到了高二，知识变得难了，要求的能力也高了，有些科目考试成绩他考不过航班的学生（经了解，航班的学生高一就学过高二的内容，有些题目甚至比高考还难），他的心态开始失衡，觉得这不公平。另外，他的妈妈也和我说他之所以抑郁，和他在物理社团的经历有关，航班的孩子物理成绩比他好，他很不服气，自己每天都做很多题，还在校外补课，但仍比不过他们，也是因为航班学生很早就重视竞赛，知识储备要比他多一些。由此他感觉自己看不到希望，认为他总比航班的孩子差一些，因此心理出现了问题。

缓解学业压力

针对高三学生因心理压力大产生的抑郁情绪，以及学习差异化带来的问题，我们可以通过制订合理的作息时间表、及时沟通、合理宣泄、心理疏导等方式来减轻学生压力。具体要从作息时间调整、沟通方式、学习方案等多方面，系统化来应对。

1. 制订合理的作息时间表。高三学生为了提高学习成绩，经常会熬夜苦战，导致身心俱疲，睡眠不足，上课效率很低，考试成绩很难提高。老师或者家长可以帮助孩子制订合理的作息时间表，保证充足的睡眠，让孩子精力充沛，提高学习效率，提升自信心，这有助于缓解孩子的紧张情绪，减少抑郁的发生。

2. 及时沟通。家长或老师应该选择合适的时机与孩子进行良好的沟通，多谈论愉快的话题，比如学校里的趣事。我校班主任都有写班日志的制度，把学校里发生的见闻"添油加醋"地写出来，在班会或者晨会上可以读一读，很多事情或许对于家长和老师司空见惯，但在孩子眼里却是课后谈资，可以聊上很久，甚至在毕业聚会的时候再次谈起，他们仍旧可以开怀大笑。这样的谈话让孩子心情放松，从而有效缓解学生学业上的压力。

3. 制订合理方案，减弱学习差异化程度。针对航班与其他学生存在学习差异化的问题，在新学期开学前，学校就鼓励他们放假期间进行预习，或者进行系统性学习，开学参加航班选拔考试，给优秀生进入航班的机会。这些举措缓解了因学习差异化带来的矛盾。

经过观察李同学的问题，我发现他其实是一个很愿意帮助他人的孩子，因此我特意帮他申报了"叔蘋奖学金"，目的是让他多参与社会活动，锻炼沟通能力。此举果见成效，他在高三的时候综合排名重回巅峰，见了老师也会主动问好，经常参与社区义工劳动，多次受到居委会工作人员的表扬。

作为教师，面对每一个学生我们都会认真对待，而出现心理问题的学生更是我们关注的焦点，孩子是祖国的未来，拥有一个健康的体魄是未来实现美好梦想的保障，教师有责任教育好我们的每一个学生，让他们成为健康、积极向上、阳光自信的好学生。

日常实践方案

调节情绪是每个人都需要掌握的技能,它有助于维护大家的心理健康,提高生活质量。青少年可以从以下几个方面来调节情绪状态:

1. 感受情绪,从身体的五感来体会情绪,比如人在恐惧的时候会感觉全身毛孔都打开了,肩颈部紧张等。

2. 通过素质教育(比如绘画法、音乐疗法、舞蹈疗法等)来调节情绪。

3. 转移视线,通过读书、看电影等自我娱乐方式,帮助情绪好转。

4. 语言调节,通过一些积极向上的语言不断地暗示自己,可以帮助你在情绪低落时找到积极的一面,从而转变情绪状态。

下面提供了一些方便操作的游戏,供大家在家里尝试。

▶【活动目标】

1. 知识与技能:引导青少年了解负性情绪的种类,挖掘负性情绪的积极意义,能够以更加科学、合理的态度面对负性情绪,学会和负性情绪和谐相处,帮助自身更好地成长。

2. 过程与方法:了解自身存在的负性情绪,通过活动体验,重新认识负性情绪,学习调节负性情绪的方法。

3. 情感态度与价值观:学会以科学、合理的态度面对负性情绪,以良好的心态面对生活中的挫折。

▶【活动过程】	先导游戏:感知情绪 游戏1:绘画法缓解害羞 游戏2:开心果创造快乐

第二章
情绪自控力：助力孩子心情舒畅

先导游戏：感知情绪　　　　　　　　　　（北京市东城区史家实验学校　张　冉）

▶▶ 活动规则：

游戏一：听音乐做动作。引导者播放不同情绪状态的音乐，让参与者一边说出感知到的情绪，一边做动作。

游戏二：听音乐画表情。引导者再次播放不同情绪的音乐，让参与者聆听音乐，用彩笔在白纸上自由地绘画（可以画出线段、涂色、画面等），抒发、释放和表达自己的情绪。

▶▶ 物料准备：

音乐片段、白纸、音乐播放器、彩笔等。

> **小结：** 每个人都会有情绪。高兴时是快乐的，生气时会愤怒、伤心时会哀伤、害怕时也会恐惧，这几种基本情绪都会有外显表现。

游戏1：绘画法缓解害羞　　　　　　　　（北京市东城区史家实验学校　边晔迪）

▶▶ 活动规则：

1. 请大家对照自己的表现，测一测你是不是容易害羞的人。

◇ 上课勇敢举手、大声回答问题。

◇ 不懂的地方主动问老师。

◇ 积极参加集体活动。

◇ 跟陌生人说话不脸红。

◇ 在大家面前演讲不紧张。

2. 通过故事，认识害羞。

有位女生叫小张，开学时老师让她进行自我介绍，她满脸通红，半天也没有站起来。即使老师走到她身边鼓励她，她仍然只是低着头，没有任何反应。上课回答问题时，她的声音小得大家都听不见。课间她也不和同学一起玩，有人和她说话，她总是低着头，放学总是一个人回家……

3. 用画笔把代表害羞的小花画出来，然后进行分享。

引导者（把孩子的作品投在投屏上，并引导其讲述自己的作品）：请分享你画的小花的颜色，这个颜色表达了你什么样的感受？

参与者1：我的害羞小花是黑色的，它让我紧张。

引导者：请具体说说是什么事情给你这样的感受。

参与者1：有一次演讲比赛，快上场了，我很紧张，特别害怕讲得不好，感觉天都黑下来了。

参与者2：我的害羞小花是白色的，它让我很恐惧。我的学习成绩不好，每次课堂有提问，我都特别害怕老师提问到我。

参与者3：我的害羞小花是红色的，它就像我在紧张时的红脸蛋。以前家里来了陌生人，我不敢主动打招呼，紧张得满脸通红。

4. 握住同伴的手，寻求支持和帮助。

5. 活动结束后分享感受。

▶ **物料准备：**

画笔、白纸、背景音乐。

小结： 运用绘画的方法"外化"害羞，让孩子与害羞保持距离。围绕青少年爱看动画片以及喜欢挑战的心理，引导他们做

第二章

情绪自控力：助力孩子心情舒畅

> 闯关游戏，学习战胜害羞的方法。引导其寻找自己在生活与学习中的成功经验，用自己的资源去解决害羞的问题，相信自己才是解决问题的专家。

游戏2：开心果创造快乐 （北京市东城区史家实验学校　崔玉文）

▶▶ **活动规则：**

1. 画一画，写一写。

播放音乐，引导孩子找到身边的开心果，写下他的名字或称呼，简单写一写或者画一画他当开心果的故事。3分钟音乐结束后停止。

2. 分享身边的有"开心果"属性的人或者事情。

例如：◇ 爸爸是开心果，陪我做游戏，他很高兴。

◇ 某同学是开心果，当我学习困难时，他会给予帮助。

◇ 某老师是开心果，看到我们进步，他会给我们发奖品。

3. 用盒子收集"不开心的事情"。

这里有个盒子，里面是我们之前写的自己不开心的事。大家一起出出主意，看看是否能让这些同学开心起来。可以说一说，也可以演一演哦！

4. 活动结束后讨论。

▶▶ **物料准备：**

音乐播放器、盒子、画笔、白纸。

> **小结：** 希望大家都能成为生活中的有心人，多观察、多赞美、多助人。祝愿大家都能勇敢地尝试，努力成为"开心果"。

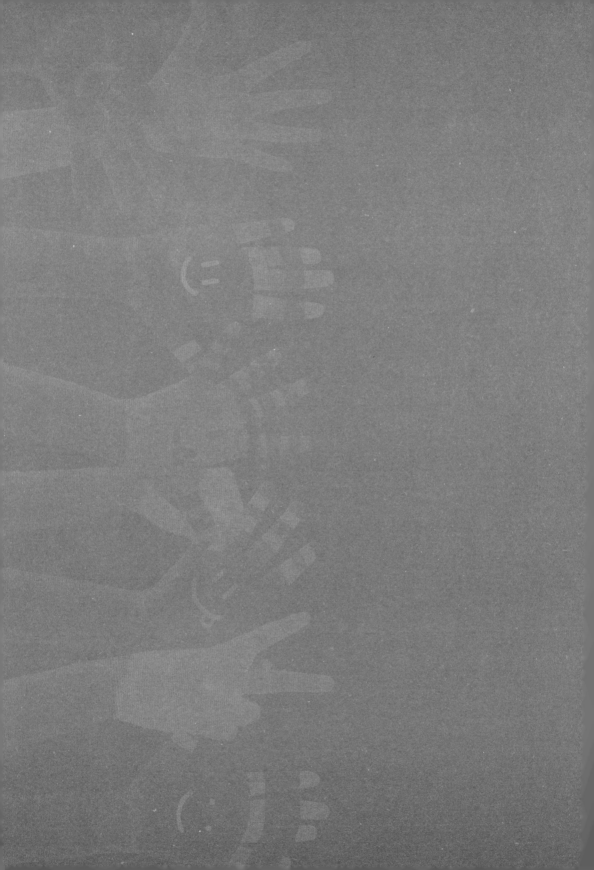

第三章

自我认知力:

深度引导孩子自我成长

家长早知道

(北京市东城区史家实验学校　陈　静)

什么是自我认知力

自我认知力是指对自我的认知、评价的能力。

自我认知力强的人，不仅了解自己的优点和不足，还对自己的意愿和能力、性格特点和兴趣爱好、情绪表达的方式以及人际交往的偏好，甚至对自己在他人眼中的形象，都有着十分清晰的认识，他们能够深入了解自己内心的需求，以及自己对世界的探索方向，能够做出更明智的决策和选择。

自我认知力差的人，容易产生自我认知偏差，不能客观地认识自我，往往根据自己的外在表现和别人对自己的评价来形成一套对自己的看法，从而导致对自己的评价过高或者过低。

现状与成因

很多青少年在成长的过程中会自卑，不善于体谅他人，感恩心较薄弱；喜欢抱怨、爱争辩，过于敏感，很容易出现情绪波动；不善于倾听，总是以自己的角度来看待问题；容易屈服、依赖他人，一旦被忽视，情感容易受到伤害；想获取权力、优越感，进而想控制别人；感受到自己软弱，而无法克服自己的不足，缺乏动力，无法超越自己。

青少年出现以上现象时，可以总结出如下的一些原因：

1. 对完美的过度追求。青少年受制于成功与完美的压力，往往忽略了自己的真实内心。就如古人所言："金无足赤，人无完人。"过度追求完美，只会让青少年陷入压力与焦虑的漩涡。为了符合社会和家长的期待，他们努力追求完美，却忽略了自身的特点和真实需求。

2. 缺乏自我反思和认知的习惯。在学业压力和生活节奏中，青少年往往无暇顾及自我的觉察。自我反思是成长过程中的重要一环，它能更清晰地认识自己的优点和不足，明确自己的目标和定位。然而，许多青少年缺乏这种习惯，导致他们在成长的旅途中失去了方向感。

3. 个人的成长环境和教育背景也会影响青少年的自我认知。在一些家庭和社会环境中，过分强调学习成绩和突出的表现，使青少年对自己的认知产生偏差。这可能导致他们出现自卑或自负的心态，进而会影响他们的成长和学习。

孩子们在评价自己时，常常陷入自卑或自负的极端。自卑的孩子可能低估自己的能力和价值，缺乏自信和勇气去追求目标；而自负的孩子则可能高估自己，忽视自身的不足，导致过度自信和错误判断。这两种心态都会对他们的成长和人际关系造成不良影响。

4. 对于性格和兴趣爱好的认知不足。这也让青少年感到困惑和挣扎，影响他们的职业选择和人生规划。了解自己的性格和兴趣是十分重要的，因为它可以帮助青少年找到适合自己的发展方向。只有充分了解自己，他们才能在成长的道路上做出明智的选择，实现自己的价值。

应对方法

(北京市东城区史家实验学校　张　萌)

深入挖掘自我,是每个青少年成长过程中的重要任务。这不仅关乎他们的心理健康,更能促进他们在学习和生活中释放出最大的能量。为了帮助青少年更好地了解自己,以下是一些建议:

1. 引导青少年客观地回顾过去的经历。每个青少年的成长故事都是独一无二的,通过深入分析自己的认知和行为,他们可以从中获取成长的智慧。总结成功和失败的经历,有助于他们更清晰地认识自己的优势和不足。在这个基础上,他们可以进一步挖掘自己的潜能,为未来的发展铺设坚实的基础。

2. 鼓励青少年积极与他人交流。倾听他人的建议和看法,可以让青少年从外部视角审视自己。他们要学会接纳不同的声音,勇于面对自己的不足,这样才能不断地完善自我。

3. 为青少年提供多样化的学习体验。为了帮助青少年深化对自己的认识,学校可以设计各种多样化的学习活动和课程,包括艺术、体育、科学等领域。通过参与不同类型的活动,青少年可以发现自己的兴趣和潜能,进而更好地认识自己。

4. 鼓励其进行自我探索。学校和家庭可以为青少年提供自主学习的机会,鼓励他们通过阅读、探索、实践等方式主动了解世界,发现自己的特长和优势。同时,也要给予他们足够的支持和鼓励,让他们敢于尝试,勇于面对挑战。

5. 引导青少年积极地自我反思。教师和家长可以引导青少年定期进行自我反思,思考自己的成长和发展过程中的收获和不足。通过写日记、做记录等方式，帮助他们建立积极的自我认知，形成良好的学习和生活习惯。

6. 提供心理健康教育。心理健康教育是帮助青少年认识自己、了解自己情感需求的重要途径之一。学校可以开展心理健康教育课程，教导青少年如何有效地管理情绪、处理压力，增强自信心和抗挫折能力，从而更好地认识和接纳自己。家庭中可以和孩子一起阅读有关心理健康的书籍，对孩子进行心理健康引导。

7. 建立支持系统。学校和家庭应建立起支持青少年发展的系统，包括教师、家长、同学等各方面的支持。通过建立良好的师生关系和家校合作，为青少年提供全方位的支持和指导，帮助他们更好地认识自己，充分发挥潜能，健康成长。

不惧未来
十大核心能力塑造内核强大的孩子

使用积极语言，提升孩子的自信心

(北京市东城区史家实验学校　张艾琼)

一个特别乖巧的小女孩引起了我的注意：她总是坐在自己的座位上，规规矩矩，安安静静。老师要求什么，她做什么，上课听讲也特别认真，但从不举手回答问题，也很少见她说笑。我问她什么，她也总低着头，声音小得只有她自己能听得见。下课的时候，同学们都叽叽喳喳，三五成群的或在教室里，或在楼道里，说着笑着，唯有她还是那么安静。看得出来，这是一个极度缺乏自信的孩子。

这到底是怎么回事呢？

我在观察中发现，这个小女孩身体有缺陷，除了身体特别瘦弱外，走路还有些不稳，一条胳膊也伸不直。后来我通过跟家长沟通才知道，原来这是孩子小时候生病留下的后遗症。因为父母总是时刻陪伴在孩子身边，小心翼翼地呵护着她，生怕孩子受一点委屈。上学后家长也总是叮嘱孩子不要去招惹别人，并有意无意地让孩子感觉"我不如别人""我有缺陷"。就这样，孩子从小就缺少玩伴，也慢慢形成了缺乏自信而又敏感的性格。

****

那么，当孩子缺乏自信，作为家长应该如何与老师合作，帮助孩子树立信心、健康成长呢？

了解孩子缺乏自信的原因

造成孩子缺乏自信的原因大致有以下几个方面，一类是身体原因，就像上面案例中的小女孩，因为疾病或是别的原因造成了身体的缺陷。这一类孩子，在平时的生活中就会发现自己跟别的小朋友不一样，自己从心理上就难以接受。他们有时还会遇到不明就里的人指指点点，再加上不谙世事的小朋友并不懂得如何去跟这些同学相处，久而久之，他们就会变得敏感自卑；另一类是因为长期得不到认可而不敢相信自己。比如家长的要求超出了孩子的能力范围，孩子无论怎么努力都没法达到；还有一些孩子是自身能力比较弱，在学习、做事等方面总是比别人差，经常受到批评、责备等。

家长做好自我反思

家长要反思自己的言行，探究在教育引导孩子的过程中存在的问题。发展心理学认为，孩子的自我认知最早来源于周围人对自己的评价，尤其是来源于自己最信任的父母对自己的评价。当家长在孩子面前表现出自己的孩子就是弱势群体，或是有意无意间总跟别人家的孩子做比较："你看看别人，会唱歌，会跳舞，学习又好，再看看你，什么都学不会！"在孩子无法达到自己的要求时暴跳如雷、唉声叹气、满脸嫌弃，并严厉指责、批评孩子："为什么别人都行，就你不行？别人都能做得到，你怎么就做不到！"孩子长期从最亲近的人那里得到的都是负面评价，他也会对自己产生怀疑，往往一件事还没有开始就会打退堂鼓。因为怕失败，所以总也不敢去尝试，自然也就没有机会成功，继而形成恶性循环，结果孩子只会越来越没有自信。

家长可以尝试的方法

做了上述这些反思工作以后,我建议家长尝试以下几个方面的改变:

1. 降低对孩子的期望值,相信"天生我材必有用"。每一个孩子都是独特的个体,他们都有属于自己的一条成长之路,这个世界也总有属于他自己的"一席之地"。案例中的孩子不仅性格相对内向,身体上还有一些缺陷,对于这样的孩子,激发自信心要适度,根据孩子能够承受的程度来衡量。

2. 充分信任孩子,给孩子锻炼的机会。有的家长一方面抱怨孩子什么都不会,但当孩子做事的时候不是嫌孩子做不好,就是觉得孩子做得太慢。所以就干脆自己动手做,美其名曰:"看着都着急,还不如自己动手,又快又省事。"殊不知,孩子不亲自动手尝试,又怎么能学会呢?案例中的孩子就是被剥夺了很多自我实践、展示的机会,导致孩子事事不会做,事事不敢做。

3. 适当用积极的语言与孩子进行沟通,家长做正向引导。孩子在成长过程中会遇到很多问题,失败、挫折甚至犯错误,我们不要一味责备孩子,因为此时也正是孩子最难的时候,最需要家人的关心和支持。案例中的女孩就需要被大声赞美,比如赞美孩子拥有漂亮的手指、漂亮的大眼睛、会讲故事、会唱歌;鼓励孩子画画、做手工。对于孩子在这个过程中的努力要"看得见、说得出",孩子才会积极地去坚持。

4. 以身作则,积极乐观地面对生活。有人说"父母是孩子的镜子",家长希望孩子成长为什么样的人,自己先要做这样的人。家长每天愁眉苦脸,总是向孩子发脾气,指责抱怨,孩子怎么可能乐观向上呢?经过改变,小女孩的家长也变得有信心了,看到孩子一天天地变化,他们也对孩子的未来更有希望了,家庭的氛围变化了,孩子的容颜也更加舒展了。

第三章

自我认知力：深度引导孩子自我成长

温暖互动，让孩子变成"优等生"

（北京市东城区史家实验学校　孙　鸿）

安静的教室里，只有两个人：我和"淘气包"小轩，他在专注地检修班级电脑，眼神中透露出从容淡定，而我就默默地坐在他身旁备课。一切都是那么平静，静得我俩都在独自的世界中徜徉……

看着他专注的小模样，我的脑海中闪现出三年前我俩的"较量"！还没有见到学生，我就从前任班主任口中了解到小轩，他太聪明了，什么都知道，知道老师和家长拿他没办法，谁也管不了他！这对于我这暴脾气还真有点挑战性！

开学了，小轩一周没有来上课，家长说人在外地回不来，我感觉这下班里太消停了。那天早晨，我照旧很早就来到教室，不一会，看到一个孩子，矮矮的个子，黑黄的面庞，他在看我，可眼神却不是同龄人的纯真，而是笑中带有一种挑衅。我装作没看到他，继续工作。

上课时，我多次关注小轩，他要么趴在课桌上昏昏欲睡，要么肆意和周围同学说话，就是不听讲。下课了，我把他叫到身边，平静地说："你就是小轩吧？一周没来上课，能听懂吗？"他很自然地插上双臂，侧着一条腿，慢条斯理地说："听不懂，我都一周没上课了。"听着他的回答，再看到那无所畏惧的眼神，我的气不打一处来，严厉地说："把手放下去！站正！好好说话！"我以为听到这话他会收敛，可他竟然从嘴中发出一声

不惧未来
十大核心能力塑造内核强大的孩子

轻蔑的声音:"切……"加上他挑衅的目光,算是"送"给我这个新班主任的一份大礼。就在这时,上课铃响起,数学老师来了,我对小轩说:"你先别上课,出来,咱俩先谈谈态度问题。"没想到,他当着全班同学大步流星走出教室,我俩相对而站,相对而视:我的眼中充满严厉,他的眼中充满不屑,就这样我们对视了很久。数学老师出来说:"孙老师,先让他上课吧。"我知道这是他在给我俩台阶,当数学老师拉着他的手进入教室时,他回头冲我一笑,那笑中充满胜利的味道!本想让小轩先上课,可看到这笑容,我不容置疑地说:"你回来,咱俩没解决问题,你对老师的不尊重是品质问题,比上课重要!"他听后竟然甩着肩膀出来了,我依旧用严肃的态度对他说:"师生之间需要尊重,你的言行没有尊重我,因此,我要让你知道不是所有老师都会纵容你的!"这时,他的目光中闪出一丝惊愕,瞬间目光看向别处,不理我了!我对他说:"如果今天你还用这种态度对待我,我就能判断出,你之前一直用这种言行对待其他老师和家长。我不允许,所以,请你思考是我俩继续僵持,还是你改变态度。"当我一气呵成说完,他低下了头,我揣测他内心感觉遇到了"对手"……时间就在我俩的僵持中一分一分过去了……终于,他低着头小声说:"对不起,我的态度不好……"听到他的话,我也改变态度,轻声说:"抬起头看着我。"他不情愿地、慢慢抬起头,我竟然看到了他眼中的泪光,我走过去,抱住了他,拍拍肩膀:"你一定有很多话想和我说,我随时等着你,去上课吧。"这就是我俩的第一次"较量",我最终"赢了"小轩。

看似第一回合我"赢"了小轩,但我并不开心,很想知道孩子如此这般的原因是什么。于是,我又找到前任班主任进行了解,原来小轩的父母离婚了,他和弟弟判给了妈妈,而妈妈因为情绪崩溃,曾对他说过一句最

第三章

自我认知力：深度引导孩子自我成长

狠的话："你怎么不跳楼去死！"爸爸很少接他，偶尔来电话，内容就是训斥、责怪。父母离婚后，他如同野草，无人理会，自由生长。我还是不满意我所了解的情况，又和他的妈妈相约聊聊孩子，当我和他妈妈见面时，看到的是一位气质端庄文雅、说话温文尔雅的女士，和说出狠话的妈妈怎么也联系不到一起。在交谈中，妈妈告诉我，小轩有多动症、读写障碍，加上父母离异，对他的影响极大，所以成了现在的样子。

小轩的"病因"找到了，我可以"对症下药"了！他缺少"爱"、缺少"自信"！

课堂上，我关注他，当他趴在课桌上，我走过去，貌似"不经意"地轻轻拍拍他的肩；课间看他独自坐在位子上，没有玩伴儿时，我把他叫过来，让他帮我去办公室拿水杯；写作业时，同学都写完了，可他还在因读写障碍而愁眉紧皱，我让他坐在我身边的课桌旁，边讲解边陪伴；大课间时，我带着他跳绳，和他比赛跑步……

就这样，我俩慢慢地一起享受校园的美好……

有一天，我的电脑死活开不了机了，他走过来，弱弱地说："孙老师，我会修电脑！"我毫不犹豫地说："修！我信任你！想当年，学校给每个班发一个空气净化器，你的师哥一个课间就给拆了，我说没事，万一我成就了一个未来的科学家呢！"他听了我的话很诧异，犹豫的眼光转瞬间变为坚定！他竟然真的把电脑弄好了，我说："这学期你只要比以前有进步，我有一个旧电脑，就送给你拿回家钻研！万一你今后成为比尔·盖茨呢，我还得吹牛自己有眼光呢！"他开心地跳了起来，说："我就想拆一台电脑，可妈妈不让，我一定努力，争取把您的电脑拿回家！"哈哈，我俩开心极了！

新学期，我言而有信地把旧电脑送给了他，他妈妈给我打电话说：

不惧未来
十大核心能力塑造内核强大的孩子

"小轩回家可开心了,也答应我好好学习,完成作业后可以继续做他喜欢事情。"

就这样,随着我的用心,随着他的改变,一切向好:他成为班级电脑管理员;老师使用电脑出问题,他总能用自己的专业知识解决;我的笔记本电脑他随时可以使用、调试;午休时,他可以使用班级电脑做程序;我推荐他和电教王老师学习,成为每周升旗仪式播放志愿者;每次活动时,他是班级摄影师;每次活动后,他会随时在班级群上传照片……

同时,小轩的学习也取得了很大的进步!他把爱好与学习相结合,互相影响,互相提升,这是多么美妙的事情啊!

小轩的改变,他妈妈看在眼中,记在心中。家长会,他妈妈用图文记录家长会内容,让我们大吃一惊、羡慕不已。当全班同学为小轩妈妈的才华鼓掌时,小轩的脸上也有了自豪的笑容。他妈妈哽咽地对我说:"孙老师,当我第一次见到您,和您聊小轩后,我就知道我和小轩有救了!真的!您拯救了缺少自信、颓废的小轩,同时也感动了我,让我知道为母则刚,要振作起来,给孩子树立榜样!"就这样,小轩妈妈也积极参加班级活动:利用自己的特长,为公益活动设计广告宣传画;和小轩一起参加助学活动……

我和小轩互相关爱着对方:我爱喝茶,小轩看到后也喜欢喝茶;小轩送给我"鸭屎香",我送给他"每周茶";每天早晨,小轩的早餐有我送的小面包;每天放学,我会偷偷塞饼干到他书包里,让他坐地铁时吃;小轩进步了,我送给他喜爱的U盘,刻上他的名字,他视若珍宝……

****

第三章
自我认知力:深度引导孩子自我成长

故事感受

这就是我和小轩的故事,我俩经常回味最初的"较量",也经常回忆促膝谈心的日子……多有意思啊,从最初我"赢了"小轩,到如今我"赢得"了小轩!

2016年9月9日,习近平总书记在北京市八一学校考察时指出:"广大教师要做学生锤炼品格的引路人,做学生学习知识的引路人,做学生创新思维的引路人,做学生奉献祖国的引路人。"在这条前行的路上,只有读懂学生、接纳学生的全部,走进学生的心灵,才能做学生成长路上的"引路人"。

教育是用心思考、用爱浇灌;教育是对学生说:你有你的成长节奏,我有我的耐心等候;教育是与学生一场美丽的遇见,一场温暖的修行。

发现孩子的闪光点,改变孩子的不自信

(北京市东城区史家实验学校 宋 敏)

有一个小姑娘,她叫晓琳。二年级的时候需要选拔合唱团成员,在选拔的过程中,我发现晓琳音准非常好,几乎可以达到100分,但她声音很小,几乎要凑到她身边才能听到她的演唱。这就是不自信和胆子小的表现啊!我既有伯乐发现千里马般的惊喜,又因为孩子的性格感到遗憾,为此我调整了自己的教学方案:

在音乐课上,我每节课都会用练声、听音、提问等方式鼓励孩子大胆

不惧未来
十大核心能力塑造内核强大的孩子

回答问题,即使他们会回答错误,我也会给予正面的肯定,当有人出现嘲笑的声音时,我也会及时指正,指出每个孩子都是有试错的机会,最可怕的举动就是害怕答错,而不愿意或者逃避回答问题。回答问题说明你始终都在专注地听讲,不回答问题的孩子上课容易分神。

这样大概过了三个月,我发现晓琳变得开朗了,上课时能够看到她开心的笑容,实践活动中她也能够积极参与。她的变化让我感觉特别欣慰。

2023年,我很有幸继续教这拨孩子们,我惊奇地发现,晓琳整个人都变了。音乐课上,我想用角色扮演让孩子感受乐曲中每个部分的不同。晓琳不仅积极参与,并在公开课上落落大方地表演了《维也纳音乐钟》中帅气的"哈里王子"这一角色,赢得了专家老师们的认可,纷纷称赞孩子理解音乐人物,表演也是入木三分。这次公开课还抓拍到孩子自信的瞬间,孩子的妈妈看到后非常激动,并与我联系反馈了孩子这一年多的变化,也肯定了教师在教学、艺术实践活动中给予的正确引导和关心。

* * * * * * * * * * *

自我反思

我认为,对于教师而言,没有好学生和坏学生之分,教师需要有一双慧眼,像伯乐一样,去发掘每个孩子身上的闪光点。我相信每个孩子都是独一无二的,每个孩子都有不同程度的喜好和擅长的领域,作为一名音乐教师和一位母亲,我深知激励对于孩子的重要性,不仅限于言语,甚至一个眼神、一个笑容、一份肯定,都会点燃孩子心中对于你所教授学科的热爱。

我想把这个小故事分享给所有的家长们,可能每个成年人都会面临来自工作、社会、家人等诸多方面的压力，但对于孩子的教育引导不能因此而停滞。他们的生长周期是有限的、短暂的，家长面对生活中孩子们出现的所有问题都要极具耐心，并跟孩子一起憧憬未来！除此之外，家长和老师们也需要全方位地了解心理学、教育学以及当今世界最先进的教育理论，时常反思自己的教育和教学，科学应对。这样我们才能够有理有据地开展养育和教育，见招拆招。有科学的理论和多年的实践经验做支撑，才能做好孩子们的引路人和护航者！

人生是一个不断自我调整和修复的过程，教书和育儿更是如此。让我们一起迈出与孩子共同学习的脚步，共同为孩子们撑起美好的明天！

运动，提升孩子良好自我状态的催化剂

(北京市第二中学　陈　晨)

有一个特别不爱运动的学生，他体重严重超标，行走时步伐摇摆，略显沉重，小跑时更显笨拙，没跑几步就会气喘吁吁。体育课上，他表现较为消极，对参与体育活动或者锻炼缺乏兴趣和耐心，对老师在课堂上的教学安排也是想尽一切办法逃避或者应付。在进行团队合作时，他更是经常出现态度消极、说"风凉话"等不合群的举动，偶尔还会拿着其他学科的作业在体育课上完成。随着课程难度的不断深入，他抗拒体育运动的情绪愈发强烈，甚至"装病"来逃避体育课。通过跟他的深入交流我了解到，他的父母从来都不参与体育运动，从小也没人陪伴他玩耍，随着年龄的增长，他的体重越来越大，运动能力越来越弱，自信心的缺乏导致他更加抗拒参与体育运动。

****

反思与感悟

谈到青少年不爱体育运动的问题，相信很多家长都会感到担忧和苦恼，因为运动对青少年身体健康和心理健康至关重要。青少年缺乏足够的体育锻炼会导致体质下降、肥胖率升高、心血管疾病等健康问题，同时也会影响到孩子的自信心、团队合作能力和社交技能等方面的发展。

青春期正是一个充满心理变化的阶段，这一阶段的主要危机是自我同一性无法建立而陷入角色混乱的困境。随着身体的变化，他们对于自己的外貌、能力和行为产生了更多的关注和意识，对自身的关注开始变得格外敏感。在面对体育课这种实践类学科的时候，因为对自己运动能力的不够自信而导致负面的自我意识不断增加，"我身体不够好""我不适合体育运动"等观念极易在此阶段固化，这种观念一旦形成，仅靠说教或者认知调整是很难改变的。同时，这一阶段由于荷尔蒙水平的变化，青少年可能经历情绪的起伏和波动，容易产生焦虑、抑郁、挫折感等负性情绪。久而久之，这种负面自我意识的不断强化，就会使负性情绪不断叠加，形成厌恶体育运动的闭环。

随着互联网的飞速发展和移动终端的广泛普及，网络的丰富资源所带来的新鲜感、刺激感和满足感，对青少年产生强大的吸引力，他们大部分闲暇时间用来上网、看短视频、打游戏等，而不愿意参加体育运动。相较而言，传统的体育项目如跑步、跳绳会显得较为枯燥，致使大部分青少年参加体育运动的兴趣下降，形成懒惰的习惯，久而久之就会导致一些身体健康问题的发生。

而家长们的认知偏差也会对青少年体育运动的习惯产生不良影响。家长自身对于体育运动的参与度低，亲子时间少，课外时间安排青少年参加各类补习班，认为只有学习成绩好，才能有更好的发展。这都导致很多青少年的课外时间被大量占用，几乎没有时间参加体育运动，自然也难以形成良好的运动习惯。

提升孩子的体育行动力

综合以上等多种因素，在面对青少年不爱体育运动的情况，我们其实可以这样做：

1. 产生共情，与青少年同频共振。家长和老师承认运动锻炼之艰难，理解他们不爱运动的心情，但是也要教育引导他们认识到身体健康的重要性，只有通过科学的运动锻炼才能塑造自己成为理性、健康、阳光、积极的人。这样他们才能感受到我们的理解和关爱。

2. 创新运动形式，发挥体育运动的趣味性。家长可以挖掘多样化的体育运动项目，结合当下流行的运动形式，包括传统的足球、篮球、网球，以及新兴的跑酷、飞盘、攀岩、亲子越野等项目，再辅以具有人机交互功能的电子设备，如：VR游戏机、智能运动手环、运动APP等科技手段，将体育运动游戏化，让运动的过程更具有趣味性和互动性。

3. 树立榜样，启发他们的运动动力。通过体育明星或者名人故事，来为青少年树立积极参与体育运动的榜样，激发他们的运动兴趣。例如：中国田径界的传奇人物"跨栏飞人"刘翔，他是中国第一个在田径项目上夺得奥运会金牌的男运动员，面对伤病困扰，经历了种种挫折和煎熬，但他从未放弃，始终坚持不懈地努力康复和训练，展现了他顽强不屈的精神和意志力。

4. 以身作则，积极参与体育锻炼和亲子运动。很多时候，青少年听不进去太多的大道理，但他们会看家长的言行。为此，家长要合理安排青少年的课外活动，给其留出时间参加运动锻炼，更要以身作则，挖掘并引导他们参加感兴趣的体育项目进行锻炼，制订运动目标与他们共同完成，成为他们体育运动的支持者、模仿者和陪伴者。

在青少年体育运动习惯的培养中，家庭参与是必不可少的。社会宣传与家校沟通能帮助家长树立对体育运动的科学认知，明确体育运动对青少年成长的重要性和必要性。健康的身体是一切的基础，培养青少年养成定期体育运动的良好习惯，使他们通过锻炼获得体质健康的提升以及愉悦的运动体验，实现身体和精神的双重收获，进而让青少年的学习生活变得更加丰富多彩，也为满足未来社会发展与国家建设的人才需求，打下良好的基础。

虚心求助，让孩子成为一名优秀的班干部

（北京市第二中学　李　植）

岳同学现在是一名认真负责的团支书，说起这个团支书的由来，有一个有趣的故事。

高二开学之初，班级重新组建，班主任主张班中每位同学都要为集体

付出，承担班级职务，所以很多同学都争先恐后地在班主任那里认领自己可以胜任或者愿意承担的班级职务，最先被领走的是各科课代表的职务，因为大家希望与任课教师在课下多联系、多沟通，帮助老师们收发作业，整理实验器材和教具。这些比较简单、明确的工作比较容易上手，而且还可以提高所担任科目的成绩，何乐而不为呢？

****

工作经验

有些以前担任过卫生委员或者生活委员的同学仍旧愿意承担此项职务，有工作经验，掌握了一些方法和窍门，做起来更熟练些。有些有书法、绘画、体育特长的学生承担了文艺委员、宣传委员和体育委员，扬长避短，发挥个人优势为集体效力，大家都很开心。

新班级的同学没有人曾经担任过团委的工作，对这方面的工作内容也不是特别了解，生怕自己不能胜任，所以，班级职务一路领到最后，也没有人自荐做团干部的工作。而我坚信，只要学生本着愿意为集体服务的意识，班主任愿意把他们扶上马，送一程。于是，看到剩下的五名还没有领到任务的同学中有三位是团员。班主任决定让这三位同学组成高二3班的团支部，在征求了三人的同意后，班主任让这三位同学推选出一个团支部书记、一个团宣传委员、一个团组织委员。

解决办法

班主任看到新任团支部书记岳同学对于接下来的工作很有顾虑，于是想了一个好办法，让原来高一时所带班级的团支部书记王同学来培训这个新任的团支书，很有代代相传的意思。这样做不仅提高了他们交流沟通的能力，也让岳同学更顺畅地上手团支书的工作，因为王同学会从自己的角度谈这项工作的难易点，不仅可以谈工作任务，还会分享注意事项以及自己做这项工作的窍门和方法，甚至还会有一些心得体会，这些方面是老师指导时所欠缺的。当班主任想起让新支书岳同学添加团委李老师的微信时，岳同学告诉老师他已经加好了，也进入了团委工作群，并向李老师问了好，这个消息着实让人高兴。

接下来，班主任跟团支书岳同学针对高二学生的学习任务较高一繁重，但学校的团委工作亦不能懈怠的问题进行了交流，孩子也虚心接受了班主任的建议。岳同学分析了本班团员的基本情况，清点了班级团员名单，发现班级33人中有22名团员，这可是班级的一大优势，可以安排3~4人一组，由团支书带领一组人员，团宣委和团组委各带领一组人员，其余组也可找其他班委作为负责人，这样每次接到团委工作任务时，由不同的团员小组轮流完成。如此一来，所有的团员同学都得到了锻炼，大家也对团委的工作有了更加深入的了解，在接到工作任务的时候也会互相理解，更加配合。而且，任务轮着干，大家不会太辛苦，也不会过多占用某个人的学习时间，轮到自己完成团委工作任务的时候，也会很重视，干得又投入又好，这样团支部的办事效率也就更高了。

可喜的变化

高二3班同学们思想要求进步，有良好的精神面貌，这个集体凝聚在团支部的带领下积极向上，有六名同学在这一年先后光荣地加入了中国共产主义青年团这个大家庭。班主任经常会问团支书岳同学这个问题："你确定你以前没有当过团支书吗？我怎么不信呢？"大家都会心一笑。

慢慢地，班主任发现岳同学十分热爱团里的工作，有强烈的责任心，积极参与班级活动，在团支部的工作中养成了良好的道德素养和理想信念，真正做到了为同学们服务，敢闯敢试。他作为足球队队长，带领班级足球队获得高二年级亚军，凝聚班级力量为集体争光，发挥出了正能量。他在班级中有较高的威望，工作也很有方法，同学们也愿意积极配合他的工作，班级在"青年大学习"中每次都得到了团委老师的表扬，他也更加自信，学习成绩也十分优异，团干部评选时，他因当天生病未能参与，但仍以极高的票数赢得了优秀团员和优秀团干部的竞选。高三时他连任团支书工作，在2023年高考中，孩子以671的高分考入了理想的大学。

总结

孩子的成长需要老师和家长独具慧眼，看到他们的闪光点并给予支持。同时，高中学习生活中，学生也要抓住每一次可以锻炼自己的机会，提升组织能力、沟通能力、人际交往能力、养成做事有规划的习惯，提高效率，做到事半功倍。我坚信，只要敢于尝试，勇于付出，必有回报。

日常实践方案

当青少年感觉到迷茫,找不到人生方向,认不清楚自己的时候,我们可以这样:

1. 多陪伴,父母需要通过陪伴、鼓励,帮助孩子形成自我同一性认知。

2. 有耐心,青少年面对挫折或者失败时很容易放弃,父母要更耐心地给予支持。

3. 多学习,固有的教育模式已经难以应对当下的教育问题了,父母需要多学习,才能迎刃而解。

以下有一些游戏,可以在家庭中开展。

▶【活动目标】

1. 知识与技能:理解自我认知的概念和重要性,掌握提高自我认知的方法和技巧。

2. 过程与方法:通过讨论、角色扮演和个人反思等方式,激发学生提升对自我的认知和反思。引导学生积极参与,培养他们的批判性思维和自我表达能力。

3. 情感态度与价值观:培养学生对自身的认知和自信心,增强自尊与自爱的意识。培养学生的团队合作意识,鼓励互相尊重和倾听。

▶【活动过程】| 先导游戏:听指令,做动作
游戏1:角色扮演
游戏2:星星点赞卡
游戏3:手工制作
游戏4:生命教育

先导游戏：听指令，做动作 　　　　（北京市东城区史家实验学校　张婉霞）

▶ **活动规则：**

引导者观察现场参与者的特点，提出要求，符合特征的孩子按要求做相应的动作。比如，引导者可以说："喜欢看书的人，请站起来！""跑得快的人，请跳一跳！""爱劳动的人，请拍拍手"……

> **小结：** 通过这个游戏，参与者可以发现自己和别人既有相同之处，也有不同之处。今天就让我们来发现独特的自己吧。

游戏 1：角色扮演 　　　　（北京市东城区史家实验学校　李丽梅）

▶ **活动规则：**

1. 集体讨论。

我们可以提出一些问题，如：

"你了解自己吗？"

"你知道什么叫自我认知吗？"

"你认为自我认知对于一个人的成长有多重要？"

"你如何评价自己的自我认知水平？"

这些问题将引导参与者思考，并鼓励他们分享彼此的看法和经验。

2. 小组研讨。

每组选派一位引导者，详细地探讨剧本，并进行角色扮演的准备。

①角色设置：

小明（男）：在学校成绩优秀，但面对人际关系时较为内向，常常缺乏自信。

小红（女）：家庭条件不佳，经常感到自卑和无助，对未来充满迷茫。

小华（男）：热爱运动，但因学业压力大，经常感到身心俱疲，缺乏自我调节的能力。

小美（女）：社交能力强，但在学习方面存在困扰，常常被自己过于放纵的性格束缚。

小杰（男）：学习和社交都不突出，常常感到自己的存在感不强，缺乏自我认同感。

②剧情发展：

角色介绍与问题提出：每个角色依次介绍自己的基本情况和面临的主要问题。指导老师或志愿者鼓励学生尽可能地深入角色，表现出他们在生活中可能遇到的挑战和困惑。

角色交流和互动：大家在角色中展开交流，探讨彼此的问题和困惑，分享彼此的经历和心得。在指导老师或志愿者的引导下，学生们通过互相倾听和理解，深入探讨自我认知对于解决问题和应对挑战的重要性。

角色情景模拟：每个参与者扮演自己角色中的情景，模拟出日常生活中可能遇到的挑战和困境。在情景模拟中，学生们将面对各种挑战，需要运用自己的自我认知和解决问题的能力来应对。

3. 总结与收获。

> **小结：** 通过上述的活动和方法，孩子们不仅能够理解自我认知的重要性，还能够通过实践和反思逐步提升自己的自我认知水平。通过不断地反思、分享和总结，他们可以成为更加自信、自主和有意识的个体，为未来道路奠定坚实的基石。

游戏 2：星星点赞卡

（北京市东城区史家实验学校　张婉霞）

➤ 活动流程：

1. 给每个参与者发一张星星形状的卡片，让参与者想一想自己眼中的"我"是什么样子，把自己的优点或特点写在星星点赞卡正面，至少写三点，如：爱看书，乐于助人、爱运动、热心、勤奋、勇敢、自律……

2. 让每个参与者结合星星点赞卡上的内容进行简单的自我介绍。例如：我是＿＿＿＿＿＿的人。

这是我们自己看到的自己，实际上我们还有很多优点和长处！

3. 请同一组的参与者互相帮忙，找到每一个人身上更多的优点和长处，并说出理由，然后每个参与者在自己的星星卡正面补充记录自己的优点和长处，轮流说一说，在大家的帮助下，又找到了自己的哪些优点和长处。

随机采访参与者被别人夸赞的感受。引导者可以提问："哪些评价让你感到很意外？""同伴对自己的评价让你对自己有了哪些新的思考和认知？"

4. 引导者通过提问引导参与者对自己的未来产生期待和动力，比如："未来的自己会是怎样的？""你希望自己以后成为怎样的人？"并让参与者在星星卡的背面，画一画或写一写。

5. 将所有参与者的星星点赞卡粘贴在黑板上。此时，大大的黑板上，一颗颗小星星就像熠熠生辉的满天繁星。让所有参与者体会，每个人都是独一无二的自己，正是因为每个人都有属于自己的特性，才组成了精彩纷呈的世界。

▶ **物料准备：**

星星形状的卡片。

> **小结：** 青少年在自我审视和接受他人的客观评价的过程中，会不断地寻找自我、认识自我，并在此基础上不断地完善自己。

游戏3：手工制作 （北京市东城区史家实验学校 韩春明）

▶ **活动流程：**

1. 创设情景、激发兴趣：引导者通过美术作品图片、视频、有趣的活动等方式来创设活动情景，激发参与者的活动兴趣和热情。比如，引导者可以借助图片、视频等，让参与者了解一下大自然，并引导参与者说一说自己喜欢的动物或植物，以及它们的特点。

2. 引导者向参与者演示手工制作作品的过程，并详细讲解基本技能和制作技巧；同时，也要注意激发参与者的兴趣，比如，引导他们关注动物或植物的外形特征；此外，也要引导参与者关注手工作品的细节装饰，从而提升他们的艺术水平和审美体验。

3. 小组内讨论。

你喜欢哪一种表现形式？

你了解的动物或植物，从外形上可以归纳为哪些基本型呢？

可以选择自己独立创作或小组合作形式。

4. 艺术创作：引导者引导参与者从绘画、手工制作、彩纸剪贴等艺术形式中，自主选择一种喜欢的表现形式进行创作，并鼓励他们发挥自己的创造力和想象力，大胆创作。引导者要适时提醒参与者在创作时要注意保持卫生，并安全使用工具；也要关注参与者的个性特点和需求。

5. 作品评价：作品创作完成后，组织参与者开展作品评价活动，先由参与者轮流介绍自己的作品，然后大家来评价小伙伴的作品。从而帮助参与者了解自己的优点和不足，促进自我反思。

6. 互动交流：鼓励参与者之间进行互动交流，分享创作心得和经验，提高他们的表达能力和社交能力。比如，在作品创作中，各自遇到了哪些困难，是如何解决的；每人在小组学习和创作中，收获分别是什么。

▶▶ **物料准备：**

超轻黏土、水彩笔、牙签、绘画纸、彩纸、剪刀、胶棒。

> **小结：** 这个活动能够提升参与者的自我认知能力。不仅帮助他们了解自己的兴趣和能力，也让他们通过自己的创作表达和交流了内心的情感。同时也增强了他们的自信心和自尊心，让他们敢于尝试新的创作、迎接新的挑战。

游戏 4：生命教育

（北京市东城区史家实验学校　于　晶）

>> **活动规则：**

1. 引导思考：引导者通过提问引导参与者回顾和思考自己的生命经历。问题可以包括：

"你生命中的转折点是什么？"

"你最自豪的成就是什么？"

"你现在最关心的是什么？"

"你的未来梦想是什么？"

……

2. 参与者探索自己，进行创作。

进行创作：参与者使用准备好的材料创作自己的生命故事，可以是书面形式、图画、拼贴或者其他任何创意形式。引导者鼓励他们创作要尽可能的详细和个性化。

分享与讨论：参与者轮流分享自己的故事，保证每个人都有机会分享。在分享者讲述自己的生命故事时，其他参与者和引导者都可以提出问题，积极表述自己的感受和想法，但必须保持对分享者的尊重。

3. 引导者在现场给予及时反馈。

集体反馈：大家一起就此次活动进行讨论，鼓励参与者表达他们对自我认知提升的感受，以及这个活动给自己带来的收获。

个人反思：引导每位参与者撰写简短的个人反思，包括他们通过活动学到了什么，以及计划如何将新的自我认知应用到日常生活中。

感谢与鼓励：感谢所有参与者的真诚分享和参与，鼓励他们继续探索和了解自己，强调自我认知是一个持续的过程。

▶▶ **物料准备：**

写作和绘画需要的材料，如笔记本、彩色笔、彩绘纸、贴纸、杂志、胶水等，安静舒适的空间，引导性问题清单，一些简短的生命故事示例。

> **小结：** 通过这个活动，青少年不仅能够在安全的和可以获取支持的环境中充分探索和表达自己，还能通过听取他人的故事来拓宽视野，学习同理心，这对他们的个人成长和社会适应能力的培养都是非常有益的。

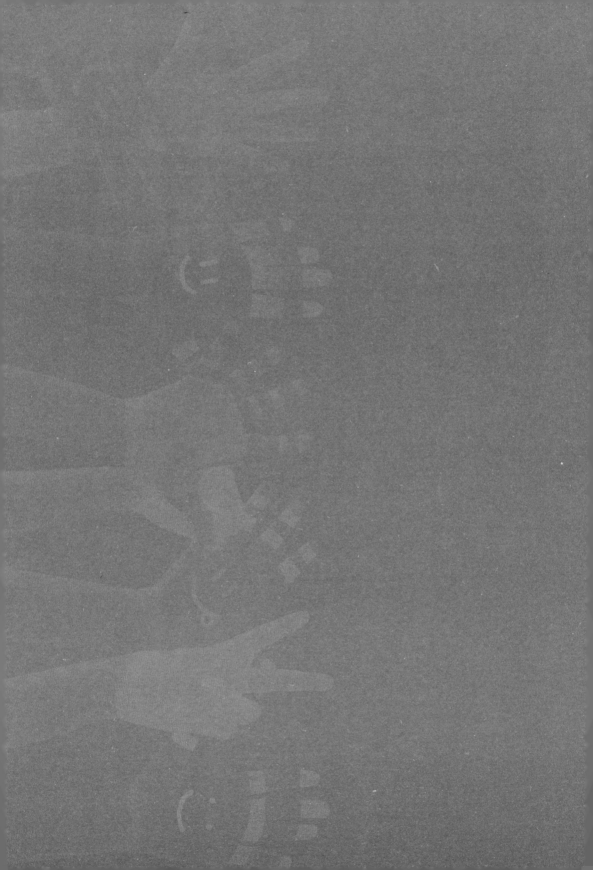

第四章

团队协作力：

让孩子在合作中成长

家长早知道

什么是团队协作力　　　　　　　　（北京市东城区史家实验学校　韩凯旋）

团队协作力，也称为团队协作能力，指的是个人在团队中，通过加强沟通、建立信任、合理分配任务，促使团队达到最大工作效率的能力。这种能力不仅要求团队成员具备个人能力，还需要他们在不同的位置上各尽所能，并与其他成员协同合作。现在，社会竞争异常激烈，单独行动已经很难取得较大的成绩，只有善于与人合作，才能获得更好的发展机会。团队协作力，也成为孩子进入社会最重要的基本能力之一。

当下的状态体现　　　　　　　　　（北京市东城区史家实验学校　邢嘉文）

研究表明，小学低年级孩子的合作行为基本处于简单配合阶段，比如一些孩子会在团队活动中谦让或服从另一部分孩子。而此时，孩子的认知发展阶段正处于"我期待获得他人的注意和认可"的阶段，在团队合作中，孩子会争夺"组织者""发言人"的身份。孩子们由于知识和能力差距较小，容易出现僵持不下的局面，甚至引发内部矛盾。时间久了，一些孩子逐渐不喜欢参与团队合作，认为这是个会引发冲突的"麻烦事"。高学龄段的孩子虽然懂得在团队中形成合力，成就彼此，但是在合作中难以掌控自己的情绪，比如有的孩子会因为情绪失控，导致团队活动失利，或者是自己难以融入团队中。

问题的原因

（北京市东城区史家实验学校　韩凯旋）

调查显示，青少年出现上述情况一般由以下的一些因素导致：

1. 以自我为中心。如今不少孩子有较强的自我中心意识，特别是进入青春期后，自我意识显著增强，更容易出现对比心理，由此在竞争中表现出爱嫉妒、难以融入集体环境等。

2. 缺乏交流沟通的能力。想要进行团结合作，交流沟通的能力是最为重要的，如果孩子不懂得如何和别人进行交谈，他们自然而然也不愿意去和别人共同做一件事情。现在很多孩子在成长过程中，爸爸妈妈都为他们安排好了一切，这在无形中剥夺了孩子做决策的机会。久而久之，他们自然而然就不太愿意诉说自己内心的真实想法。在和别人合作的过程中，他们就不能正确地表达自己内心的想法和愿望，很难与别人共同完成需要合作的活动。

3. 缺乏良好的家庭亲子关系。如果家庭氛围过于紧张或冷漠，孩子可能会表现出过度自我保护的行为，而不善于与他人合作。此外，如果家长对孩子的期望过高，过分关注成绩而忽略了孩子的个性和兴趣，也会让孩子失去尝试新事物以及与他人合作的机会，从而影响其团队精神和协作能力。一些家长可能会过度干预孩子的生活，不给孩子足够的自主空间，这可能会让孩子缺乏独立思考和自我决策的能力，也会影响他们的团队精神和协作能力。

应对方法

(北京市东城区史家实验学校　韩凯旋、刘宇欣)

团队协作能力是孩子在未来适应生活、立足于社会所不可或缺的重要能力。善于与人合作的孩子，能获得更大的力量，争取更大的成功。要想培养孩子的合作意识和协作能力，父母可以从以下几点去努力：

1. 让孩子看到别人的长处和自身的不足。在日常生活中，父母可以通过故事并结合自身的经历，教孩子如何发现他人的优势，同时认识到自身的不足，让孩子不因自己有不足而失去信心，而要学会用自身的优点来弥补不足，实现合作与双赢。平时和孩子聊天的时候，父母也可以引导孩子看到他人的闪光点，学会欣赏他人。

2. 让孩子感受合作的快乐。如果做某件事能让我们快乐，我们才愿意继续去做这件事。同样，如果孩子从合作中感受到了快乐，那么他会产生继续与人合作的动力，表现出积极的合作态度。所以，父母应有意识地引导孩子感受合作的成果，体会合作的快乐，激发孩子进一步合作的内在动力，促使孩子把合作变成一种习惯。

3. 鼓励孩子参加集体活动。孩子想要与人合作，就不能缺少集体活动的锻炼。因此，父母要鼓励孩子多参加集体活动，使孩子自觉地意识到与他人合作的必要性。孩子在集体活动中，可以体会到互助协作的好处。只有参加群体性活动，孩子才能在看到团队之间有竞争之外，更能感受到团队内部的协调一致。这对培养孩子的团队精神与竞争意识十分有利。

4. 注重孩子的个性化培养。每个孩子都有自己的兴趣和特长，家长应该关注到孩子感兴趣的事物并鼓励和帮助孩子发展自己的特长。通过培养孩子的一技之长,让孩子有更多的机会与他人进行合作并且发挥自己的优势,让孩子在合作中体会到成就感,体会到快乐。这样不仅可以树立孩子的信心,还可以帮助孩子培养合作的意识。

5. 以身作则,成为孩子的榜样。父母的言传身教是影响孩子成长的重要因素之一,家长要用实际行动来告诉孩子什么是合作,如何才能达成共赢。家长要积极参与到家庭活动中,与孩子一起去面对当下出现的问题,一起找原因想办法,一起解决问题。家长只有用自己的实际行动潜移默化地影响孩子,才能培养他们的协作能力。

团队协作，让动画创作变得更好玩

（北京市东城区史家实验学校　鲁志梅）

动画总能给人展现一个充满奇妙和趣味的世界，也因此广受孩子们的喜爱。而创作一部动画如同经历一场闯关游戏，团队协作无疑能让"闯关"变得更加高效、顺利和精彩。现在，就让我们一起走进这个团队游戏的案例中，感受一下孩子们是如何凝聚力量共同创造出一个奇妙又好玩的动画世界的吧！

****

在游戏开始前，团队伙伴们总在一起聊天，聊天的话题五花八门，有身边的各种"奇闻趣事"——新闻、课内外读物中的小故事、生活中的小思考、各人的经历、节日见闻等，总之印象深刻、有趣、能引发思考的事情我们都会聊。在这样的聊天中，许多有趣的剧本也由此诞生。

剧本《我要减肥》的创作就来自一段视频，这个视频很有趣，由于景区里的鱼被络绎不绝的游客投喂而胖成了"猪"，工作人员不得不用大喇叭友善地提醒游客"不要再喂啦"。孩子们看到鱼池里体态肥硕的小鱼时，都乐开了花。"小锦鲤会因为变胖而苦恼吗？""会有怎样的、有趣的故事发生呢？"大家纷纷展开天马行空的想象，于是《我要减肥》这个有趣且能引人思考的小剧本便在大家的你一言我一语中诞生了。

剧本创作完成后，团队成员们接下来要开始明确分工，各司其职。大家

第四章
团队协作力：让孩子在合作中成长

用各自擅长的方式，或是描写，或是绘画，或是查找资料，将剧本故事转化成"画面"，这一环节的创作仍然需要大家群策群力来共同完成。很多时候，有趣的小灵感就是在这一环节出现的。《我要减肥》有一段剧情是"胖锦鲤"回忆并沉醉在自己曾经的"苗条"体型，有些同学提议用"社会摇"的舞蹈动作表现，这样能增添喜剧效果，为了能更加形象地表现出这个效果，两名同学当即表演了一番，生动有趣极了。同学们看了哈哈大笑，纷纷赞同。

另一个剧本《海洋的眼泪》，剧情中有一段是描述一只因为核废水而显得又苍老又难看的海龟即将死去，大家建议给海龟脸部一个由远及近的特写镜头。这时，一位同学提议，镜头可以从海龟背上的壳开始，大家很不理解为什么要这样操作。这位同学说，因为他查阅资料了解到，海龟的年龄能够从龟壳的纹路上看出来，为了突出核废水对海洋生物的伤害，这只即将死去、看上去又老又丑的"老"海龟其实年龄很小……说到这儿，我和许多孩子都感动了，毫不犹豫地选择了这个镜头。说到这里，我们再次感受到了团队的力量。

在制作场景装饰、角色服饰、道具这一环节，所有同学仍然要一起制作，不能偷懒，否则就会影响整个剧组的创作进度。大家会时不时地一起讨论、修改。在这个过程中，绘画能力和制作能力稍微强一点的同学需要带着能力弱一些的同学一起做，给他们分配一些力所能及的任务。例如，制作环境里的树木、小草、水中的泡泡等。总之，在团队中，每个人都能找到自己能够做的事情。

最后，就是动画的拍摄和后期制作环节了，这也是大家十分喜爱的部分。然而这个过程，也离不开每一位成员的想象力和解决问题的能力。

为什么这么说呢？举个例子吧！

不惧未来
十大核心能力塑造内核强大的孩子

六年级有四位同学合作拍摄"草船借箭"这个成语故事。拍摄中遇到了两个问题：一个是，怎么拍出箭"飞"进画面的效果？另一个问题是，"雾气弥漫"怎么拍出来？针对第一个问题，同学们开启了新一轮的头脑风暴："让箭粘在背景板上，一点点地移动""扔过去，然后赶紧拍，或者录下来""用鱼线绑着箭"等。一下子，同学们的思路都打开了，针对第二个问题，大家更是创意迸发：有的说，用撕薄的棉花挡住镜头，慢慢移动就能拍摄出雾气弥漫的效果；有的还说用后期特效。大家想出了许多有趣又好玩的办法。拍摄时经常会出现拍摄了大半天，最后发现效果不好，不能用，要全部重新拍这样令人沮丧的事情。这时候，团队成员就会互相鼓励，轮换拍摄，当拍摄成功之后，大家会一起欢呼与喝彩，那种成就感别提多开心了！

拍摄完成后，还需要为角色配音。这个环节也是最好玩的一个环节了，大多数同学都想试一试。可是，在这个时候我们往往需要从大局考虑，不能光想着自己，而要从整个作品出发，分析角色特点，选择最符合这个角色的声音。有时候，为了能找到最好的"配音演员"，团队成员会扩大寻找面，去别的班级寻找，有时候还会找家长朋友。《我要减肥》这个动画里有一个"老板"的角色，它的声音要很有气场，最好还能用方言配。这一想法一提出，大家都觉得好，于是分头寻找，有的找自己的爸爸，有的找爷爷；还有的找身边的同学……最后，这部动画里"老板"的配音，由一位六年级的"淘气包"拿下了，他不但声音洪亮、有气场，而且还会说方言，最最重要的是，他能配出这个动画角色的特点来，完美极了。最终在多方努力下，这部动画的所有配音都出色地完成了。每当想起合作过程中每一个有趣的小创意，同学们都十分开心。

****

感受汇总

在这个由团队协作共同创作动画的案例中,我们不难发现,团队协作里,大家可以相互学习,相互促进,相互鼓励;在面对困难时,大家还可以相互商量,共同面对难题,群策群力解决难题,有道是"三人行,必有我师焉"。相信在团队里,我们每个人都能得到成长,获得知识,收获友谊!

鼓励式社交,缓解独生子女的"烦恼"

(北京市东城区史家实验学校 刘宇欣)

小潘是一个在学习和生活中喜欢独来独往的孩子,在家中很受重视,他是家庭的核心。但是在学校的生活中,无论是做什么,他都喜欢一个人完成,既不愿意帮助身边的同学,也不愿意接受同学的帮助。当同学主动提出合作学习时,他甚至对同学的邀请充满敌意和反感。

****

发现孩子独处的原因

经过了解发现,孩子如果缺乏与他人协作的能力,有可能与家庭教育方式、孩子和家人间的相处模式有关。一些独生子女在家庭中没有与兄弟姐妹共同生活的经验,在情感上容易形成自我中心,不善于合作与共享,缺乏人与人之间的交际能力。还有可能是家庭氛围过于紧张或冷漠，孩子在学校会表现出一种自我保护的行为，将自己封闭包裹起来，而不愿与他人合作。

小潘的父母也表示，孩子性格孤僻、冷漠。父母还很溺爱，只要小潘不想做的事情，父母会优先帮助他放弃。所以在团队合作中，他无法听到其他人的声音。

改变后的收获

小潘的父母在日常生活中逐渐改变了自己育儿的思想理念和方法，引导孩子事事去尝试，失败了就给予支持，成功了就奖励。在班里，老师也创造了很多的机会让小潘去参与集体活动，现在的小潘已经有自己的小圈子了。

家庭中的情景剧，让孩子拥有自己的"小团体"

（北京市东城区史家实验学校　邢嘉文）

有一个"不合群"的孩子小光，他体育成绩优异，是同学们公认的"飞毛腿"，但是他却不愿意报名学校的跑步接力比赛。问及原因，他淡淡地回答："太麻烦了，不想参加。"不仅如此，在课堂上，当老师安排小组讨论任务时，他也显得格格不入，几乎从不参加讨论，也不愿分享自己的看法。

****

第四章
团队协作力：让孩子在合作中成长

原因分析和改进方案

这是怎么回事呢？

经过了解发现，小光的家长一直对他有很高的期待，希望他成为团队中的"发言人"。但他总是做不到，所以就选择了"躺平"。久而久之形成了这样的思维模式，一旦遇到一些挫折，他就放弃了，慢慢就变成了今天的"不合群"。于是，我跟小光的家长进行了讨论，得出了以下方案：

1. 调整认知，给予孩子正向的评价。团队合作中，每个人都有各自的角色。要培养孩子的合作能力，家长首先要调整认知。孩子都是个性化的人，有各自的优点和长处，只要孩子在团队活动中有所收获，这就是一次成功的合作学习，至于能否取得"发言人"的角色并不是合作学习的全部。如果父母了解到孩子参与了某项团队活动，可以鼓励孩子说一说在这次活动中担任了什么角色，完成的效果怎么样。并在孩子分享后及时给予他正向的评价，认可孩子在团队中的成绩和努力，如"你的努力让你们组的展示更加完美了"。

2. 增加亲子合作活动，让孩子感受到合作的力量。家长可以在日常生活中安排一些亲子合作内容，比如亲子共读一本书、亲子两人三足跑。如果孩子有兄弟姐妹，家庭也可以举办小型竞赛，以两人一组的形式开展比赛。在这个过程中，家长需要明确团队成员的分工，让孩子意识到自己在团队中的角色和重要性，提高参与团队活动的自我效能感和荣誉感。同时，削减孩子对于合作任务的抵触心理。

3. 以身作则，培养得体的言行。很多时候孩子听不懂太深奥的道理，但会观察模仿父母的言行。在班级活动中，孩子们多倾向于选择班中性格开朗的、有礼貌的同学作为自己的合作伙伴,不喜欢和经常使用"命令"口吻的同学结成小组。想要孩子在集体活动中良性竞争、合作共赢,友善得体的言行是搭建平等交流的必要桥梁。家长应当以身作则,在日常生活中言行得体,让自己成为孩子心目中的模范,通过分享工作生活、共读书籍、趣味游戏等方式,传递正确的价值观,进而帮助孩子形成良好的言行举止和道德观念,培养孩子与同龄人友善交往的能力。

目前的状态

案例中,小光的家长目前在生活中时常有意识地关心、关注孩子,并积极开展亲子合作游戏,从而帮助孩子提高自我效能感。现在,孩子也不再认为团队合作是个"麻烦事"了,也能理解"众人拾柴火焰高"的道理。同时,通过日常言行举止的示范以及价值观的培养,小光学会了与他人友善相处的技巧,人际交往能力也随之提高,这也促进了他与同学合作学习的效果。作为孩子的第一任且影响最为深远的老师,父母要始终以身作则,为孩子的成长树立良好的榜样。

日常实践方案

当孩子在生活中不擅长团队协作时,不妨通过以下方法引导:

1. 教育孩子基本的社会责任和礼貌。

2. 提高孩子的沟通能力。

3. 给予肯定和鼓励。

4. 潜移默化的引导。

下面提供一组游戏,便于锻炼孩子的团队协作力。

▶【活动目标】

1. 知识与技能:了解每一个合作活动的流程和形式,掌握合作的节奏。

2. 过程与方法:熟知每一个活动的操作步骤,从而在合作中锻炼团队协作技能,学会分工与协作,学会处理事件以及有效沟通的方法。

3. 情感态度和价值观:感受合作带来的快乐和归属感,充分发挥创意、展现个人艺术才能的同时,增强团队协作能力,培养集体荣誉感,增强团队的凝聚力和向心力。

▶【活动过程】　　先导游戏:传递呼啦圈
　　　　　　　　　游戏1:美育教育
　　　　　　　　　游戏2:废弃物回收
　　　　　　　　　游戏3:乒乓球大作战
　　　　　　　　　游戏4:鸟兽斗游戏

先导游戏：传递呼啦圈

>> **活动规则：**

引导者指挥大家背靠背围成一个圈，共同抬起左脚。引导者将呼啦圈套在其中一个人的左脚上，由他用脚将呼啦圈传递给旁边人的脚上，依次传递，直到呼啦圈再次回到第一个人的脚上，视为游戏结束。

>> **物料准备：**

呼啦圈若干。

> **小结：** 活动的过程中，由于大家的站姿是背靠背，所有的人都需要保持自身的平衡和团队的平衡。参与者会感受到只有所有的人都保持稳定，活动才会成功。

游戏1：美育教育

（北京市东城区史家实验学校　李　桢）

>> **活动规则：**

1. 绘画创作：各成员根据分工合作绘画创作，互相交流、学习，共同提高。

（1）需要成员间的合作与协调：在绘画创作过程中，各成员需要共同完成一幅同主题作品，这个合作要求团队成员之间在不同领域进行互补，有效地协调和沟通，以确保每个人的工作能够相互衔接，最终呈现出完整且有内涵的艺术作品。

（2）需要成员间互相学习：通过分工合作，团队成员可以相互学习各自领域的知识和技能。这种互相学习的过程不仅有助于提升个人的绘画水平，还能够促进团队成员之间的交流和成长，增强团队的凝聚力。

（3）成员共同努力实现团队目标：在绘画创作过程中，团队成员需要共同努力，以实现共同的目标——成功举办一场校园画展。这种共同的目标能够激发团队成员的积极性和创造力，使他们更加愿意为团队的成功付出努力。

2. 展览布置：团队成员协同合作，布置展览场地，根据场地的具体情况来安排艺术品的摆放位置，进行主题化呈现，也可以为画展设计导览路线，安排参展人员进行讲解，设计展览互动区域等，并确保展览顺利进行。

3. 宣传推广：通过校园媒体等社交媒体渠道，宣传画展信息，吸引更多观众。团队成员在这个过程中可以提升沟通与协作能力的同时，也能增强责任感与归属感，更为影响更多人打下了基础。

通过协同合作布置展览场地和宣传推广，每个团队成员都能深刻体会到自己在团队中的价值和作用。当看到自己的努力为团队的成功做出了贡献，他们会更加珍惜团队荣誉。这个过程带来的责任感和归属感有助于培养青少年的团队忠诚度和协作精神。

> **小结：** 通过举办画展，不仅能够培养青少年的团队协作能力和集体荣誉感，还能提升他们的创意和审美水平，对其全面发展具有重要意义。

游戏 2：废弃物回收

（北京市东城区史家实验学校　臧雨薇）

>> **活动规则：**

1. 介绍消除废弃物的方法。

（1）参与者介绍消除废弃物的常规方法。

（2）引导者进行案例补充。比如，北京市的人大附中图书漂流站、河南省罗山县环保局的落叶堆肥栏的使用。其他案例孩子可以自己查阅。

2. 设计、制作并展示无废弃物设计。

（1）方案讨论。邀请参与者结合学校（家庭）的特点，进行小组讨论，设计一个"无废弃物校园（家庭）"，以循环经济的模式，实现校园（家庭）的废弃物重复利用、再生或回归自然，最终使学校（家庭）零污染。

例如：堆肥箱。将鸡蛋壳、橘子皮、香蕉皮等厨余垃圾进行堆肥，既为垃圾找到了好去处，也为植物提供了营养。

（2）方案研究。完成校园（家庭）的垃圾桶周边改造设计或规划，讨论并绘制方案设计图。

（3）微缩模型制作。讨论并获取所需材料，按需拿取，不浪费。制作过程中注意分工，比如，安排一人制作堆肥箱整体模型，一人制作放大的堆肥箱内部模型，一人制作校园（家庭）的环境和路径，一人制作建筑模型，最后统筹组装。

在参与者动手操作时，建议放一些轻音乐，因为音乐可以增强人的想象力、思维能力、五官和四肢的灵敏协调能力、想象力及创造性思维能力。

3. 评价与分享。

（1）请参与者展示校园（家庭）微缩模型和设计图，相互交流，共同欣赏，并说说作品的特点。

（2）以投票的方式选出"最佳无废弃物校园（家庭）设计小组"，组内可继续推选优秀组员。

▶ **物料准备：**

彩纸、超轻黏土、胶枪、双面胶、剪刀、铅笔、塑料瓶、废纸箱、垃圾桶。

> **小结：** 此活动可提升大家的团队协作能力。可鼓励大家在活动后谈谈自己的收获，并和大家交流可以做哪些事情来实现学校（家庭）的无废弃物排放。

游戏 3：乒乓球大作战

（北京市东城区史家实验学校　陈正明）

▶ **活动规则：**

1. 引导者带领参与者先玩一个坐地起身的小游戏。即参与者围成一圈，背对背坐在地上，确保屁股贴地。团队成员之间手挽手或相互挽着胳膊。听到起身的指令后，大家齐心协力一起从地上站起来。起身的过程中，相邻的人挽着的胳膊不能松开，也不能伸手撑地。

通过这个游戏引导参与者思考团结协作的重要性。

2. 引导者讲解合力运球的游戏方法：参与者两人一组，相对站立，将一个乒乓球置于一张 A4 纸上，各拿 A4 纸的一端，一起把球运送到空盒子里。运送的过程中，手不能碰球，也不能让球掉落。如果球掉落须从掉落位置重新开始。

3. 参与者一起体验合力运球，还可以随时交流并总结游戏技巧，比如要时刻关注同伴的状态，包容他人，互相补台等。

4. 活动结束后分享并讨论。

▶▶ 物料准备：

乒乓球若干、若干张 A4 纸、若干个纸盒子。

> **小结：** 每个人都是集体的一分子，在合作中，学会对他人宽容十分重要，当队友失误时，能否鼓励他，不抱怨？团结协作精神是建立在相互信任基础上的无私奉献。

游戏 4：鸟兽斗游戏

（北京市第二中学　李　植）

▶▶ 活动准备：

找一片宽敞的场地，清除一切可能危害安全的障碍物。

引导者和参与者提前约定好"细胞""鱼""鸟"和"大猩猩"的造型动作。比如：

细胞的造型——蹲下抱头，身体蜷缩成一团。

鱼的造型——双手合十，在身前左右摆动，扮演鱼儿游动。

鸟的造型——双臂在身体两侧，上下扇动，扮演飞翔动作。

大猩猩的造型——两手握拳，放于头顶上方。

人类的造型——摆一个很酷的、最能表现自己个性的造型。

第四章
团队协作力：让孩子在合作中成长

> **活动流程：**

1. 活动规则。

游戏开始时，全体人员先都是最低等级的细胞，相互找同伴进行猜拳，石头、剪刀、布，一局定胜负，赢者进化为小鱼，输者还继续是细胞，继续找细胞同伴进行猜拳。小鱼找小鱼同伴猜拳，石头、剪刀、布，一局定胜负，赢者进化为小鸟，输者退化为前一个阶段的细胞。小鸟找小鸟同伴猜拳，石头、剪刀、布，一局定胜负，赢者进化为大猩猩，输者退化为前一个阶段的小鱼。大猩猩找大猩猩同伴猜拳，石头、剪刀、布，一局定胜负，赢者进化为人，可以登上教室讲台，观看其他同学竞争，输者退化为前一个阶段的小鸟。

2. 注意事项。

在寻找猜拳对象时，每个人必须先根据自己当前的进化等级做出相应的造型动作。

最后，如果有人未能进化到人的阶段，其他人可以通过表决让其表演一些节目，既可作为"惩罚"，又可以活跃气氛。

3. 活动分享。

（1）邀请进化成人的参与者、未进化成人的参与者谈谈自己的感受。

比如：玩游戏需要大家都遵守规则；进化成人真不容易；没有竞争，就没有进化；只有积极主动地去找同类猜拳，才能有获取成功的机会；面对一次次的失败，要有耐心；努力争取，永不放弃；诚实坦诚的心态。

（2）引导者提问，引导参与者思考并回答问题。

比如：主动和陌生人沟通难吗？不断变化猜拳对象是否有利于进化？

不惧未来
十大核心能力塑造内核强大的孩子

活动中，你有没有记住几个新朋友？

> **小结：** 本游戏适合活跃集体气氛，尤其适合在新组建的集体中帮助成员破冰，让大家放松心情，快速熟悉，增加共同话题，有助于今后的沟通更加顺畅。
>
> 在学习生活中，总会面对不同的挑战和竞争，而机遇和挑战并存。但是大家要明白，机会需要自己去争取。家长要鼓励孩子尽可能地与更多的人"猜拳"，勇敢面对挑战，积极迎战，永不放弃，在竞争中磨炼意志，获得"进化"。

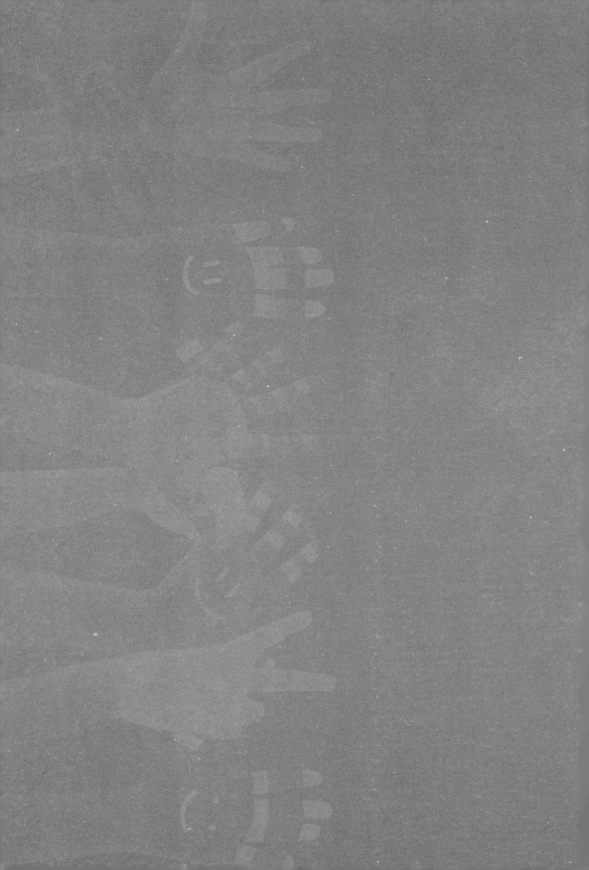

第五章

时间管理力：

高效学习，告别拖延

家长早知道

什么是时间管理力

时间管理力的本质是有效地组织和控制自己的时间,以实现个人目标,并提高生产效率。它涉及自我意识、目标设定、优先级排序、计划和组织、自我约束、灵活应变、效率和效果,以及平衡和休息等方面。时间管理力的差距,决定了孩子课外实际能利用的时间多少,也是青少年之间拉开差距的重要因素。

现状与成因
（北京市东城区史家实验学校　张　倩、孙美玲）

一提到时间管理的问题,家长问得最多的就是:孩子写作业慢,怎么办?孩子做事情磨蹭,怎么办?孩子完成不了课内的任务,也没有时间做课外的兴趣辅导,怎么办?孩子一拿起手机就停不下来,怎么办?等等。最近还有一个新闻,在一个家长群里,老师每天在群里统计孩子迟到的情况,希望家长能够督促孩子,并做出改变。

这些问题都非常直观地展示了青少年的时间管理问题:磨蹭、拖拉、没有时间观念、缺乏目标感、执行力弱、学业情绪问题多等。

是什么导致孩子出现以上这些情况呢?我们总结出了以下原因,供大家参考:

第五章
时间管理力：高效学习，告别拖延

1. 孩子对于时间的概念不清晰。研究表明，7岁左右是儿童时间观念发生质变的阶段。因此，在孩子还没有形成稳定的时间知觉前，家长就要求孩子完成一些时间规划，有拔苗助长之嫌。另外，不同年龄层的孩子所具备的时间价值感不同。成人认为同样的时间用来阅读和学习更能帮助孩子成长，而在孩子眼里，这些时间用来玩耍更能满足自己的情绪，比前者更有意义。

2. 负性情绪的循环。家长在孩子磨蹭时会产生急躁情绪，责备和批评孩子，这一方面会造成孩子的逆反心理，让孩子产生越挨说越不着急，父母越要求什么就越对着干的情况；另一方面，父母不断给孩子"你就是磨磨蹭蹭"的心理暗示，慢慢地，孩子也会觉得"我就是磨蹭的孩子，我慢是应该的"，也容易在遇到问题时有自暴自弃的情况，进入到"越被训斥越慢，越慢越被批评"的恶性循环中。

3. 家庭教养环境的影响。有的父母为孩子"包办"太多，从而使孩子产生依赖心理，总觉得有人替他操心了，自己就不用着急；有的父母对孩子期望和要求过高，孩子经常达不到要求，这样会打击他们的自信心，长此以往，孩子就会陷入自我否定，对事情的执行力也会随之下降；有的父母对孩子缺少关心和陪伴，孩子为了引起父母的关注，养成了某些"不良"习惯，从而影响做事效率。以上不恰当的教养方式都会影响孩子时间观念的形成。

应对方法

通过以上分析，我们明确了造成孩子拖拉问题的原因，就可以针对性地解决问题。

1. 关注孩子时间知觉的建立期。正如之前所说，7岁左右是孩子建立时间知觉的关键期。在此阶段，我们可以采用游戏的方式，让孩子感受1分钟有多长、1分钟可以做哪些事情等，让孩子充分感受1分钟时间看似很短，但合理安排、利用，也可以变得"长"而有意义，同时可以增强孩子对时间的预估能力；也可结合生活中的实例，比如"阅读半小时"与"玩耍半小时"，引导孩子理解同样的时间做不同的事情给人带来的价值感和收获是不同的。另外，我们还可以结合孩子的年龄和心理认知特点，让孩子有试错的体验，进而帮助其建立正确的时间知觉。

2. 营造有利于孩子建立时间观念的良性环境。俗话说，父母是孩子的第一任启蒙老师。作为父母的我们，要以身作则，做好自己的时间管理，并公开透明化。比如，在家可以和孩子各自制订生活安排表，并最大限度地尊重孩子的自主安排，同时建立一套小小的奖惩措施，互相监督，当孩子主动做了一件事，我们要及时给予认可和夸奖："你今天主动做……了，真了不起！"这样不仅可以帮助孩子将时间可视化，而且可以锻炼孩子的自主意识，帮助其真正成为管理时间的小主人，而不是被动的计划执行者。

3. 培养孩子统筹时间的能力。英国哲学家弗兰西斯·培根曾说过，合理安排时间就等于节约时间。举例来说，我们可以借助"沏茶问题"，引导孩子思考怎样合理安排沏茶的各个环节才能让客人尽快喝上茶，让孩子体会合理规划中的最优方案；我们也可以利用"四象限管理法则"，帮助孩子快速判断事情的优先级，并制订相应的计划，从而提高时间的使用效率，在此过程中，孩子既能感知时间的宝贵，又可体验合理安排时间带来的轻松感、愉悦感。

第五章

时间管理力：高效学习，告别拖延

"现代管理学之父"彼得·德鲁克说，时间是最为宝贵的资源，如果我们不能管理时间，便什么都不能管理。因此，时间管理是孩子成长路上的必修课，为此，我们要尊重孩子的个性化思想，营造良好的家庭氛围，引导孩子合理分配时间，这样我们才能与时间赛跑，最终跑赢人生中的每一程！

不惧未来
十大核心能力塑造内核强大的孩子

引导孩子自主安排时间,改变爱拖拉的习惯

(北京市东城区史家实验学校　张　倩)

小Q是一个很会做"收尾工作"的小男生。在班里,无论是出操列队还是放学收拾书包,他总是能慢慢悠悠地做到最后;在学习上,他的作业经常不能按时完成,导致越积累越多;家中,无论父母说什么,他都置若罔闻,根本不回应。而且在写作业时也总是漫不经心,缺乏时间观念,还很容易就被别的事情吸引,转头便把学习丢到九霄云外去了。久而久之,他就成了老师办公室里的"常客"。

****

在生活中,我们也经常听到孩子有类似小Q的问题,孩子总是半个小时的作业磨蹭两个小时都做不完、做事情拖拖拉拉、把时间浪费在一些无关紧要的事情上……面对这种情况,很多家长会给孩子做一些规划,但是孩子并不能自主地完成,总是在家长"你该去……了""快去做""你怎么还不去做"的催促下仓促随意地行动。有些家长为了提高孩子的积极性,会制订一些奖惩措施,但是施行一段时间后,效果也不尽如人意。

原因分析

针对小Q的情况,我跟他的家长做了深入的交流,引导家长认识到

要学会放手，把孩子成长的空间空出来，让孩子自己去感受成败，去安排自己的事情，并承受相应的自然结果。起初的时候，妈妈还是很不放心，但是一次家庭外出游玩时，小 Q 竟然自己做了一份简单的攻略，虽然出行的时候遇到了一些困难，但是结局很不错，小 Q 也一反常态地没有再抱怨累和无聊。妈妈就开始逐渐地放手，先是让孩子自己安排作业完成以后的时间，慢慢地增加到晚上回家的时间。这个过程中，小 Q 也有反复拖拉和作业完成不理想的情况，但是相比之前的那个做什么都磨蹭的小孩，现在的小 Q 已经有了肉眼可见的进步。

深度感知时间，提高孩子的时间管理力

（北京市东城区史家实验学校　高明一）

有这样一个男孩，名叫小东，虽然他的考试成绩不差，但是上课听讲不认真，作业也总是拖到最后几名上交，偶尔还会忘记做作业。老师问他为什么晚交或者不交，孩子都会找各种理由替自己解释。虽然拖延的作业大部分情况能在督促下完成，但拖延的习惯却一直存在。

小东的家长也说，孩子在家也总是磨蹭，无法集中注意力完成一件事，最后要花上好几倍的时间，结果也是差强人意。而且家长无论是严厉批评还是耐心提醒，都起不到什么作用，亲子关系也因此变得有些紧张。

****

相信不少家长都有这样的苦恼：道理讲了，奖励和惩罚也都试过了，但是效果仍然不明显。到底该如何与老师配合，帮助孩子养成合理安排时间、不拖延的好习惯呢？

寻根溯源，探究原因

首先要去细致地了解小东为什么会拖延？

一方面，因为小东没有养成合理安排时间的习惯。他对时间的感知是非常模糊的，知道 1 分钟等于 60 秒，但是不知道 1 分钟可以跑完 300 米，可以读完一篇 200 字的文章，可以把 5 双筷子刷干净，可以将桌面上的作业分类整理到书包里。如果孩子对时间没有具象化的、清晰的认识，就无法正确规划自己完成一项任务的时间。另外，小东对自己的能力和兴趣爱好可能也不完全了解，尤其体现在制订假期计划上，可能会因为活动安排得不够导致假期过得浑浑噩噩，或者因为活动安排得太满，连计划的一半都没能完成而备受打击。这归根结底是因为小东没能根据自己的情况结合任务的重要性和紧急程度去进行规划。

另一方面，小东的父母在教育方面也存在问题。原来，小东的父母在日常生活中也是拖拖拉拉、磨磨蹭蹭的，他妈妈甚至还经常有丢钥匙、丢钱包这些情况，久而久之，这让小东潜意识里觉得，不用在意这些细节。

而且他们在小东规划时间方面，也没有给出合理的建议或者正确的引导，平时撒手不管，出现问题时只会指责抱怨。

提升时间管理力的方法

针对上述问题,我们总结出一些方法:

1. 作为家长或老师,首先我们要严格要求自己,即使偶尔忍不住想犯懒或拖延,只要想一下这会给孩子带来的不良影响,就应该马上行动起来。

2. 帮助孩子树立正确的时间观念,引导孩子们合理安排时间。要帮助孩子认识到拖延的危害。拖延可能导致学习计划被打乱,任务堆积,最终影响学习成绩。因此,学生需要意识到拖延的严重性;制订明确的学习计划和目标。将学习任务分解成小任务,并为每个小任务设定明确的截止日期和计划。制订一个详细的学习时间表,确保给不同的科目和任务合理分配时间,以保证按时完成。

3. 克服拖延的关键是行动。孩子应该学会克服拖延的诱惑,勇敢地迈出第一步,开始学习。不要等待"完美"的时机或者"完美"的状态,而是要立即行动,逐步完成任务。

4. 建立学习伙伴关系和互助机制。与同学或朋友一起学习,相互监督和鼓励,可以提高孩子的学习动力和效率。

总之,克服拖延需要付出努力和持续的实践,保持耐心并坚持不懈。通过制订明确的学习计划和目标,建立良好的时间管理习惯,积极地行动,与他人合作,孩子就可以慢慢克服拖延,提高学习效率和成绩,实现自己的学习目标。家长需要引导孩子相信自己有能力克服拖延,坚持尝试各种方法和策略,找到最适合自己的克服拖延的方法,并持之以恒地实施下去。通过持续地努力和坚持,孩子一定能够克服拖延,提高学习效率和成绩,取得更好的学习成果。

刻意训练，帮助孩子改掉拖拉的坏习惯

(北京市东城区史家实验学校 孙美玲)

平时聊天的时候，我经常听到家长这样抱怨："我们家孩子回家做作业特别磨蹭，一做作业就喝水、吃东西、上厕所，哎呀，写个作业还不够他折腾的呢！""我们家孩子每天早晨上学前，穿衣刷牙吃早饭，事事得追着屁股后边催，天天时间紧张得都跟打仗一样！"这种情景您是不是很熟悉？孩子吃饭慢、做事儿慢、写作业慢……家长虽然百般催促，但却没有什么效果，孩子甚至还会越来越慢，这个过程中，家长的耐心逐渐消磨殆尽，到最后，总会忍不住大声责骂孩子。

****

家长们一定都遇到过孩子做事儿磨磨蹭蹭的情况，也都着急过，虽然做事拖拉不是原则问题，但是确实耽误事，尤其对于孩子的学习来说，不但影响学习效率，还会影响学习效果，甚至会影响孩子未来的生活和工作。拖拖拉拉的危害非常大，但如果不让孩子自己承担后果，孩子很难主动地去改变。

方法借鉴

在这个案例中，我们可以这样引导孩子：

第五章
时间管理力：高效学习，告别拖延

1. 让孩子体验"快"与"慢"对自己的影响。

在孩子磨蹭的过程中，家长要尽量控制自己，不要为孩子"收拾"拖拉带来的后果，比如：孩子早晨磨蹭时，家长往往会不断催促孩子，以免他们迟到，这样实际上就是在帮他们避免因拖拉而迟到的后果。家长不妨试一试不催不急，让孩子迟到后，在学校里自己面对做事拖拉带来的问题，还可以提前与班主任老师沟通，家校进行配合，让孩子体会到拖拉带来的"坏"结果。再如：孩子在穿衣洗漱等方面拖拉，那就在周末出去玩的时候，不要催促他，时间浪费后，孩子玩耍的时间自然就少了，有时候刚出门一会儿就必须得回家了。孩子如此体验几次做事拖拉的"坏"结果后，自然会主动调整自己做事的习惯。

同样，我们也要尽量让孩子多多体验高效率做事、合理安排时间带来的"好"结果，让好习惯也能得到正向的强化。如：如果孩子写作业的效率很高，没有拖拉浪费时间，那么多余出来的时间，家长就可以让孩子自行安排，做一些自己喜欢的事情，如玩乐高、看动画、出去玩等，但家长需要注意两个"千万"：一是之前承诺孩子要做的事情，尽量不加以阻拦，千万不要在孩子快速完成作业后，又以各种借口加以拒绝。如果家长说话不算数，孩子下次肯定再也不着急完成作业了，反正节约出来的时间干什么自己也说了不算。二是千万要与孩子提前约定好做喜欢的事情的时长，比如玩30分钟，不可纵容孩子一直玩，也不可先让孩子无限制地玩，家长觉得差不多到时间了再叫停。家长们可以在家里准备各种类型的计时器，帮助孩子明确自由支配的时间与时长，也让孩子对"时间到了"有明确的信号。这样既能让孩子感受到高效做事后自行安排时间与事情的快乐，又能让孩子在这个过程中逐步强化对于时间的感知和把控，养成言出必行、说到做到的习惯。

2. 帮助孩子学会快速做事的方法。

对于不知道如何变"快"的孩子，家长需要对孩子多加观察，看孩子到底是哪方面的能力需要加强，然后帮助他们提高这方面的能力。比如：孩子早晨出门磨蹭，是因为穿衣洗漱等自理能力不过关，那就对他们的自理能力多加锻炼；如果是因为小朋友来回来去地挑衣服耽误时间，那妈妈就带着小朋友头一天晚上根据天气预报和第二天要做的事情提前准备好自己要穿的衣服，并放在床边；再如，孩子晚上写作业磨蹭，如果是因为不够专注，那家长就可以和孩子一起把作业桌附近精简一下，移除吸引注意力的物品，还可以限定完成作业的时间，也可以在平时多和孩子一起玩一些提高专注力的游戏；如果写作业慢是因为不会做，那家长可以带着孩子一起分析为什么不会，还可以教孩子先做会做的，不会做的问爸爸妈妈。总之，在提高做事效率的方法上，我们需要给孩子更多潜移默化的支持，助孩子一臂之力。

诸如此类的方法和观点，还需要对孩子进行一定程度的训练，帮助他们逐渐形成习惯。

对孩子的教育需要先做好减法，再加速

（北京市东城区史家实验学校　罗　曦）

笑笑又迟到了。

我看着喊完报告站在门口手足无措的她，心里真是又急又气。同样

第五章

时间管理力：高效学习，告别拖延

的问题在这个学期已经出现很多次了，不论态度温和还是严厉，和这个小姑娘反复谈话好像也起不到任何作用，她依旧是那个慢悠悠的状态。除了在被批评之后会用眼泪告诉我自己的悔意以外，我似乎没有看到她任何的改变。

所以，当她再次眼泪汪汪地站在门口，在全班同学的注视下走到座位前，慢腾腾地整理学具的时候，我什么都没有说。我告诉自己，在这个状态下，说什么都没有用，还是要找到合适的契机。

今天的语文课文学习给了我这个机会，这是一篇经典的低年级讲读课文，题目叫《一分钟》，讲的就是一位名叫元元的同学，因为赖床了一分钟，所以迟到了二十分钟的故事。

在讲课文的时候，我始终在偷偷观察笑笑。小姑娘似乎很不自在，几次和她对视，我似乎都能从她的眼神里发现点儿什么。她可能也发现我在关注她，平时举手还算积极的她，今天的课堂表现却显得格外沉默。

思虑再三，我在课上故意没有叫她回答问题，给她一些空间，也许她会有所改变。

第二天，习惯迟到的小姑娘依旧没能准时出现在门口，但是这次她是跑进来的，我依旧没有多说什么，只是看着她努力地加快整理学具的动作。我知道，这个机会来了。

趁着课间操的时间，我把她叫到了我的身边。小姑娘明显很紧张，我抱住她的肩膀，悄悄问她："今天早晨是谁送你上学的啊？"

"是妈妈。"笑笑的声音特别小。

我想起有一次小姑娘哭着告诉我妈妈出门前需要换外套，所以耽误了时间，决定逗逗她，"那今天，是笑笑磨蹭了，还是妈妈磨蹭了？"

不惧未来
十大核心能力塑造内核强大的孩子

笑笑歪头想了想,"好像谁都没有磨蹭吧。"

"那今天还是来晚了,对不对?"

笑笑不说话了,低头搓着衣角,可能是在等我的态度。

我从兜里掏出一个做烘焙用的计时器,递到她的手里,"知道这是什么东西吗?"

笑笑翻来覆去看了半天,"我好像在家里见过,妈妈给我做饼干时应该用过。"

"那你知道它是做什么用的吗?"

笑笑仰起脸,认真地冲我摇了摇头。

我带她一起回忆了一下做饼干的过程,告诉她这其实是一个计时器,只要找到对应的数字,扭到自己想要的时间,它就会开始倒计时,到时间了,就会像闹钟一样给出提示。

"送你啦!"我摸摸小姑娘的头发。

笑笑习惯性地向我说了谢谢,但是眼神依旧很迷茫。

"你猜,老师为什么要送给你这个礼物?"

"因为,我总迟到。"笑笑的小脸一下子红了。

"也不完全是,因为今天我看见了你的态度,你想努力地快起来,对不对?"

笑笑不好意思地对我笑了笑,"我,我在努力了。"

"我看到你的努力啦,所以我要帮你一下,好不好?我们来学习做一次减法吧。"

我告诉笑笑,我知道她已经在按照妈妈的要求给自己设定时间限制了,但是我建议她把每一个设定至少再减掉3分钟,"就像写完作业要再

第五章
时间管理力：高效学习，告别拖延

次检查一样，给自己留出一个加速的机会吧。"

明天，笑笑一定会准时的。

****

克服拖延，培养高效习惯，是一个需要耐心和持续努力的过程。但是设立短期目标也是很有必要的，一些正面的激励可以有效提升孩子的积极性，减少拖延行为。同时，教会孩子使用时间管理工具，如时间表、计时器等，帮助他们学会合理规划时间，也是帮助孩子逐步形成时间管理习惯的有效方法之一。家长也应成为时间管理的典范，通过自身的行为影响孩子，展示高效工作与生活的态度，让孩子在模仿中学习。

面对孩子的进步，即使是小步快跑这样的改变，我们也要给予充分的肯定和鼓励。老师的积极鼓励与督促，以及家长的细心引导与陪伴，定能帮助孩子逐渐克服拖拉磨蹭的问题，成长为时间的主人。

▶ 日常实践方案

想要提升孩子的时间管理力，可以从以下几方面入手：

1. 强化孩子的时间观念，强化孩子时间管理好的方面。

2. 引导孩子将计划进行细化。

3. 避免催促唠叨。

4. 让孩子拥有安全感。

下面准备了一些适合在家中开展的游戏，提升孩子的时间管理能力。

▶【活动目标】

1. 知识与技能：根据案例分析、头脑风暴、角色扮演等学会高效管理时间的方法，认识到不合理安排时间的危害性。

2. 过程与方法：通过游戏提升自律意识，学习时间规划的方法，做好时间管理。

3. 情感态度与价值观：学会通过区分事情的轻重缓急合理规划时间，养成做时间规划、坚持执行时间规划的好习惯。

▶【活动过程】 | 先导游戏：生命账单
游戏1："秒时"追逐赛
游戏2：制订"任务清单"
游戏3：巧用时间色卡
游戏4：时间瓶子
游戏5：四象限法
游戏6：音乐趣味赛

第五章
时间管理力：高效学习，告别拖延

先导游戏：生命账单
（北京市东城区史家实验学校　许富娟）

▶ **活动规则：**

有位科学家给我们列出了这样一份生命的账单（如图1），假设人的一生约80年，时间分配是这样的：睡觉23年（约三分之一的时间），看电视、玩电脑10年，聊天、谈笑3年，吃东西7年，打电话4年，无所事事、发呆3年，学习10年，工作18年，其他2年。

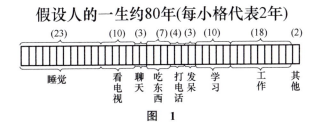

图 1

接下来，我们通过活动来感受一下这份生命账单。

每个参与者会有一张纸条，纸条上面有10、20、30、40……100的刻度，假设我们能活到100岁，那对应的就是100这个刻度。引导者按照以下步骤引导大家操作：

（1）请问你现在几岁？

——把纸条从自己年龄对应的刻度撕开，把剩余生命长度的纸条拿在手里，撕掉的部分放在桌子上。

（2）想一下自己退休的年龄。

——把对应退休年龄相应长度的纸条撕下来，放在桌子上。

（3）请将剩下的纸条折成3等份，把其中的三分之一（因为我们生命中睡眠休息的时间约占三分之一）撕下来，放在桌子上。

（4）此时此刻，请看看手中的纸条，再对比一下桌子上的纸条，纸条从原来那么长到现在这么短，你有什么样的感受或感想？

（5）请大家分享感受。

▶ **物料准备：**

带有刻度的纸张若干。

> **小结：** 我们人生的长度都是一样的，时间对于每个人是公平的。但是不同的人的精彩程度不同，起关键作用的可能是我们每个人运用时间的方法和对待时间的态度不同。请珍惜时间，用有限的生命做有意义的事情。

游戏1："秒时"追逐赛

（北京市东城区史家实验学校　马　骏）

▶ **活动规则：**

1. 设定一个具体的跑步距离和时间限制（如5公里、30分钟），参与者需要在规定时间内完成。未能按时完成的参与者将接受一定的惩罚（如多做一组力量训练、表演节目等）。

2. 结束后，引导参与者讨论拖延对挑战结果的影响，以及如何在日常生活中克服拖延习惯。

3. 参与者分成若干小组，每组选出一名"时间守护者"。守护者负责监督小组成员按时完成体育活动任务清单上的任务，并在必要时提供帮助和支持。同时，守护者还需要记录小组成员的完成情况并向引导者汇报。

4. 活动结束后，收集参与者的反馈意见，了解他们对活动的感受、收获和建议。通过问卷调查、小组讨论或个别访谈的方式，获取参与者的真实反馈。根据反馈结果，对活动方案进行调整和优化，以提高活动的针对性和实效性。例如，可以根据参与者的需求增加或减少某些活动环节，调整任务清单的难度和数量，或者优化"时间银行"储蓄制度等。

注意事项：确保守护者的角色定位明确且合理，避免出现过度干预或放任不管的情况。同时，鼓励守护者发挥积极作用，帮助小组成员克服拖延习惯并取得进步。

> **小结：** 本次活动预期达到以下效果——
> ◇ 增强孩子们对时间的感知能力，让他们更加珍惜和重视时间。
> ◇ 培养孩子们规划时间的能力，让他们学会合理安排学习和娱乐活动，提高学习效率和生活质量。
> ◇ 帮助孩子们克服拖延习惯，提高行动力和执行力，让他们在面对挑战时更加果断和坚定。
> ◇ 通过团队合作和竞赛的形式，培养孩子们的团队合作精神和竞争意识，增强他们的自信心和责任感。

游戏2：制订"任务清单"

（北京市东城区史家实验学校　马　骏）

▶▶ **活动规则：**

在引导者的指导下，参与者根据自己的兴趣和需求，制订一周的体育活动任务清单。清单应包括具体的训练项目、每天的训练时长和完成时间等。制订完成后，参与者需要向家长汇报并接受指导。

注意事项：确保任务清单的合理性和可行性，避免过于繁重或过于轻松。同时，鼓励参与者在完成任务清单的过程中保持积极性和主动性。

> **小结：** 任务清单可以让孩子们很清晰地了解自己的时间分配情况。

游戏3：巧用时间色卡

（北京市东城区史家实验学校　马涵爽）

时间色卡是一种高效的时间管理工具，通过不同颜色的区块来代表不同类型的时间分配，帮助个体更好地规划和管理日常活动。

▶ **活动规则：**

1. 测一测——邀请参与者填写时间色码检测表，了解自己的时间管理状态。

引导语：你的课余时间安排得怎么样？你有管理好自己的时间吗？

测测我的时间色码	
在校时间（或托管时间）内能及时完成全部作业	是□　否□
回家会自己补充薄弱环节	是□　否□
自主学习时，我有时间用来复习、预习	是□　否□
每天我都有空余时间来阅读、运动	是□　否□
对自我全面发展有规划，会适当增加兴趣活动	是□　否□
能劳逸结合，每天有一定时间用来放松自己	是□　否□

（一个"是"得1分，总得分5分以上，评定为时间绿码，表示能有效地管理时间；得3~5分，评定为时间黄码，表示有时间管理的意识；得3分以下，评定为时间红码，表示需要改善时间管理。）

很多参与者都表示自己的测试结果是黄码或者红码。看来获得绿码，变成时间管理达人，不是一件容易的事。希望你能赶紧行动起来，把自己的时间色码变成绿色吧！

2. 事件汇总——引导参与者汇总自己日常做的事情，比如写作业、吃晚饭、运动、阅读、看电视、做家务、上兴趣班等。

3. 列清单——借助时间尺分时段，将汇总的事件做成计划，列出任务清单。

例如：

序号	计划安排时间段	事件
1	17:00-18:00	写语文作业
2	18:00-18:30	吃晚饭
3	18:40-19:00	运动
4	19:00-19:30	写数学作业
5		
6		
7		

（时间尺：17点 18点 19点 20点 21点 22点）

4. 涂色：根据任务类型进行涂色。

红色时间：代表应急时间，用于处理突发情况或紧急任务，确保这些意外不会干扰正常的计划。

黑色时间：代表日常必需时间，包括饮食、睡眠等基本生活需求。

黄色时间：代表高能时间，用于完成重要的和需要深度思考的工作。

蓝色时间：代表反思和学习时间，用于回顾过去，学习新知识，调整策略。

绿色时间：代表弹性时间，用于处理灵活的或预期外的任务，同时也是休息和放松的时间。

例如（涂色效果在这里用"时间色卡标注"列表示）：

序号	计划安排时间段	事件	时间色卡标注
1	17：00-18：00	写语文作业	蓝色
2	18：00-18：30	吃晚饭	黑色
3	18：40-19：00	运动	绿色
4	19：00-19：30	写数学作业	蓝色
5			
6			
7			

5. 执行与记录：引导参与者按照计划执行各项任务，并记录实际完成情况。可以使用实际完成的时间对比计划时间，评估时间管理的效果。

例如：

序号	计划安排时间段	实际完成时间	事件	时间色卡标注
1	17：00-18：00		写语文作业	蓝色
2	18：00-18：30		吃晚饭	黑色
3	18：40-19：00		运动	绿色
4	19：00-19：30		写数学作业	蓝色
5				
6				
7				

6. 反思与调整：在每天结束时标注哪些任务完成得好，哪些需要改进。每周或每月对时间管理策略进行总结和调整。

▶ **物料准备：**

时间标尺、纸、笔、尺、手表。

> **小结：** 工欲善其事必先利其器，帮助孩子管理时间可以借助一下工具，在游戏中实践，在实践中成长。

游戏 4：时间瓶子 （北京市东城区史家实验学校　马　骏）

▶ 活动规则：

1. 每个人一个瓶子和若干石头、小石子和沙子，请大家将这些物品依次装进瓶中，并思考什么样的顺序是合理的。

2. 等大家操作完以后，请讲述自己操作的过程。

引导者随时观察大家的操作，比如，有的孩子会先将沙子装进瓶中，然后再装石头、石子，会导致剩余一部分石子或者石头不能装进瓶中；有的人会先将大石头装进瓶中，随后装小石子，最后装沙子，并且瓶子装得很满，所有的物品都被装进瓶中。

3. 引导者分享。假如这个瓶子就是时间，石头比作学习，小石子比作兴趣爱好，沙子比作玩耍、游戏等。我们在相同的时间里，先完成工作、学习任务（装石头），接着可以参加自己感兴趣的活动（装小石子），最后还能挤出空余时间用来玩耍、游戏（装沙子）。但如果先把瓶子里装满沙子，玩耍、游戏占满了一天的时间，学也学不好，兴趣也没有了，无法再装石头和小石子。

▶ 物料准备：

广口瓶、石头、小石子和沙子。

> **小结：** 在时间使用中，如果我们一开始就做不重要的事，比如看手机、玩游戏，占用了大量时间，等我们想起还要做作业、运动时，已经没有时间来做这些了。所以，我们应该先列出要完成的任务，圈出重要任务先完成，剩余时间再安排次要任务。合理有序地使用时间，还能做到劳逸结合！

游戏5：四象限法

(北京市东城区史家实验学校　马　骏)

▶ **活动规则：**

家长让孩子依据四象限法则，按照"紧急、重要""紧急、不重要""重要、不紧急""不重要、不紧急"四个维度（如图2），将需要完成的任务分别放入这四个象限中，再把任务按维度和时间段整理排序。

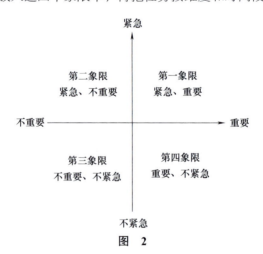

图　2

> **小结：** 智慧管理时间原则——优先处理紧急且重要的事情。

第五章
时间管理力：高效学习，告别拖延

游戏 6：音乐趣味赛

（北京市东城区史家实验学校　赵　鑫）

▶▶ **活动规则：**

1. 引导者和参与者共同决定做一个动作，以及做几次（以下将以拍手八次为例讲述）。

2. 聆听两段节奏不同的音乐，可以跟随音乐节奏拍手。

3. 讨论：两段音乐有何不同？你在两段音乐中如何做拍手八次的动作？两次计时结果是否与音乐和动作有关？（让孩子明白是音乐的节奏影响了动作的快慢，最终形成了两次不同的计时结果。）

4. 引导者和参与者共同确定五个动作并串联起来。（动作可以选择日常生活中常见的，例如刷牙、穿裤子、写作业等，以及这些动作要做几次。）

5. 进行小实验：分别跟随两段音乐做五个动作的小片段，并分别计时。

6. 引导者和参与者交流感受。比如：

再次进行实验的结果是否和刚才的结论一样呢？你觉得这五个动作哪几个可以放在节奏慢的音乐中？

哪几个可以放在节奏快的音乐中？

生活中还有什么动作比较适合分别放在这两段音乐里？

▶▶ **物料准备：**

空旷的场地，便于运动的衣服，一首节奏快的音乐，一首节奏慢的音乐。

> **小结：** 在生活中，很多事情都需要注重时间的快慢。你需要学会区分哪些事情你可以快速做完，哪些事情则需要你缓慢细致地完成。

第六章

人际沟通力：
构建孩子的人际桥梁

家长早知道

人际沟通的能力是生活和学习中不可缺少的部分，拥有良好沟通力的青少年，不仅会有良好的"人缘"，还能敏锐地捕捉到他人的情绪，妥善地调节自己的情绪，能够竖起耳朵认真地倾听别人，也拥有自己的边界感，让自己的成长节奏不被外界的声音所干扰。

什么是人际沟通力
（北京市东城区史家实验学校　英　文）

人际沟通力，是指青少年在与他人进行人际交往、沟通的过程中所表现出的能力，包括明确表达自己的想法、倾听他人的心声、与他人合作、抵制不当的社会压力、有效解决冲突以及必要时能够寻求帮助等。良好的人际沟通力对于青少年的成长和发展具有重要意义。

美国心理学家和传播学家艾伯特·梅拉比安提出了著名的"55387沟通定律"。55387，即55%+38%+7%=100%。他告诉我们，人际沟通的效果，55%是由态度、肢体语言、面部神情以及穿着仪表是否恰当、得体决定的；38%是由语气、口吻决定的；只有7%来自我们说话的内容。

现状与成因

当下的青少年处于第二快速增长期，身心都有具体而独有的特征，同时又要面对许多挑战：独立意识和依赖心理的交织、同龄人之间的竞争和合作等。他们有强烈的交友需求,迫切需要跟同伴直接进行有效的沟通,与同龄人建立亲密关系,但是也面临着来自学业、家庭和社会的压力,这导致他们在人际沟通中可能产生焦虑和自卑等负性情绪。这些问题可能会影响青少年的社交技巧和人际关系,进而影响他们的心理健康和成长。

随着科技的发展,数字化沟通已成为青少年人际沟通的重要方式。智能手机、社交媒体等新兴技术为青少年提供了便捷的沟通渠道,但也带来了一些负面影响,如沉迷网络、隐私泄露等。

导致青少年出现这些情况的因素是综合的,有些孩子是对社交持有一种恐惧的心理。青少年渴望友谊,希望广交朋友,但有些青少年一到交往的具体情形,如找人交谈时或者别人不愿和自己打交道时,就会出现超常的恐惧反应;有些学校忽视青少年的心理健康,将学业成绩放在首位,忽视了人际关系的认知和能力的培养;此外,家庭教养的方式不当也对此有影响,根据一份陕西省青少年家庭教育调查报告,青少年家庭教育服务体系薄弱,导致家长在自身学习成长方面感到困惑。

应对方法 （北京市东城区史家实验学校 崔玉文）

孩子能否与外界社会融洽相处是能否健康成长的重要因素,也是儿童能否更好地社会化发展的重要环节。家庭和学校是儿童社会化发展的两个主要场所,教师和家长应该共同努力,对学生内向胆怯、缺乏自信、不敢与人交往、难以适应新环境等情况进行恰当的引导。具体可以从以下几方面着手:

1. 确定有针对性的人际交往培养目标。

在教育教学过程中,我们应该善于观察,关注孩子身上发生的细微小事，根据每个孩子的个性特征，确定有针对性的人际交往培养目标。

2. 恰当引导，提高孩子的人际交往能力。

（1）帮助孩子掌握与同伴相处的正确方法。我们可以通过讲座、辅导等方式为孩子传授具体的与同伴交往的方法，如主动介绍自己、询问并邀请喜欢的同学、为别人表演节目、制作并互赠个人小名片等。我们还要了解孩子的交往类型，对于特别内向的、常被其他小朋友忽略的孩子，要多创造机会让他们表现自己。

（2）鼓励孩子之间相互了解、接纳。积极创设情境，通过小组合作、游戏或户外活动等方式，让孩子积极参与到团体活动中，从而加深对彼此的了解与接纳。

（3）发现孩子的闪光点，多在集体中为他们树立自信心。自信是一个人事业成功的动力源泉。美国著名教育家马斯洛说：“事实上，我们绝大多数人，一定有可能比现实中的自己更伟大些，只是我们缺乏一种不懈努力的自信。”自信心对孩子一生的心理健康都有着非常重要的影响，从小培养自信的心理品质，无论对于个体的身心健康发展，还是对于群体素质的提高都有不可低估的作用。在教育实践中，我们可以通过鼓励、表扬、赞美等方式帮助孩子建立自信。我们的引导与鼓励对孩子有非常重要的作用，往往一个鼓励的眼神，就可以使孩子获得极大的鼓舞，促使他最终走向成功。

3. 为青少年的人际交往提供支持。

（1）挤出时间亲近孩子。爸爸妈妈每天要有一定的时间跟孩子交谈，引导孩子说说一天的学校生活、聊聊认识的新朋友，鼓励他们分享有趣的、没意思的、开心的、沮丧的各种事情。

（2）创造条件让孩子与小伙伴一起玩耍。节假日或者晚饭后，带孩子去公园或亲朋好友家串门，为孩子提供交往锻炼的机会，鼓励孩子邀请班里的小朋友来家里玩，为孩子提供交往的环境、游戏和感兴趣的玩具等。

（3）对于不善与人交往的孩子，我们需要为他们提供全方位的社会支持。马斯洛的需要层次理论认为，每个人都有归属和爱的需要，都希望得到他人的爱，渴望与他人建立友谊、有和谐的人际关系、被团体接纳、有归属感。学校应与家庭配合，改善孩子与教师、同学的关系，满足他们爱与归属的需要，让他们感到家庭和班集体的温暖，增加安全感，提高自信心，培养出良好的心理品质。

不惧未来
十大核心能力塑造内核强大的孩子

积极关注,淡化孩子的"怪动作"

(北京市东城区史家实验学校 佟 爽)

学校里有位特立独行的同学叫小王。其他学生都能做到午休的时候在班里休息,小王却无视学校规定,在班主任不注意的时候,总是偷偷溜出教室;班干部和其他学生反映他在上学期间偷偷携带手机;自习课期间会发出搞怪的声音,部分自习课还不在教室;不参与班级或学校组织的各种集体活动,基本也不与其他学生有过多交往;参加校外辅导班的时候,他也是班级的"小红人",老师们都知道这个孩子爱搞怪,校外老师也需要经常对其进行约束。

****

摸排情况,深入分析

通过一段时间的观察,我发现,其他学生在进行展示时,小王经常低头沉默不语,对台上同学的表现和台下同学的反应都漠不关心,作为班主任,我开始对小王给予重点关注,并思考:什么原因让这个孩子对同学、对班集体这样熟视无睹、漠不关心?真的如班干部所说的那样"没有兴趣"?

我找来班长详细了解情况,询问小王在课堂上的表现、生活中的习惯、平时参加班级和年级组织活动的情况,和同学相处时有没有发生什么不愉快的事情，和家人朋友日常通话时有没有什么异常情况。我又发动班委和同学对小王多加关注，如果发现问题，他们会及时反馈给我。

谈心谈话，合理引导

我又找小王单独谈话。先询问了她近期的学习情况，如功课是否跟得上，对现在老师的授课有没有不适应的地方，和同学生活中相处是否愉快，对其表示关心，其间暗示她在课堂上、自习时有违反班规的一些行为，还有不喜欢和同学们交流、不积极参加集体活动的一些现象。小王很快理解了我的意图，并承诺今后一定会改正这些缺点和不足。我对她闻过即改的态度予以肯定和表扬，相信她一定会通过自己的努力变得越来越好。

然而她并没有像保证的那样积极改正，而是依然我行我素。后来，我又一次找到了小王，我约她到学校的小湖边散步，从衣服、书籍聊到开封小吃，从古典诗词聊到流行歌曲，从抖音、快手聊到热映电影，家长里短、天南海北，无所不谈，慢慢地，我赢得了她的信任。她告诉我，她之前之所以那样做，是还不适应现在的学习环境，内心产生了抵触情绪。

家校结合，融通教育

家庭教育是基础，家庭教育和学校教育保持方向一致，才能使教育达到春风化雨的效果。只有促进学校德育、家庭德育、社会德育有机结合，才能将孩子真正培养成社会所需要的新型人才。

我知道仅仅一两次的谈话肯定不会达到理想的效果。于是，我增加跟家长沟通的频次，跟家长沟通孩子目前的状况以及方法，和家长一起完成对小王的思想教育工作。同时，我也组织召开了班委会，针对如何帮助小王转变思想、融入班集体这个大家庭进行了专门讨论和工作布置。同时，在空闲时间，我还通过微信、电话或面谈时常与小王交流，让她感受到学校和老师对她的关心、呵护。

这样坚持了一段时间，小王的表现明显好转：上学期间不再玩手机，自习课期间能够认真写作业，与其他同学也能够保持正常的交往，并且开始尝试参与班级和年级所组织的各种活动。家长也感觉她在家里的积极性也高了，爱笑了。

关注孩子积极的改变，家长和老师、学校更需要形成合力，共同促进孩子的改变。

创造"帮忙的机会"，赶走孩子的怯懦

（北京市东城区史家实验学校　崔玉文）

一天晚上九点多，班主任接到一个电话，电话那头是个犹豫的妈妈，她先是抱歉这么晚打扰老师，又表示孩子睡下了，她才腾出时间打这个电话。随后介绍自己：她是班里冉冉的妈妈，前几天听孩子说课上要进行才艺展示，早早地准备好了。可是，老师没有叫到他，他觉得自己白准备了，很不开心。回家后，他闷闷不乐，跟爸爸妈妈发了脾气，最后才道出自己不高兴的真正原因。听了之后，班主任决定第二天继续安排展示环节，争取给每个孩子展现的机会，不打击学生的积极性。

第六章

人际沟通力：构建孩子的人际桥梁

次日进班，班主任悄悄观察着冉冉，他始终没有举手，但眼睛一直盯着老师和上台的同学们。趁着一个孩子在讲台上眉飞色舞地表演时，老师慢慢走到冉冉身边，轻声问他："你准备了吗？老师还期待你的表现呢！"冉冉面无表情地冲老师点点头。老师用热切的目光注视着他，真诚地说欢迎没上台的孩子积极参加。有的孩子在老师的鼓励下，都要参与第二次了，但冉冉只有一次在老师叫另一个孩子名字的一刹那，举起了手，但很快就放下了。等到下一次，就又不举手了。

****

主动沟通，了解情况

冉冉妈妈主动跟班主任打电话，沟通了孩子当天回家的表现。她说冉冉的情绪比昨天好多了，没有发脾气，但也不是特别高兴。老师详细地把孩子白天的表现描述了一遍，让家长了解孩子一天的动态，配合老师对孩子进行安抚。

从冉冉妈妈那里得知，冉冉是个内向敏感的孩子。从幼儿园开始，就需要老师的鼓励才能做事情。尤其是到了新环境，冉冉的适应时间比较长，属于慢热型。我安慰焦急的妈妈，每个孩子的个性不一样，冉冉还只是一个刚入小学的孩子，还没有学会怎样与他人交往，我们要尊重他，要有足够的耐心等待孩子融入新集体。这通电话拉近了家长和老师之间的距离，为日后合作打下了很好的基础。

密切关注，给予机会

从那以后，我就一直密切关注着这个不爱说笑的男孩。他其实是个很让老师省心的孩子，每次作业都能高质量地完成。他对自己要求很高，总是担心自己做不好、惹老师生气。在家写字时，经常是爸爸妈妈认为已经不错了，他还是尽自己所能，把作业写得更好。冉冉也很谦让，不会像其他男孩一样爱争抢，甚至还很绅士。这些发现让我越来越喜欢他了。我在课堂上会抓住他的每个优点，在全班同学面前表扬他，真诚地赞美他。一开始他的表情很平静，有着同龄孩子脸上少有的淡定。后来，随着师生之间越来越熟悉，我发现他慢慢变得不那么严肃了，有时腼腆地一笑，这让我竟然有种感动的感觉。是啊，他太紧张了，刚到一个新环境，天天绷着脸，很累啊！再后来，冉冉的妈妈反馈给我说，冉冉回到家比以前开心了很多，还把学校里发生的事主动讲给家长听。

学校要进行做家务的展示活动了，孩子们可以把在家劳动的场面录下来，带到学校里。冉冉妈妈觉得这是个好机会，于是跟班主任电话沟通，希望得到她的协助。一周后，班主任把家长协助制作好的录像给全班同学看，视频中冉冉大方地演示怎么包饺子，同学们都震撼了。一位学生说："没想到同桌还有这个本领，我也包过饺子，总露馅儿，他太牛了！"另一位学生更直接，发自肺腑地说："如果我真的能吃上他包的饺子，多幸福啊，口水都要流出来了。"孩子们的评价完全是真实感受。再看冉冉，已经喜形于色了。那天下课，他主动跟着我，眼睛盯着我的一举一动，并小声问："您在哪个办公室啊？我能跟着看看吗？"我热情地回答："当然可以啊，你帮我拿着书，当我的小助手。"他神气地接过我的课本，自豪地跟在我的后面。那一刻，孩子已经接受了老师，主动亲近，是一个非常好的开始。再后来，我邀请他到讲台前给大家介绍他的周末生活，下课跟他聊他喜欢的事情，孩子变得更热情了。

经过一段时间的关注，冉冉有了更大的转变。由原来的沉默寡言到愿意倾听小伙伴的交谈，再到参与同伴的游戏，体验到了同伴、老师、父母的关爱，感受到了与同伴交往的乐趣，脸上木然的表情已经消失，灿烂的笑容悄然而至，现在的他变得开朗多了，能主动参与到集体活动中，上课时主动举手发言，喜欢和小朋友一起玩，有时候还会做个鬼脸，逗得老师捧腹大笑。听到冉冉有了这么大的转变，彻底适应了新环境，家长心中的幸福感油然而生。孩子的每一点改变，都离不开家长和老师的共同参与和奋斗啊！

澄清式沟通，应对"二孩"问题

（北京市东城区史家实验学校　穆晨阳）

现在有很多"二孩"家庭，其中晓媛就有一个刚刚上幼儿园的小妹妹。晓媛的爸爸妈妈工作都比较忙，不能每时每刻都同时兼顾家中的两个孩子，妈妈便时常让身为姐姐的晓媛多让让妹妹，也不自觉地在妹妹身上花费更多精力，有时就忽略了对晓媛的关注。开学不久，晓媛爸爸就觉得孩子不像以前那么开心了，晓媛觉得爸爸妈妈不爱她，不开心，甚至产生了轻生的念头。这一点让家长感觉非常恐慌，第一时间联系了班主任，引起了老师的高度关注，后来在与晓媛的沟通过程中，老师还了解到，她其实对妹妹也有一点小"抱怨"。比如，妹妹淘气，撕坏了她的作业、与她抢玩具，哭起来声音还很大，也很影响她的学习。

****

探究原因

随着国家放开二孩、三孩政策,有兄弟姐妹的孩子也越来越多,但兄弟姐妹间的年龄差却可能不小。在父母眼里都是小孩子,但相互间可能也会存在不小的"代沟"。对于家中老大晓媛来说,突如其来的小妹妹或小弟弟分走了爸爸妈妈本来对她的关注,使她丧失了独生女的特权。此时,若父母稍有偏颇,或着重照顾老二,就更会加重孩子的焦虑感,就如晓媛所担忧的"爸爸妈妈不爱我了"。遇到这种情况,很多家长都会站在成年人的角度希望孩子能够理解父母,做到谦让弟妹,甚至立马成熟起来,挑起老大的责任,为弟弟妹妹做榜样。但老大可能会产生情绪焦虑,甚至恶化与父母、弟妹之间的关系,变得叛逆,企图通过负面行为引起父母的关注与重视。

那么,家长要如何做才能避免出现这种情况,将二孩之间潜在的危机与战争消弭于无形之中呢?

首先我们要明白孩子情绪波动的原因。一方面是孩子本身,另一方面也与家长自己密不可分。

从孩子本身来说,低年级孩子的心智发展并不成熟,还未完成心理独立,对父母也有天生的依赖感,所以他们渴望得到父母的重视和关爱。而当家庭中多了一个弟弟或者妹妹之后,父母的关注会分散,孩子的心理需求没有得到满足,进而焦虑、担忧,渴望再次获得原有的关注甚至更多的关注。

除了孩子自身的原因,家长也可以反思一下自己是否做好了准备。在迎接新的家庭成员前,是否给老大做好了充分的心理建设呢?这件事是整

第六章

人际沟通力：构建孩子的人际桥梁

个家庭的大事，涉及家庭中的每一个成员。孩子即使年纪还小，也需要我们的一个铺垫，使其感到被尊重、被重视，而不是让老大直接接受父母单方面做的决定。如果再不及时与孩子沟通，矛盾、误会只会越积越多，最后使得孩子负性情绪爆发，影响家庭和谐，也影响孩子自己的发展。但当父母能以发展的眼光和恰当的方式，去理解并满足孩子的需要时，就会形成以爱和信任为基础的关系，亲子双方都会感到温馨并联结得更加密切。

方法策略

在找准原因的基础上，面对二孩情绪问题，我们其实可以这样做：

1. 澄清式沟通，承认并接受老大的感受。父母要及时与老大共情，让老大觉得父母仍旧是关心和爱自己的，自己的失落、嫉妒都是正常的、被允许的。这样，孩子才能没有负担地和家长交流内心而不担心被批评，并依旧对家长保有信任。时刻与孩子确认"爸爸妈妈永远爱你"。爱不仅是做出来就行了，也要说出来，让孩子直观地感受到父母的关爱并没有因为多出的家庭成员而减少或消失。父母可以多用情感性的语言或拥抱，给孩子这样一份情感确认，改善孩子心目中"爸妈已经不爱我"的感受。当然，这里需要明确的是，单纯的物质补偿并不是一个好方法，物质满足会很快过去，还助长了孩子不满足时索要的习惯。我们更应该倡导的是情感上的沟通和反馈。

2. 给老大一份"特别"的爱。家长每天可以专门留出"特别时光"给老大，由孩子来主导支配，可以把这段时间准备得充分些，增加仪式感，给孩子更多的选择权。在周末或节假日时，给老大更多的自由和选择，和他做一些特别的事。时间、地点、内容、方式都由孩子做决定，父母只需要配合和陪伴孩子去做这些事情即可。

3. 坚持正面教育，教育孩子多一个家庭成员就多了一个爱他的人。为孩子提供机会体验帮助和关心他人的快乐，体会作为老大的自豪感，强化老大老二间的正向互动作用。

4. 要建立公平、公正的家庭氛围。父母不偏私老大或老二。如果两个孩子有值得表扬或奖励的事情，父母应给予同等肯定；如果犯了错误也应该给予相应的批评或惩戒。同时，时刻教育孩子，学会平等的爱与尊重，在成长的过程中没有孤独、自私，学会宽容、谦让。

晓媛的爸爸就是在家里针对晓媛的任何问题都不厌其烦地"澄清"，比如晓媛会问"爸爸，你是不是已经不爱我了"，爸爸无数次地回应"爸爸妈妈永远永远爱你"。比如，晓媛觉得爸爸妈妈总是偷偷地给妹妹买玩具，爸爸妈妈就会把每次买的玩具全部交到晓媛手中，让她去给妹妹分配玩具来澄清孩子的误会。慢慢地，晓媛开始改变对父母的看法，学会接纳和照顾妹妹，在学校的状态也越来越好了。

管理好二孩家庭不是件容易的事情。及时处理孩子的情绪问题，给予孩子积极的、足够的关注，为孩子创设温暖的家庭氛围、提供自主发展的空间至关重要。生育孩子不易，养育两个孩子更是需要家长的智慧和人生经验——这不是简单的"一碗水端平"的说教，而是充满了人生体验和感悟的总结和再出发。

第六章

人际沟通力：构建孩子的人际桥梁

改变沟通技巧，让孩子变得"听话"

(北京市东城区史家实验学校　李东梅)

你的家里是不是也有这样的"小魔兽"：不管你怎么叫他，他丝毫不回应，自顾自地沉浸在自己的世界里；你让他写作业，他说等会儿；你让他吃饭，他说不饿。总之，他的眼里没有别人，以自我为中心，脾气暴躁，总是和父母对着干，你说东，他往西，让家长不知所措。

****

家长会沟通，孩子才优秀

想要孩子"听话"，最重要的就是家庭中大人之间要学会沟通，给孩子做好榜样，创造一个和谐幸福的家庭氛围，给足孩子安全感。其次是父母要学会有方法地同孩子进行沟通，建立良好的亲子关系，孩子就会越来越优秀。

沟通，是父母在教育引导时首先要完成的工作。不懂沟通，一切的期许都是一厢情愿；不会沟通，我们对孩子的爱很可能变成伤害。沟通要有道、有术，充满技巧，不是张嘴说话那么简单。

和孩子沟通时，父母可以使用"平和式沟通"，沟通的神态、表情要保持平静，态度温和；也要注意肢体语言，不能摔摔打打，夹带火力。父母的语气要保持平和，尤其说出口的第一句话往往决定着本次沟通的成败。哪怕孩子做了让父母十分生气的事,也不能上来就发火。

家长们要学会沟通的三步逻辑:讲事实、谈感受、提建议。讲事实就是描述问题的实际情况,实事求是,不夸大,不武断,不给孩子贴标签。谈感受就是在理智、冷静的状态下,说出此问题给我们带来的感受、心情。提建议就是针对问题,说出自己认为切实可行的意见及建议,并与孩子协商。

4D1K 方法指南

总结下来,"平和式沟通"还有一套具体的沟通技巧:就是"4D(的)1K(可)"原理。

第一个"D"是"好的"。不论是孩子还是家人,在与对方沟通时,不管他们说的想法或建议是对的还是错,我们首先要回复对方:"好的。"这是与对方沟通的第一步,让对方感觉到我们在认真倾听,并且得到了我们的初步认可,这样对方会非常愉悦,就会愿意继续跟我们进行沟通。

第二个"D"是"你的"。即用语言描述对方的想法,让对方再次确认自己的理解是否正确。

第三个"D"是"我的"。在平等和谐的沟通氛围中,要提出自己的意见和建议。

第四个"D"是"咱们的"。引导对方在倾听、思考"我"的意见和建议的同时,说出"咱们的目标",引导孩子思考。

一个"K"是"可以吗"。在上述四步都讲述完后,提出自己新的建议、方案,征求对方意见,做到不下结论,先征求意见。孩子在感到充分被尊重,且认真思考之后,认为建议合理时,多数情况下都会乐意接受并执行。

第六章

人际沟通力：构建孩子的人际桥梁

除了以上口语交流的沟通方式，还要多用非口语交流。采用"留书信""发微信"的方式，沟通效果会更好。因为文字的逻辑性更强，人对文字的理解相比语言沟通在准确性和确定性上会更好。此外，还可以用画图画、唱歌等形式来沟通。

家长在平时要经常自省自己的言行，控制好自己的情绪，按照上述方法多加练习，给孩子积极、足够的关注，为孩子创设温暖的家庭氛围，对孩子保持平等、尊重的态度，建立良好的亲子关系，和孩子共同成长，亲子间的幸福感就会越来越多，孩子就会越来越优秀。

亲子良性互动，培养孩子的同理心

（北京市第二中学分校　陈　思）

班里曾有个男孩，叫小明。他特别喜欢在教室玩粉笔，经常把粉笔磨成粉往同学身上吹，又或者掰成小段充当弹头扔到别人身上。这不仅惹得同学很不愉快，还因为粉笔头被弹得满地都是，给值日生平添了很多工作量，班级卫生也因此频频遇到扣分，为此很多孩子向我表达了不满。

不仅如此，他在家里还经常顶撞长辈……奶奶让他把牛奶喝光，他却把牛奶洒到地板上，弄得到处都是。追着爷爷要手机，爷爷不给就发脾气，甚至还摔东西……

****

寻找动机

有人说初中阶段最能让人看到教育的全貌，因为青春期的孩子什么情况都可能出现，这要求老师既能拢得住"龙"，又能养得了"肥鱼"。在这个阶段，孩子学习文化知识固然重要，但更重要的是培养良好的品格与行为能力，其中就包括了同理心。同理心是设身处地地把握和理解他人的情绪、知觉及其行为的能力，也是情商的核心能力。不懂得关心理解他人，只知道索取，对着家长朋友发泄情绪，这些以自我为中心的孩子，将来很难融入社会，未来的人际关系甚至幸福感都会受到影响。小明就表现出较为明显的同理心缺乏，随后我开始思考，针对这种情况，该如何培养孩子的同理心？

首先要了解孩子的动机。经过交谈，我了解到小明的父母平时在家对他的管教很严格，他很难有机会和朋友出来玩耍。他为了获得更多与同学"亲密交流"的机会，扔粉笔就成了他释放情绪的方式，他自认为同学们也会觉得这样很有趣。我们都知道，男孩的心理发展速度普遍比女孩慢，但青春期睾丸激素的大幅增加又让他们更好斗，更爱挑战权威。再加上这个时期的孩子自尊心逐渐增强，更加渴望获得外界积极的回应，来满足心理需求，而当他们的情绪无法得到满足时，则更愿意通过刺激的方式释放情绪，这就解释了为什么孩子会出现开头描述的情况。

探究自我的问题

我们也要了解自己的问题。孩子进入青春期后会逐渐质疑父母，知道父母也会犯错，也想争取自己的权益，而这是一个必然的过程。我们要接受这样的规律，更要理解他想争取自身权益的做法，比如，学习固然重要，但适当放松缓解压力也很重要。如果一味强调两耳不闻窗外事，一心只读圣贤书，忽略孩子内心其他方面的诉求，这难道不也是缺乏同理心的一种表现吗？孩子都没有时间和机会关注他人，又怎么可能锻炼出理解他人的能力？因此，我们还要低头看看自身，遇事不能仅靠严厉地责怪甚至打骂来解决问题，否则，不但解决不了问题，还会增加新的危机，最终只能培养出精致的利己主义者。

建立同理心

关于培养孩子的同理心，家长可以这样做：

1. 学会倾听，避免情绪内耗。解决问题的最好办法是先倾听，而非草率地盖棺定论，当你用和善而坚定的态度听取孩子的想法时，他会感受到尊重与信任，才会有余地沟通。故而，家长首先要学会去倾听孩子，无论孩子的故事是什么样的，让孩子感觉到父母倾听时的投入；其次，我们也要帮助孩子去认识倾听，学习倾听。

2. 引导孩子洞察他人的感受。换位思考，尝试站在对方的角度去表达。为此，老师在生活中为小明做了很多引导。比如，"你如果是今天的值日生，刚打扫完的地面扭头就发现有人扔了满地的粉笔头儿，你会是什么样的心情呢？"让小明意识到别人也有自己的情绪及感受，而自己的行为给他们带来了困扰。

3. 与孩子合作体验"感受与行为"的关联。儿童是在行动中学习思考的。孩子做错事时，如果家长只会一味地指责、命令，只会让孩子更加抗拒。我们可以和孩子共同制订协议，通过体验来完成对一个道理的认识。比如，在征得小明家长的支持后，老师和小明一起制订了为期两周的协议，委派他临时担任卫生委员，负责管理班级卫生。一开始小明担心自己会被责骂，没想到老师会对他委以重任，而他在和同学的合作中很快就体会到打扫卫生的不易，也逐渐激发了对班级的责任心。事后，他还主动在班会课上表达了自己任职期间的感受，并为班级提供了一些建议。更惊喜的是，自此以后他再没乱扔过粉笔，也能把自己周围的卫生打理得很好。

4. 情感支持，正面强化。小明扔粉笔的动机最初来自家长的苛刻管理，更深层次的原因则是家长的教育焦虑。现如今，衡量一个人的标准已不仅是成绩，孩子的心理健康、人品、情商也同样重要。当孩子提出合理要求或者取得了一些进步时，父母应及时调整自己的教育理念，在生活中给孩子一定的肯定和认可。多让孩子感受到正面积极的情感，他感受到自己被关心，慢慢地也会懂得关心温暖他人，形成同理心。

培养孩子的同理心，让孩子学会理解他人的感受，是所有父母和学校都要肩负的责任。但教育执行的关键还在于我们和孩子之间是否有良好的信任与互动关系。如果平时能做好家校共育，为孩子提供温暖的教养方式和积极的情感支持，我相信无论是什么样的引导，都会起到很好的效果，而拥有同理心的孩子也必然未来可期。

善用倾听，化解青春期的逆反行为

（北京市第二中学分校　魏　兴）

小李是一名较外向的初二女孩，一天早上，老师正在班里组织同学

第六章

人际沟通力：构建孩子的人际桥梁

们早读，已经迟到的小李低着头就往班里走，老师对她连"报告"都不喊就进教室感到非常生气，正要发火时，突然发现她身后竟然拉着一只行李箱！老师意识到一定是发生了什么事，就让同学们继续早读，把小李带到门外。她说："今天放学后我去姥姥家住，下周去同学家住，反正坚决不回家……"原来昨天放学后，她把几个在同一校外兴趣班上课的外校同学带到家里玩，她妈妈回家后发现沙发上有件外校校服，便问是谁的，但她始终不肯说实话，遭到了责打，一气之下便准备离家出走。

后来，老师给她妈妈打电话询问缘由，她说：下班回家后发现家里沙发有件校服，看上去像男孩的，便随口问是怎么回事，没想到孩子对这种关心极端逆反，认为管得多，始终不肯说。在保姆讲出实情后，妈妈借机不断数落她近期回家太晚、总玩手机、成绩下降等问题，并怀疑她早恋，还唠叨她懒、被子不叠等，导致小李情绪爆发，两人大吵起来，妈妈为此还打了小李。

****

可以说，对进入青春期的孩子来讲，亲子间发生冲突好像很是平常，但有时也会出现上述案例中的这种极端情形。而面对孩子的逆反，有的家长采取的是遏制的手段，有的家长采取的是忍耐的态度，更多的家长可能还在为此苦恼万分，虽然都知道需要通过引导来化解，但一旦到了气头上，就会缺少理智、科学、有效的应对方法，最终激化矛盾。那么，家长们究竟应该如何跟青春逆反期的孩子沟通呢？

学会倾听

家教成功的家长懂得耐心地倾听孩子的话，即使自己不感兴趣，也要耐着性子听下去。同时，倾听也不仅仅是努力听进去，还应该在适当的时候给予孩子反馈，比如点头、做出适当的表情，或是在孩子讲到一半的时候插几个和内容相关的小问题等，也可以在倾听之后说说自己对这个问题的看法。这样可以让孩子感受到父母对他的尊重，也会让他觉得父母愿意听自己说话，久而久之，孩子就会愿意把自己的心里话说给父母听了。

不轻易指责或草率评论

处于青春期的孩子有着强烈的自尊心，家长、教师、同学的负面评价会给其带来负性情绪体验，并会使他们为了避免伤害而倾向于掩藏自己的内心想法。所以，当孩子对您说出他的看法时，不要因为这些观点不够成熟就轻易地指责或草率地加以评论。即使我们对孩子有不同的看法，也要耐心听完之后再给出自己中肯的意见和建议，要说出反对的理由，切不可单纯指责、把自己的看法强加给他们。

重视孩子的意见

认识到孩子已经长大，当家庭面临一些比较重要的决策时，家长应该主动去询问他们对这些决策的意见，当意见不一致的时候，多考虑孩子建议的合理之处，在沟通的基础上达成家庭共识。由于其中也有孩子的参与，他接受家庭决策的效果会更好。同时，孩子也会更加亲近父母，因为他觉得父母尊重自己,把自己当成大人了。孩子面临自己的困惑时,也会想到家长,想要听听家长对自己的问题的看法。在互相尊重的基础上,孩子的心灵也就会渐渐开放了。

尽量减少唠叨

关于唠叨,这是父母的共性问题,其实初衷都是好的,是父母看到讲了一遍孩子不能完成而形成的反复不断提醒的习惯。但是,当您开始要用唠叨的方式疏解和发泄内心不满的时候,不妨先让自己想一想,这样的唠叨会有效果吗?它可能会适得其反,最终导致更糟糕的后果。有了这样的认知,唠叨自然而然会减少。即使您一定要说或控制不住,也请注意就事论事,不要漫无目的地唠叨。记住,您给孩子提出的要求一定要"只说一遍",并且要提前把违反规定的惩罚措施告诉孩子,如果违反规定,那么不要唠叨,按事先约定好的去做就行了。

用集体荣誉感激发孩子们的斗志

(北京市第二中学分校 熊文霞)

我担任班主任12年,多年担任初三班主任,因此先后带过9个班。与学生朝夕相处,我感受最深的就是孩子在成长的过程中总会出现这样那样的情况。比如,因为考试的原因影响了自己的人际关系,跟别人发生冲突;因为家里的原因导致注意力不集中;等等。带每个孩子都不轻松啊!

不惧未来
十大核心能力塑造内核强大的孩子

因为我姓"熊",所以总是喜欢戏称孩子们为"熊宝宝",同时也是警示自己,不要教育出"熊孩子"。

****

老师和孩子们待在一起的时间长了,就会有默契,就会心心相印。对于孩子们出现的细微变化,也能敏锐地捕捉到,继而能更好地帮助孩子解决人生的困惑和生活的麻烦。

作为老师,我会尽我所能地跟孩子们沟通,去开导、鼓励、引导,也因此获得了孩子们的尊重和爱护。为了让孩子们奋斗于当下,驰骋于未来,我以班级为平台,积极地培养孩子们的集体责任感,让孩子们以班级的成长为荣,以自己身处这样的集体为傲,继而将这种精神带到家里,带到社会。在我们的不懈努力下,我所带的班集体多次被评为北京市级、东城区级优秀班集体,不仅学科成绩优良,而且学生们在德智体美劳全方面得到了可持续的发展。我们班利用节假日前往残疾儿童之家、聋哑学校做义工,为残疾儿童义卖筹集善款,给留守儿童捐款捐物等;在班级学生自发组织的爱心助学义卖活动中,我们成功为宁夏张套小学筹集了大量学习书籍、文具。对于做公益,学生们很有成就感。在老师的眼里,在社会上那些需要帮助的地方和人们的眼里,我们班的每一个同学都是可爱的"熊宝宝"。接下来,我将自己的经验做一个总结,供大家参考。

从爱自己到爱他人,在爱的氛围中建立关系

我们班是一个温暖的集体。而每一个班集体组建之初,大致都经过同样的过程:构建师生关系、同学关系、班规班风。

作为班主任的我，会时不时提醒自己，并以真情实感表现出来：这个班里面，老师与每一个人是平等的；班级大小事务应先征求学生们的意见，集体讨论做出决定。例如制订班规，大家出谋划策，举手表决，一旦形成制度，就要严格执行。有了这样的集体认知和充分理解，学生们才会自觉自愿地遵守班规，因为这是全班通过讨论表决做出的规定，也有自己的一票。慢慢地，我们所期待的自觉性、集体荣誉感就会形成。

自己的事情自己做，自己的班级自己管。我指导学生从小事做起，明确各个岗位的职责，推举出：红领巾佩戴检查员、两操检查员、班级卫生检查员、课桌检查员、纪律检查员等。同时，在班队会、晨会上，组织学生们畅所欲言，明确学生应做到哪些，不能做哪些；建立了每周总结评比制度，表彰日常行为规范好的同学，评为优胜星。一些小事和日常行为规范，学生们在家里可能做不到，但在学校、在班集体中，孩子们见贤思齐，这可能是受益终身的。这样的模式放在家庭中同样适用，家长和孩子都需要明确分工，各司其职，定期开"家庭会议"，复盘每个家庭成员的变化、心得，同时也可以建立每个人的成长目标，在这种集体氛围中，共同成长，孩子不仅学习积极性会提升，生活独立性也会更上一层楼。

抓住每一个瞬间，激发孩子们的集体荣誉感

生活中不总是一帆风顺的，即使是学生之间相处也会出现风波，也会因为一次失败而彼此埋怨，这不，我们就遇上了这么一件事。

2022年9月，初三（1）班刚成立，当月就有拔河比赛，对手是初三（2）班，当时大家都觉得胜券在握。没想到比赛时一度陷入僵持阶段，拉锯战后，我们班有了微弱优势，此时人群中爆发出一阵欢呼，我们班队伍

不惧未来
十大核心能力塑造内核强大的孩子

最后的两位女生误以为已经赢得了比赛,就松开了绳子,结果结局反转了,我们输了!孩子们回到班里,垂头丧气,相互抱怨……

现在的孩子多数都是顺境成长,挫折事件比较少。所以,我想抓在这次"失败"的机会,不仅能培养孩子们的逆商,还能化解他们之间的误会。我召开了班会,主题是"谢谢你我的战友",让孩子们利用便利贴去回忆一下大家为了这次比赛所做出的准备。有的孩子写的是"看到我的同学不停地练习体能",有的孩子写的是"同桌给我们准备了防滑手套"……我将这些便利贴上的内容在班会上读了出来。很多孩子哭了,一边为这次比赛失利而感到遗憾,一边又为自己的不当言论觉得懊悔。很多孩子自己主动跟同学道歉。我借此重整大家的士气,让大家明白比赛的初衷就是希望大家更加团结。孩子们信心倍增。果不其然,在紧随其后的年级跳大绳比赛中,我们班顶着在预赛和半决赛中都比第一名落后20多个的压力,在决赛中强势逆袭夺得了冠军。

"以爱执教,以诚待人;宽严相济,悦纳自我"是我的教育理念。回顾十几年的班主任工作,我鼓励每个孩子都和自己比,只要有点滴进步都要学会自我激励,做到悦纳自我,自我认同,从而做到快乐学习,快乐生活;也才能真正做到"在心里种花,人生才不会荒芜;滋养心里的花,人生才会枝繁叶茂"。希望每一位家长也能积极地、无条件地关注孩子,倾听他们的心声,让融洽、祥和的家庭氛围助力孩子的成长。

日常实践方案

孩子在成长中会出现不善于沟通的情况,除了分析原因、给出方法和建议以外,还有一些游戏可以在家中跟孩子一起尝试。

▶【活动目标】

1. 知识与技能:认识和了解人际沟通力的重要性和作用。

2. 过程与方法:通过情景练习、互动交流、心理活动,引导青少年了解人际沟通的要素。

3. 情感态度与价值观:使青少年在人际沟通的过程中获得愉悦和自信,在分享和沟通中,营造和谐正向的团队氛围。

▶【活动过程】 先导游戏:鸡同鸭讲
游戏1:家庭"大作战"
游戏2:"赞美"式沟通

先导游戏：鸡同鸭讲

▶▶ **活动规则：**

请大家用自己熟悉的方言来读一段文字，让其他参与者来猜。

通过猜的过程，引导大家体验语言不通畅的感受，认识到沟通一定要使用同一种语言，理解沟通双方要同频共振的重要性。

▶▶ **物料准备：**

准备一段阅读资料。

例如：星期六的早晨阳光明媚，我见爸爸妈妈要去上班，我赶快叫住他们，并告诉他们昨天答应我今天要去游乐场，一定要兑现。

> **小结：** 人际关系中不能够进行同频共振的沟通是无效的沟通，不能传递出应有的信息，也达不到该有的效果。

游戏1：家庭"大作战"

（北京市东城区史家实验学校　石　濛）

▶▶ **活动规则：**

1. 共同创作"家庭宣言"。

（1）家庭成员聚集在一起，讨论家庭的核心价值观和共同目标。

（2）家庭成员共同创作"家庭宣言"，明确对待他人的态度、相互支持等内容，并将其落实成为家庭成员沟通和行动的指南。

（3）每个家庭成员用自己的方式表达对"家庭宣言"的理解和认同。

2. 角色扮演解决冲突。

（1）明确规则：尊重他人、鼓励表达、互相倾听、不评判对方，保证活动在和谐、高效沟通的氛围下进行。

（2）抽取卡片：在冲突情景卡片中选择一个模拟情景，每位家庭成员从角色卡片中抽取要扮演的角色，角色身份保密。

（3）角色扮演：家庭成员按照所选的角色，开始模拟冲突情景中的对话和互动，过程中鼓励家庭成员表现出他们角色的特点和情感反应。在情境创设成立后，家庭成员尝试运用有效的沟通技巧和解决问题的策略来解决冲突，家庭成员可以提出建议、表达需求、倾听对方的观点，并尝试达成共识。

（4）反馈讨论：家庭成员分享他们在扮演过程中的感受和观察，结合"家庭宣言"讨论运用的沟通技巧和解决问题的策略。

3. 家庭分享会

（1）家庭成员轮流分享他们过去一段时间内在亲子沟通实践中做了哪些努力、取得哪些进步、仍有哪些困惑，并提出对其他家庭成员的建议和期望。保证每个家庭成员都有时间表达自己的想法和感受，在有人表达时，其他家庭成员同理倾听，并提供积极的反馈和支持。

（2）家庭成员一起总结讨论他们从分享会中获得的收获和观察。

▶▶ **物料准备：**

冲突情景卡片：准备一些写有不同冲突情景的卡片，例如分配家务、时间管理、个人空间等；成员角色卡片：为每个家庭成员准备一张角色卡片，上面写有他们在冲突情景中扮演的角色。

> **小结：** 亲子沟通力是青少年人际沟通能力的重要组成部分，对于青少年的发展和家庭的和谐起着重要作用。通过有意识地在家庭生活中进行沟通训练和亲子互动训练，积极引导青少年学会表达以及倾听、尊重和理解他人，提高青少年的人际沟通力。

游戏 2："赞美"式沟通

（北京市东城区史家实验学校　殷思晗）

▶▶ 活动规则：

1. 故事导入，初步感受赞美。

引导者分享关于赞美的故事：

几天前，我和一位朋友在一个地方搭出租车，下车时，朋友对司机说："谢谢，搭你的车十分舒适。"司机听后愣了一下，然后说："你是开玩笑吗？"

"不，司机先生，我不是在寻你开心，我很佩服你在交通混乱时还能沉住气。"

"是呀！"司机说完，便驾车离开了。

"你为什么会这么说？"我不解地问。

"我想让这个地方多点人情味，"他答道，"唯有这样，这城市才有救。"

"靠你一个人的力量怎能办得到？"

第六章

人际沟通力：构建孩子的人际桥梁

"我只是起带头作用。我相信一句小小的赞美能让那位司机一整天都心情愉快，如果他今天载了20位乘客，他就会对这20位乘客态度和善，而这些乘客受到司机的感染，也会对周遭的人和颜悦色。这样算来，我的好意就可以间接传达给1000多人，不错吧？"

"但你怎么能确定出租车司机会照你的想法去做呢？"

"我并不确定他会那么做，"朋友回答，"我知道这种做法是可遇不可求，所以我尽量多对人和气，多赞美他人，即使一天的成功率只有30%，但仍有可能连带影响到300人之多。"

"我承认这套理论很中听，但能有几分实际效果呢？"

"就算没效果，我也毫无损失呀！开口称赞那司机花不了我几秒钟，他也不会多收几块小费。如果那人无动于衷，那也无妨，明天我还可以去称赞另一个出租车司机呀！"

"我看你脑袋有点天真病了。"

"从这儿就可以看出你越来越冷漠了。我曾调查过邮局的员工，他们感到最为沮丧的事除了薪水微薄外，就是欠缺别人对他们工作的肯定。"

"但他们的服务真的很差劲呀！"

"那是因为他们觉得没人在意他们的服务质量。我们为何不多给他们一些鼓励呢？"

我们边走边聊，途经一个建筑工地，有5个工人正在一旁吃午餐。我朋友停下了脚步，"这栋大楼盖得真好，你们的工作一定很危险、很辛苦吧？"那群工人带着狐疑的眼光望着我朋友。

"工程何时完工？"我朋友继续问道。

"6月。"一个工人低应了一声。

"这么出色的成绩，你们一定很引以为荣。"

离开工地后，我对他说："你这种人也可以列入濒临灭绝动物了。"

"这些人也许会因我这一句话而更起劲地工作，这对所有的人何尝不是一件好事呢？"

"但光靠你一个人有什么用呢？你不过是一个普通人罢了。"

"我常告诉自己千万不能泄气，让这个社会更有情原本就不是简单的事，我能影响一个就一个，能影响两个就两个……"

提问和回答：这位朋友一路上在做什么？你赞美过别人吗？你被别人赞美过吗？

讨论：你赞美了别人，别人是否因此而改变过？你被赞美了，你是否因此改变过？

2. 学习赞美的方法，感受赞美。

观看《狐狸和乌鸦》故事视频，讨论：狐狸是在赞美乌鸦吗？该如何赞美？

然后情景代入，角色演绎。

情景1：小明考了100分，回家后发现爸爸排了好久的队带回了小明最喜欢的蛋糕，小明对爸爸说取得了好成绩，可是爸爸并没有表扬小明。假如你是小明，你会说些什么？

总结方法：先表扬爸爸，工作这么辛苦，下班还特意为小明买蛋糕。

情景2：妈妈辛苦了一下午做了一大桌的饭菜，其中有一道还是学习网上的新方法做的"网红美食"，可是你一尝，发现这道菜很咸，并不好吃，这时妈妈问你，你会怎么说？

总结方法：妈妈真善于学习，平时做饭就很好吃，还努力学习做新式

第六章
人际沟通力：构建孩子的人际桥梁

美食。恰当、具体、真诚地赞美是最打动人的。

3. 学以致用，赞美他人。

大家进行赞美"大轰炸"：家人围坐在一起，轮流戴上星星牌，其他人对戴星星牌的人说出发自肺腑的赞美，最好能够列举出具体事例。

> **小结：** 美丽的双眼善于看到别人的优点，有魅力的双唇会说出亲切友善的语言，赞美别人时态度要真诚、要具体。我们每个人都想获得爱、欣赏和鼓励，我们坚持给他人赞美和表扬，感受彼此因为赞美而带来的幸福。

第七章

抗挫折力：

教会孩子坚韧不拔

家长早知道

什么是抗挫折力
（北京市东城区史家实验学校 彭 帅）

抗挫折力，是指青少年在面对逆境、挫折和压力时，能够保持心理健康并继续有效应对生活挑战的一种心理素质。这种能力不仅帮助他们抵御困难的侵蚀，还能促进其在困境中成长和发展。这种能力包含两个层面，一是忍受困难、挫折的能力，二是以合适的方法克服困难的能力。

现状如何
（北京市东城区史家实验学校 李 欣）

纵观当下，我们发现很多孩子在面对负面评价、竞选失败、比赛失利等情况时，很容易出现攻击、退化、压抑、固执和退却等表现。这些在成人眼中很容易想明白的事情，在青少年心中就是困难、挫折，所以培养青少年的抗挫折力非常有必要。

通常情况下，孩子的抗挫折力差主要表现在以下几个方面：

1. 情绪化反应。面对挫折或困难时，孩子可能会表现出过度的情绪化反应，如愤怒、哭泣、焦虑等。他们可能无法冷静地处理问题，而是选择逃避或抱怨。

2. 依赖性强。抗挫折力差的孩子往往更依赖他人，不愿意独立面对问题。他们可能会过分依赖父母或其他人的帮助，缺乏自主解决问题的能力。

3. 自信心不足。在面对挑战或困难时，孩子可能会表现出缺乏自信心的态度。他们可能会怀疑自己的能力，担心失败或受到批评，从而避免尝试新事物。

4. 容易放弃。抗挫折力差的孩子在面对困难时可能更容易放弃。他们可能会因为一点小挫折就选择退缩，不愿意继续努力。

5. 缺乏耐心和毅力。这类孩子可能难以坚持完成任务或目标，缺乏耐心和毅力。他们可能会因为短时间内看不到成果而失去兴趣，导致无法持续努力。

6. 过度敏感。抗挫折力差的孩子可能对他人的评价或反应过于敏感。他们可能会因为别人的批评或指责而感到沮丧或愤怒。

这些表现并不是绝对的，每个孩子的表现可能会有所不同。身为家长，应该用心观察孩子的行为和情绪反应，并在与孩子沟通时了解他们的想法和感受，来判断孩子的抗挫折力是否不足，并寻找抗挫折力差的原因。

成因和应对方法 　　　　　（北京市东城区史家实验学校　李　欣）

通常来讲，孩子抗挫折力差主要有以下几个方面的原因：

1. 家庭因素。很多小学生在家庭中受到过度保护和溺爱，缺乏独立面对困难和挫折的机会。父母过于关注孩子的学业成绩，而忽视了对他们的心理素质和逆商的培养。此外，家庭氛围的紧张或不和谐也可能影响孩子的情绪和心理状态，导致他们难以应对挫折。

2. 学校因素。一些学校过于看重成绩，给孩子带来了一定的压力。

在这种环境下，孩子可能感到焦虑和沮丧，对失败和挫折更加敏感。此外，一些教师可能缺乏对学生个体差异的关注，没有提供足够的支持和帮助，导致孩子在面对挫折时感到无助和失落。

3. 社会因素。现代社会的竞争压力可能对孩子的心理造成不良影响。一些孩子可能觉得自己无法达到社会或家庭的期望，从而产生挫败感和自卑感。此外，一些不良的文化现象，如网络暴力、欺凌等，也可能对孩子的心理健康和抗挫折力产生负面影响。

4. 个人因素。青少年的年龄特点和心理发展阶段决定了他们可能缺乏应对挫折的经验和技巧。一些孩子可能自尊心过强，无法接受失败和批评。同时，缺乏自信、自我认知不足等因素也可能导致孩子抗挫折力较差。

综上所述，青少年抗挫折力差的原因是多方面的，包括家庭、学校、社会和个人因素。为了提高孩子的抗挫折力，需要综合考虑这些因素，并采取有效的措施和方法来帮助他们应对挫折。

提高孩子的抗挫折力是家长教育过程中的一项重要任务。作为家长，帮助孩子提高抗挫折力可以从以下几方面入手：

1. 树立正确的挫折观念。

向孩子明确说明挫折是生活中普遍存在的现象，每个人都会遇到挫折。这样可以让孩子认识到挫折并不是例外，而是一种常态。强调挫折对于个人成长的价值，告诉孩子，通过克服挫折，我们可以学到更多东西，变得更加坚强和成熟。这样做可以帮助孩子看到挫折背后的积极面。

当孩子遇到挫折时，关注他们的情绪反应，并尝试理解他们的感受。

第七章

抗挫折力：教会孩子坚韧不拔

可以询问他们是否感到难过、失望或沮丧，并倾听他们的想法和困惑。鼓励孩子表达自己的情绪，并告诉他们这是正常的反应。同时，也要向他们解释这些情绪并不代表他们是无能的或失败的，而是表明他们正在经历一种挑战。

2. 提供支持和鼓励。

在孩子面对挫折时，给予他们情感上的支持和鼓励。可以告诉孩子，他们并不孤单，家长会一直陪伴在他们身边。提供具体的帮助和指导，帮助孩子分析问题，寻找解决方案。教授孩子一些应对挫折的策略和技巧，如深呼吸、积极思考、寻求帮助等。通过角色扮演或模拟情境，让孩子练习这些策略，提高他们的应对能力。

家长可以为孩子讲述一些有关挫折和如何克服挫折的故事，例如一个小朋友在初次尝试学习滑冰时摔倒了很多次，但通过坚持和努力最终学会滑冰的故事。在听完故事后，家长可以邀请孩子扮演故事中的角色，重现故事中的挫折场景，并一起讨论面对挫折时应该如何应对。通过角色扮演，孩子可以更深入地理解挫折，并学习如何积极应对。

3. 鼓励自我反思。

当孩子遇到挫折时，家长可以鼓励他们进行自我反思。例如，可以问他们："你觉得这次失败的原因是什么？"或者"你下次可以尝试哪些不同的方法来克服困难？"通过自我反思，孩子可以更深入地了解自己在面对挫折时的行为和态度，并找到改进的方法。家长也可以给予孩子一些建议和指导，帮助他们更好地应对挫折。

4. 树立榜样，展现积极心态。

家长在面对挫折时自身的态度和行为，会深深地影响孩子。因此，家长首先要以积极、乐观、坚韧的态度面对挫折，为孩子树立一个好榜样。鼓励孩子保持积极心态，相信他们有能力战胜困难。

通过以上方法，家长可以帮助孩子提高抗挫折力，使他们在面对挫折时更加坚强和自信。同时，家长也要持续关注孩子的成长和进步，为他们提供持续的支持和鼓励。

第七章
抗挫折力：教会孩子坚韧不拔

孩子不敢面对挫折，家长怎么办

（北京市东城区史家实验学校　彭　帅）

小L是一位"特立独行"的一年级小男孩，他会时不时做出一些令人无法理解的行为，比如突然冲出教室坐在楼道里、躲在自己的桌椅下面、突然暴跳如雷，甚至撕本子、扔东西……导致这些极端行为的"导火索"大多数是一些"受挫"事件。作业做得比其他同学慢是受挫，因为被同学赶超了；没有评上班级奖项是受挫，因为自己很失落；没有入选班级活动更是受挫，感觉自己"被"错过了，而不是没有能力。那么，我们应该如何帮助小L正确认识和面对挫折呢？

****

深度探究根源

不敢面对挫折，在小L身上的表现显然更外化。一、二年级的小朋友遇到他们所认为的挫折时，大多数并不能很清晰地明白到底发生了什么事，只是下意识地把挫败感以不同的情绪表达、发泄出来，比如哭闹、对抗、消极应付，或者以不恰当的方式吸引老师和家长的注意。对于小L来说，到底是什么原因导致了他抗挫折力低呢？我们主要可以从孩子的心理品质、家庭抚养方式两个方面进行探讨。

孩子的心理品质主要涉及已有经验以及对自我的评价，包括我们常常说到的自信。一般来说，具有较高的自信品质，且能客观积极地进行自我评价的孩子，往往抗挫折力更强。孩子如果已经积累了一些不成功的经验，再遇到与以前不成功经验有关的事，就更容易丧失兴趣，相应地，也就缺乏动力去正视困难，挑战自身。而如果孩子长期对自我的评价比较低，挫折更容易带给他对于自身的全盘否定，导致消极态度。小L就是一个不自信的孩子，父母对他期望比较高，他在家庭中受到积极评价的机会也较少。

在家庭教养方式方面，常见的家庭教养方式主要有专制型、权威型、放任型和溺爱型，其中，权威型家庭教养方式下成长起来的孩子具有更强的抗挫折力，相反，专制型、溺爱型教养方式容易培养抗挫折力低的孩子。权威型教养方式的特点是鼓励孩子独立，并适当地对孩子实施一些限制和控制，也称为民主型教养方式。例如，当孩子犯错时，权威型的家长会把孩子拉到一边，跟孩子说："你知道，你刚才不应该那么做。我们来讨论一下如果再遇到这种情况应该怎么做。"权威型教养方式下成长的孩子，往往比较乐观、独立，情绪更稳定，能比较好地进行自我管理，对自我和身边事物的看法也往往比较客观，具有更强的抗挫折力。而小L的家庭教养方式则偏向于专制型，教育的专制滋生了孩子的反抗。

应对措施及建议

针对小L的情况，我们商讨了以下提升孩子的抗挫折力的方法和路径。

1. 父母和老师要理解并接纳孩子的情绪。要帮助孩子。第一步就是接纳、调整孩子强烈的挫败情绪，通过语言、实际行为传递出对孩子的"支持和爱"。比如，当孩子面对困难时，可以对孩子说"那又怎样"，直截了当地告诉孩子,家长就是他的依靠,心中的焦虑和恐惧只不过是"纸老虎"。同时,当孩子遇到挫折时,往往感到比较强烈的无助、无奈、无用感,有些孩子甚至会采取"极端"的方式来化解、转移这类情绪。这时,家长可以及时地告诉他:"是的,宝贝,我知道你现在很难,但目前就是这样。"或者,"宝贝,我知道你现在很难过,妈妈也有过这样的时候。"这样的话语看似有些无奈,但却能和孩子情绪感受产生共振,会让孩子感到平等视角的爱。

2. 了解孩子对自身的评价,引导孩子正确看待成功与失败。其实,让孩子的自信心受挫的往往不是事件本身,而是孩子对挫折的认识和态度。当孩子面对失败时,抗挫折力弱的孩子往往会浅显笼统地归因于自己不够优秀,久而久之,还容易导致较低的自我评价。比如,小L参加某演讲比赛只获得了中等名次,可以问问孩子"在比赛前和比赛过程中到底哪里做得好,哪里做得不好",帮助孩子意识到失败是可以改变的,而且可以通过努力,在下一次的挑战中做得更好。

3. 鼓励孩子独立与尝试,培养孩子更强的内在动机和好奇心。给予孩子充分的肯定与鼓励,及时对孩子的能力、优点、进步等给予充分的肯定和鼓励,有助于让孩子体验成功,培养其自信心和抗挫折力。比如适时地以特定目标的达成来奖励孩子,引导、帮助孩子通过自己的努力获得成功,表扬努力,关注过程,有利于增强孩子克服挫折的动力。同时,如果孩子对某一类事物有强烈的兴趣,充满了好奇心,相应地,他也会有更强烈的动力去正视困难,在遇到困难时,更乐于且能够有效地解决。

4. 树立榜样,重视榜样的力量。在亲子阅读中,家长可以引导孩子去关注一些名人的成长史,在榜样的成长经历中获取力量,同时,重视家长自身的榜样作用，父母在面对挫折时的表现和行为会对孩子产生潜移默化的影响。

经过一段时间的调整，小 L 明显比以前勇敢了很多，也自信了很多。

用宠物离世的事件，给孩子做生命教育

（北京市东城区史家实验学校　刘梦媛）

很多孩子喜欢在家里养宠物。孩子们的宠物朋友五花八门，有小猫、小狗、小乌龟和小鸟等。宠物陪伴着孩子们的成长，和他们共享喜乐。但宠物也是生命，总会生老病死。乐乐同学，是一名常常面带笑容，像小太阳一般开朗的小男孩，每天早晨都会用清脆的嗓音跟老师问好。意外的是，有一天早晨我没有听到他开朗的问好，却看到他愁容满面。正在我疑惑时，他向我走了过来，悄悄地塞给我一张小纸条，上面写着：刘老师，偷偷告诉您一个小秘密，我的小鹦鹉今天早上死掉了。

****

面对这样的情况，我们该怎么办呢？

家长科学的应对方法

相信很多父母都有这样的感触。每当孩子问我们"我从哪里来"或是关于死亡的问题时，家长总是不知道如何向孩子解释，尤其是关于离别与

第七章
抗挫折力：教会孩子坚韧不拔

死亡的问题，家长更是感觉不知所措，担心处理不好给孩子幼小的心灵留下阴影或伤害。

身为家长，应该如何与老师合作，才能更好地和孩子讲述与死亡有关的生命教育，并在孩子心爱的宠物或者亲人意外离世时更好地安慰孩子呢？针对乐乐的问题，我们可以从以下这两方面来入手：

1. 首先我们要知道，死亡教育其实是生命教育中的一部分，生命教育对一个人的成长具有重要的意义。人有生老病死，动物、植物也是如此，这是大自然中的自然规律，无法避免。我们要教育孩子，春天来的时候，小草冒出尖尖角，花儿开了出来；冬天的时候，树叶变黄，掉落在地上，花儿凋谢。这些是植物生命的始终，动物和人类亦是如此。作为自然界中的一员，人类跟植物、动物一样，必然将面对死亡。因此，生命教育、死亡教育是必不可少的。什么是死亡教育？死亡教育是引导人们科学地认识死亡、对待死亡，以及利用医学死亡知识服务于医疗实践和社会的教育。只有尊重死亡，我们才会懂得尊重生命。死者得以善终，生者得以安慰。简单来说，向死而生，珍惜当下，是让孩子认识死亡的重要意义所在。史铁生曾说："死亡是一个必将到来的盛大节日。它终将到来，我们无从躲避。"生命是如此脆弱，除了天灾，我们也可能难挡意外伤害和疾病的重击等。正是因为生命有终点，才能更显出生命和时间的珍贵。

2. 了解了死亡教育的含义，我们也要知道死亡教育其实也是一种挫折教育，引导孩子认识生命成长的过程，学会面对生活中的烦恼，理解挫折是人生的必然。死亡教育的目的，就是让我们鼓足勇气去面对挫折甚至死亡。当它来临时，应消除不安与恐惧，更好地面对自己的绝望心理。

死亡教育的深度探讨

当孩子提及死亡或是像乐乐同学一样遇到宠物离世时,我们可以这样做:

1. 不回避、不忌讳、正面引导。当孩子提及死亡的话题或是孩子面对死亡问题时,一定要正面回应、不要回避,也不要糊弄。积极正面地回答孩子的问题,跟孩子保持有效沟通,帮助孩子客观认识世界。

孩子开始认识到死亡这件事情,大约在四五岁时,比家长想象得都要早。特别是如果家里有亲人去世,或者孩子看到过小动物的死亡,他会更直接地感受到死亡的存在,并因此产生很多焦虑和困惑。我们可以引导孩子借助身边的事物认识生命的始终,缓解焦虑。

2. 尊重孩子的想法、疑问和感受。孩子的想法是天真烂漫的,总是会问一些让大人一时难以回答的问题。孩子如果问到"死了还会醒过来吗?""小动物为什么会死?"等这样的问题时,请深吸一口气,千万不要简单粗暴地拒绝孩子,或者让孩子感觉这些问题非常令人讨厌和厌恶。更不要和孩子说"别胡说""别瞎想",这会让孩子感觉到家长对于死亡的恐惧,孩子可能会认为死亡是一个很让人恐惧的事情。

也不要跟孩子说一些不符合实际情况的回答,比如:"人死了就像睡觉,还是会醒来的。"给孩子不切实际的回答,也会无法让孩子客观地认识死亡这件事情,孩子甚至有可能做出不可挽回的事情,比如低估危险行为的风险,玩电、玩火、吞异物等。当然,我们不可能一下子给孩子一个完整的回答。但是,我们要抱持一个开放接纳的态度,允许孩子与自己讨论关于死亡的事情。当孩子面对死亡时,允许他表达情绪,并给予充分释放、表达的时间与空间,然后先帮助孩子处理情绪,再进行安抚。

3. 用生命科学的知识帮助孩子理解死亡并安抚孩子。进入学龄阶段的孩子,对世界已经有了一定的认知,我们可以借助像《十万个为什么(小学版)》这样的科普读物让孩子逐渐认识关于身体、健康、生命的科学知识,也可以利用与死亡教育有关的绘本、动画片等让孩子更好地了解这个世界。像是在乐乐同学的案例中,我和乐乐同学一起分享了《寻梦环游记》这部电影,故事虽说与墨西哥的亡灵节相关,但也能很生动、具体地用小孩子的语言去讲述沉重的话题,并可以很好地提供亲子讨论与沟通的空间。

死亡教育是生命教育的一部分,家长们要正面回应这个话题,不要把死亡与鬼怪混为一谈。孩子如何看待死亡,很大程度上受父母对于死亡的理解影响。只要正面引导,孩子不会对于死亡这个话题产生过度的情感反应。我们可以在日常生活中发散思维,通过引导孩子观察大自然,帮助孩子认识生命和死亡。

躬身力行,让孩子学会坚持

很多家长都说孩子的兴趣爱好就是图个新鲜,很难坚持长久,最多坚持三五年,坚持八年简直是不敢想象的事情,除非爱好成了专业或者赖以谋生的手段。

不管是什么样的兴趣爱好,只要能够坚持下去,本身对孩子就是一种意志的磨炼。这个过程中，家长需要扮演很多角色：从最初的"支持者"到后面的"督促者"，甚至有时会成为"参与者"，成为"引导者"，用自己的行动力，带动孩子的积极性，让孩子重整旗鼓，坚持下去。

我想把自己的故事跟大家分享一下：

****

我女儿乐乐，今年17岁，迄今为止学习羽毛球已经13年了。4岁那年跟在我屁股后面学着摸球拍，6岁开始找专业的教练开始培训。这孩子有点天分，学习起来有模有样的，8岁开始参加区级的少年组比赛，单打获得第三名，9岁参加市级羽毛球比赛，单打、双打均获得第二名，到10岁的时候参加全国性比赛，获得女子单打、小组冠军。这样的成绩一直保持到13岁。那年乐乐有一次比赛失利，获得了单打第四名，往后就不想再打羽毛球了，她的学习成绩也开始下滑，整个人都非常萎靡。作为家长，我们也有心遵从孩子的意愿，放弃羽毛球，让她回归到按部就班的学生生活。又很担心就此放弃，孩子以后会后悔。我们就跟乐乐有了一次促膝长谈，了解到孩子是担心自己难以再获得好成绩，所以越担心打得就越糟糕，因此陷入了恶性循环。我们先是让孩子回想自己打羽毛球时候的乐趣，是获得成绩最开心，还是摸上羽毛球拍、一次一次感受球在空中飞的过程更开心；回想跟小伙伴们一起训练的场景；回想自己一次次受伤又坚持的场景。乐乐从这次谈话中感受到了自己对于羽毛球的不舍，但还是很难再捡起羽毛球继续坚持，并且表示自己都感受不到坚持的乐趣是什么了。

我跟孩子的爸爸后来没有再做规劝，只是跟孩子约定一起跑步，一家三口每天早晨坚持跑步半个小时。刚开始乐乐以为我们跟她开玩笑，没想到计划落实的第二天，我跟先生就全副武装地等在门口，乐乐很无奈地从

第七章

抗挫折力：教会孩子坚韧不拔

床上爬起来。坚持了一周以后，我自己都想放弃了，感觉全身肌肉酸痛。但是先生还是雷打不动地坚持带着我们跑步。坚持了两周，肌肉记忆初步形成，脚步轻盈了，也感受到了运动的乐趣。并且在父母的陪伴下，乐乐也不那么抗拒了。过了三周，有一天乐乐出门的时候带着羽毛球出来的，并且提议跑完步要跟爸爸打一局。我们感受到了孩子的变化，她已经慢慢地从失意和恐惧中走出来了。

通过我们的引导，乐乐现在又拿起羽毛球拍继续活跃在训练场和比赛场上了，她已经不再刻意关注成绩，而是享受每一次挥舞球拍带来的力量。

****

在孩子"坚持"的这件事上，家长的言行举止对孩子有着潜移默化的影响。因此，家长应该通过自己的行为来展示坚持的力量。例如，家长在面对困难时坚持不放弃的态度，或者是在追求目标过程中的坚持不懈，都能够成为孩子学习的榜样。家长应该把坚持的原则和价值观体现在日常生活中，让孩子在耳濡目染中学会坚持。

为了提高孩子完成任务的信心，家长可以给孩子分配具体的任务，并且在任务执行前与孩子一起分析可能遇到的困难和挑战，教给他们一些克服困难的方法。这样做可以让孩子对完成任务有信心和勇气，从而培养他们的毅力。

综上所述，"躬身力行"意味着通过实际行动来教育孩子，并通过自身的毅力和努力来为孩子树立榜样，学会探究孩子内心的动态，共情孩子的感受，给予积极的引导。家长可以帮助孩子学会坚持，从而为他们的未来打下坚实的基础。

不惧未来

十大核心能力塑造内核强大的孩子

启发式沟通，让孩子拥有积极情绪

(北京市东城区史家实验学校　赵新玉)

语文课上，王老师正在讲解一篇课文。她声情并茂地朗读着书中的内容，活灵活现地演绎着文章的故事。然而，老师却发现大部分学生都低着头，有的在玩小玩具，有的在打哈欠，提问时也只有几位学生举手，而且回答得支支吾吾。课后，王老师找到了一位名叫小明的学生谈话。小明是班上的语文尖子生，但最近成绩却有所下滑。王老师想了解小明的情况，帮助他解决问题。然而，小明却显得心不在焉，对王老师的关心显得有些抵触。他说："老师，我知道您想帮我，但我觉得自己没问题。我只是有点累，不想说话。"

父母也表示，最近孩子在家无论做什么都提不起兴趣，家务不想做、作业不想写，甚至连自己喜欢的乐高玩具都变得没什么兴趣了。不管家长怎么问、怎么做，孩子都很沉默。

****

探究原因

这个案例揭示了师生或者亲子沟通中的典型问题：家长（教师）满腔热情，孩子却心门紧闭。这种沟通隔阂不仅影响了孩子的学习效果，也让教师、家长感到挫败和无助。案例中，师生之间的沟通障碍并非单一原因

第七章
抗挫折力：教会孩子坚韧不拔

所致，而是由多种因素共同作用的结果。从学生、教师、学校的教育环境以及家庭教育等多个角度来审视，我们可以更全面地探究这一问题。问题的原因大致可以分为几点：

1. 从学生层面来看，孩子在小学阶段的成长过程中正处于完善自我认知和社会认知的关键阶段。他们开始形成自我意识，对自我和他人的评价变得敏感。同时，他们也在尝试适应社会规范和建立人际关系。在这个过程中，他们可能会遇到困惑、挫折和冲突，导致情绪波动和抵触心理。当教师试图与他们沟通时，他们可能会因为自我保护意识而关闭心扉，避免暴露自己的弱点和不足，在面对教师的关心时，可能表现出犹豫、抵触，甚至逃避的态度。案例中，小明也可能正经历着一些个人问题或困扰，这些问题可能涉及学业、家庭、友情等多个方面，导致他情绪低落，不愿与人交流。此外，学生如果在家庭中缺乏关爱、支持和引导，也可能在学校中表现出冷漠、抵触的行为，进一步加剧师生之间的隔阂。

2. 从教师层面来看，尽管语文老师对教育充满热情，但她的教学方法可能存在一些不足。例如，她的讲解方式可能过于单一和枯燥，无法激发学生的学习兴趣；她可能没有充分考虑到学生的实际情况和需求，导致教学内容与学生的实际生活脱节；此外，教师在进行师生沟通时也缺乏有效的沟通技巧，如倾听、同理心等，无法真正打破学生的心理防线，走进他们的内心世界。这些因素都可能会导致学生在课堂上心不在焉，对教师的关心产生抵触情绪。

3. 学校的教育环境也是影响师生沟通的重要因素。如果学校过于注重应试教育和成绩排名，而忽视了学生的情感需求和个性发展，那么学生就会感受到巨大的压力和无助感。在这种环境下，学生可能会关闭心扉，不愿与教师进行真诚的交流。此外，学校如果缺乏一个安全、舒适、富有启发性的学习环境，以及多样化的活动和游戏来增进师生之间的了解和互动，那么师生之间的沟通隔阂就会进一步加剧。

4. 家庭环境对孩子的情感和社会性发展具有重要影响。如果孩子在家庭中缺乏关爱、支持和引导，他们可能会在学校中表现出冷漠、抵触和不合群的行为。这些行为背后可能隐藏着孩子对亲密关系的渴望和对被理解的期待。然而，教师如果没有意识到这一点，只是简单地将其视为问题行为，就可能会加剧师生之间的隔阂。

方法建议

针对以上原因，我们结合了心理学和家庭教育的相关理论，尝试采用"启发式沟通"来改善亲子关系：

1. 建立情感联结。通过日常的点滴关怀与理解与学生建立起情感联结，比如关注孩子的兴趣爱好、家庭情况、学习进步等方面。孩子感受到了教师和家长的关心和支持，他们更愿意打开心扉，分享自己的内心世界。

2. 使用启发式沟通技巧。学习并运用心理沟通技巧，如倾听、同理心、积极反馈等。这些技巧能够帮助家长更好地理解孩子的情感需求和内心世界，从而做出恰当的反应和引导。例如，在家的时候孩子因为考试失利而表现出非常沮丧的情绪，家长可以用同理心来感受孩子的情感，并用问题试探性地了解孩子是否想要聊聊，比如："今天在学校怎么样？""看上去不是很开心啊？"

3. 指导孩子提升沟通力，让沟通成为双向的桥梁。首先，教师可以明确地向孩子传授一些基本的沟通技巧，如保持眼神交流、积极倾听、清晰表达自己的想法和感受、使用恰当的语气和肢体语言等。这些技巧可以通过课堂讲解、小组讨论、角色扮演等方式进行教授和练习。其次，培养孩子的同理心。同理心是有效沟通的关键，学校教师也应该引导学生学会换位思考，理解他人的感受和需求。通过分享故事、讨论情景等方式，培养学生的同理心和关怀他人的能力。再次，可以鼓励孩子主动与老师、同学沟通，表达自己的观点和问题，通过设置一些开放性的讨论话题或任务，让孩子有机会在课堂上发言和交流。最后，家长要提供反馈与指导。家长应该及时给予孩子反馈，指出他们在沟通中的优点和不足，并提供具体的改进建议；同时也要鼓励学生之间互相给予反馈，帮助他们更好地提升沟通能力。

4. 创设支持性环境。学校通过创设支持性环境来促进师生沟通，包括提供安全、舒适、富有启发性的学习空间，以及组织多样化的活动和游戏来增进师生之间的了解和互动。在这样的环境中，学生感受到了被接纳和支持的氛围，从而更愿意与教师进行真诚的交流。

5. 家校合作共育。家长要与老师保持密切联系和合作，共同关注学生的成长需求。通过定期的家长会、家访等活动，教师可以更好地了解学生的家庭背景和成长经历，从而更有针对性地进行沟通和指导。同时，家长也可以从教师那里获得关于孩子在校表现和学习进步的信息，更好地支持和引导孩子的成长。在家校合作共育的过程中，双方通过探讨和解决学生在成长过程中遇到的问题和困难，为学生的健康发展创造更加有利的条件。

日常实践方案

当孩子面对难以解决的人际关系问题、学习成绩不理想、比赛失利等挫折事件时,感觉有畏难情绪、难以接受时,家长可以这样来做:

1. 提升孩子的认知水平。
2. 给予孩子情感支持。
3. 加强孩子的行为训练。
4. 帮助孩子建立规则感。

以下有几个适用于家庭的游戏,供家长和孩子在家中操作。

【活动目标】

1. 知识与技能:引导青少年明白挫折在每个人的成长过程中是不可避免的,增强青少年的心理韧性和自我调节能力,使他们在面对挫折时能够保持冷静和理智。

2. 过程与方法:学会用多种思维角度来应对困难和挫折,通过创设的活动情景,提高青少年解决问题的能力,让他们在面对挫折时能够找到有效的应对策略。

3. 情感态度与价值观:认识与肯定自己的长处,相信自己的能力,从容面对生活中的挫折与困难,从而提升心理弹性。培养青少年的积极心态和乐观情绪,让他们在面对困难时能够保持信心和希望。

【活动过程】

先导游戏:彩虹涂鸦
游戏1:思考帽
游戏2:模拟游戏
游戏3:拼图挑战
游戏4:户外探险

第七章
抗挫折力：教会孩子坚韧不拔

先导游戏：彩虹涂鸦
（北京市东城区史家实验学校　康　良）

>> **活动规则：**

1. 涂鸦——提问、回答和活动。首先，引导者鼓励青少年先在脑海里回忆一次自己印象深刻的考试挫折——什么时间？哪次考试？当时的情绪如何？让孩子对之前未被处理的情绪有一个表达的空间。然后，再让孩子选用一种颜色代表自己的挫败感。最后，让孩子闭上眼睛深呼吸，用30秒左右的时间，用画笔在白纸上随意地涂鸦，把自己的感受通过画笔涂鸦挥洒出来，让情绪和感受可视化。

2. 勾勒——选用其他画笔对自己的涂鸦进行勾勒，使之成为一幅新的作品。在这一步当中，引导者可以给予适当的指导。这样，可以借助画笔对挫败感进行转化，让孩子直观感知到挫败感中也蕴含着力量。

> **小结：** 其实，孩子比我们想象中的强大，他们内在有着应对各种挫折的强大力量，只是需要被"召唤"。

游戏1：思考帽
（北京市东城区史家实验学校　康　良）

>> **活动规则：**

思考帽的构想来源于由爱德华·德博诺所著的《六顶思考帽》一书。所谓六顶思考帽，是指使用六种不同颜色的帽子代表六种不同的思维模式。当一个人在考虑某一个任务计划时，如果遇到头脑空白不知道从何开始，或者头脑混乱、想法过多交织在一起的情况，六顶思考帽可以帮你设计一个思考提纲，按照一定的次序思考下去。例如，先戴上白色事件帽收集任务相关的事实数据，再戴上黄色收获帽思考任务的好处与价值，接着用黑色风险帽思考可能存在的风险与问题，红色感受帽表达对事情的直观感受，绿色创意帽提出创意想法，蓝色步骤帽得出结论和执行步骤。按照这样的顺序逐步深入思考任务计划。

每次只需要戴其中的一顶帽子来采用相应的思考维度，掌握了这六顶彩虹思考帽的方法，就可以像指挥家指挥乐团一样来指导自己的思考。

白色的事件帽、红色的感受帽、黄色的收获帽、黑色的风险帽、绿色的创意帽、蓝色的步骤帽，这六顶不同颜色的帽子形象地把我们对事情的思考维度分离开来，从而启发我们更清晰地分析问题、思考问题，来应对学习和生活上遇到的困难或者挫折。与孩子一起制作好这些彩色帽子后可以放在家中特定的位置，遇到挫折事件可以引导孩子通过"戴帽"来清晰思考。

戴上事件帽（白）：收集实际信息、找到客观事实。"我需要擦亮眼睛，梳理一下事情的经过。"

戴上感受帽（红）：梳理主观直觉和自我感情。"这件事给我的感觉是……"

戴上收获帽（黄）：思考事情的正面优点，利益价值。"这件事会给我带来的收获是……"

戴上风险帽（黑）：否定批评，评估风险和困难。"我需要好好地想一下这件事的风险和给我带来的不利影响。"

戴上创意帽（绿）：创新探索，激发成长。"除此以外，我还可以怎么解决问题或者还有什么更好的思路呢？"

戴上步骤帽（蓝）：理性总结，组织步骤。"想了那么多，我觉得可以实施的方法是……实施的步骤是……"

1. 制作环节：引导者先带着参与者把白纸进行涂色来制作这六顶彩虹帽子。

2. 使用环节：在案例活动中引导参与者去选择不同颜色的帽子来整理思路。比如小名（匿名）最近数学总是考不好，爸爸妈妈总是批评他，同学们也觉得他不够聪明。假如你是小名，该怎样通过戴帽子来整理自己的思绪呢？

（温馨提示：戴上一个颜色的帽子后，注意要只按照这顶帽子的思维方向来思考，如果发现自己的想法偏离了这顶帽子的思考维度，就把自己拉回来。）

3. 分享环节：在大家分享的过程中，发现每一个参与者都曾经得到过很多人的帮助，有的让自己度过了挫折时刻，有的让自己在迷茫的时候获得指导。所以让参与者分享自己曾经从同学、家长那里获得过哪些支持与帮助，并向支持者致谢；列一张能够为同学、家长提供帮助的愿望清单。

> **小结：** 通过活动，让孩子了解在自己遭遇挫折时，可以尝试转换思维来解决问题，也可以向别人求助；在他人遇到挫折时，自己也可以提供帮助。
>
> 在孩子们的成长过程中，为了实现他们的目标，会遇到许许多多的困难和挫折，也许经过了许多努力之后，仍然没有结果。没关系，请相信他们有强大的力量、敏捷的思维和善良的心灵，在我们的积极引导下，他们会很好地面对未来可能会遇到的困难和挫折。

游戏 2：模拟游戏 　　　　　　（北京市东城区史家实验学校　孔宪梅）

▶ **活动规则：**

引导者可以与青少年一起玩一个模拟游戏，比如棋类游戏或扑克牌游戏。在游戏中，引导者故意让青少年经历一些失败，然后引导他们如何从中学习、调整策略，并最终取得胜利。

举例：玩国际象棋时，引导者可以有意识地让青少年输几盘棋，然后与他们一起分析失败的原因，如策略不当、疏忽大意等。接着，鼓励青少年调整策略，重新开始游戏，直到取得胜利。

> **小结：** 通过模拟游戏，让青少年体验失败与成功，学会从失败中汲取教训，培养坚韧不拔的精神。

游戏 3：拼图挑战 　　　　　　（北京市东城区史家实验学校　孔宪梅）

▶ **活动规则：**

引导者可以为青少年准备一系列不同难度的拼图游戏。从简单的开始，逐渐增加难度，让青少年在面对挑战时学会坚持和解决问题。

举例：拼图游戏从 100 片图开始，当青少年完成后，逐渐增加到 500 片或更多。当青少年遇到难以拼接的部分时，引导者可以给予适当的提示和鼓励，让青少年自己解决问题。

> **小结**：通过拼图挑战，培养青少年的耐心、细心和解决问题的能力，增强他们的抗挫折力。

游戏4：户外探险 （北京市东城区史家实验学校 孔宪梅）

▶ **活动规则：**

引导者可以带领青少年去户外进行探险活动，如徒步、攀岩等。在这些活动中，青少年可能会遇到一些困难和挑战，引导者需要鼓励他们勇敢面对，克服困难。

举例：带青少年去徒步旅行时，故意选择一条有一定难度和挑战性的路线。在途中，青少年可能会遇到陡峭的山坡、泥泞的小溪等障碍，引导者可以引导青少年观察环境、制订计划，并鼓励他们一步步克服困难。

> **小结**：通过户外探险活动，让青少年体验自然环境的挑战和不确定性，学会适应环境、解决问题，培养他们的勇气和自信心。重要的是，引导者需要给予孩子们足够的支持和理解，让他们在面对挫折时能够感受到家庭的温暖和鼓励。同时，引导者也需要以身作则，展示出积极面对挫折的态度和行为，为青少年树立良好的榜样。

第八章

坚毅力：

让孩子在困难中成长

家长早知道

什么是坚毅力

坚毅力是青少年对长期目标的持续激情和持久耐力,以及不忘初衷、专注投入、坚持不懈的品质。这种品质不仅是坚持、勇气、毅力、勤勉、坚强的综合,还包括自我激励、自我约束和自我调整的能力,以及适度的专注和从失败中学习的能力,让我们能够在自己喜爱的事情上保持高度自律。

总之,坚毅力是一种包含了激情、毅力、乐观、专注、自我调节、耐心等多种特质的综合体。它不仅是一种性格特质,更是一种能够引导人们走向成功的生活态度。在现代教育中,坚毅已经被视为预示孩子未来成功的指标之一。

现状分析

（北京市东城区史家实验学校　刘宁宁）

现在很多孩子不管做任何一件事情都坚持不下来,表现为"两天打鱼三天晒网",有些时候明明表现出来自己喜欢一件事情,但是"三分钟热度"之后也就将此丢在一旁,做什么事儿都坚持不下来。

坚持是如今孩子最缺乏的品质。其实,各年龄段的孩子在学习和生活中难免遇到困难,而解决困难时失败也是时有发生的。随着年级的升高,

第八章

坚毅力：让孩子在困难中成长

孩子们学习内容的深度和广度增加，抗挫折力越低，可能越学越不会，甚至泛化到遇到任何事都容易放弃。

现在的孩子是"忙碌"的一代，他们上各种早教班、特长班，可供自己支配的时间越来越少。所以，经常会出现这样的情况，孩子正玩得起劲，比如在做手工，妈妈在旁边喊："练琴时间到了！"这样，孩子不得不中断正在做的事情。长此以往，就会导致孩子养成易放弃的习惯，因为即使努力做了，也看不到成果。

另外很多人遇到问题坚持不下去，也是受困于负性情绪，让孩子学会管理自己的情绪，是很重要的一步。

探究成因，并给予应对方法

当代青少年缺乏坚毅品质的原因是多方面的，主要可以从以下几个方面进行探讨：

1. 社会环境的影响。在当代社会，各种娱乐方式和学习兴趣并存，这使得青少年在面对挑战和困难时，容易失去坚持和毅力。此外，过度的物质享受和便利，也让青少年缺乏面对困难和挫折的勇气和决心。

2. 家庭教育的问题。现在很多家长溺爱孩子，这样不仅不会培养孩子的坚毅力，反而经常使用各种手段来扼杀孩子坚毅的潜质。而且过度安排孩子的生活和学习，剥夺了孩子自我认知和发现兴趣的机会，这种做法不能帮助孩子培养恰当的坚毅品质。

3. 学校教育的缺陷。现在很多学校非常注重学生坚毅品质的培养，但实际上，面对繁重的学业和高压的竞争环境，孩子容易产生厌学情绪，缺乏持久的兴趣和热情，这也是导致坚毅品质缺失的一个重要原因。

4. 个人因素的影响。由于青少年性格迥异，成长环境也各不相同，这也影响了坚毅品质的形成。有些孩子可能本身就缺乏自我内驱力和目标感，使得他们在面对困难时容易放弃。

综上所述，当代青少年缺乏坚毅品质的原因是多方面的，需要家庭、学校和社会的共同努力，才能有效地培养和提升青少年的坚毅品质。

培养青少年的坚毅品质是一个系统且漫长的过程，一般可以从以下几方面入手：

1. 探求青少年的兴趣点。随着孩子年龄的增长，家长可以引导他们追求自己选择的特定兴趣，可以帮助孩子找到一种激情，并让孩子明白实践、努力和坚毅是取得成就的最可靠的途径。引导者可以要求孩子从事一些困难的任务，每个孩子都可以选择他要做什么，但任务应该既有趣又需要每天有意识地练习。要求孩子必须在一定的时间内坚持自己选择的活动，这样做的目的是教会孩子们致力于某件事并努力做下去。学习的过程并不总是充满乐趣的，进步也不是不劳而获的。但是，如果一个孩子因为喜欢某件事而有动力去提高，那么奋斗就会显得很有价值，而成功本身就是一种奖励。

2. 引导孩子认识到任何事情都会有挫折和困惑。斯坦福大学教授卡罗尔·德韦克在一本畅销书《心态：成功的心理学》（*Mindset: The New Psychology of Success*）一书中把这称为"成长心态"。德韦克发现，具有"成长心态"的人更有韧性，更容易克服困难，因为他们相信努力工作是过程的一部分，而且他们明白失败不是永久的。当我们看到郎朗演奏钢琴的如痴如醉、易烊千玺充满青春而朝气的舞步、毛不易那深入人心的歌

第八章

坚毅力：让孩子在困难中成长

声，我们会觉得成功似乎很容易，但是我们没有看到他们在最终表演呈现出来之前的沮丧、疲劳以及多年的练习和准备。

3. 适度的探险。成功人士愿意走出自己的舒适区，冒着失败的风险去学习新东西或追求长期目标。虽然可能以失败而告终，但成功的成年人不会放弃。*How Children Succeed* 一书的作者保罗·图赫（Paul Tough）认为："很多父母不想在孩子面前谈论他们的失败，但这剥夺了孩子看到父母东山再起的潜在体验。"这让我想起之前遇到的几位高中生，他们因为害怕被拒绝而不敢申请某些大学。有些孩子的考试成绩很高，但他们拒绝努力进入名牌大学，因为他们认为自己没有这个能力。很难想象，如果这些孩子有勇气冒着被拒绝的风险去追求成功，他们今天的生活是不是会更好。

4. 引导孩子们认识到失败不是终点。鼓舞人心的格言，比如那种说教他们应该忍受各种拒绝、挫折和失败，尤其是痛苦的失败的格言，不足以说服孩子们。为了教会孩子们坚毅，我们需要向他们展示失败和挫折是如何通往成功的真实例子，经常跟孩子谈论这些例子，分享我们自己的经历，最重要的是允许孩子失败。在我们的孩子喜欢他们的偶像时，告诉他们"坚毅"是所有成功人士的特质，他们也应该学习如何具备这一特质。

总的来说，培养青少年坚毅的品质需要家长和社会的共同努力。家长应该成为孩子的榜样，同时也应该给予孩子足够的自由和支持，让他们有机会去探索和尝试，发现自己的兴趣和激情，并且在面对挫折和困难的时候，能够坚持不懈，勇往直前。

共情式陪伴，缓解孩子的畏难状态

(北京市东城区史家实验学校 刘宁宁)

小江是一个很内向的孩子，每次班级做手工，当遇到一丝丝困难时，小江都觉得自己做不好，并且很容易放弃。不管我怎么鼓励他，小江都不愿意坚持把自己的手工作品做完，并且还跟我强调说是父母说的，只要自己不想做什么事情，那就放过自己，自己做成什么样子，父母都接受。随后，我跟他的父母沟通发现，他们的确透露出不希望孩子过得太辛苦之类的教育理念。

****

美国教育专家经过研究发现，决定孩子未来的并不是智商，而是坚持。而要想让孩子遇事能坚持，最好的方式就是家长陪着他一起坚持。最好的示范是最好的教育。同时，家长还要关注在他们要放弃时，自己是不是默许了？是否因为孩子的一句"我不喜欢了"，就任由他们放弃？我们必须明白，好多事，孩子不坚持，只是因为家长自己也不够坚持。

给予家长的建议

对于坚持度低的孩子，父母可以试着这样做：帮助孩子正确认识挫折。通过给孩子讲生活中发生的事件、父母的经验以及故事等，让孩子懂

第八章
坚毅力：让孩子在困难中成长

得生活中随时可能遇到挫折，只有通过克服困难，本领才会越来越大。与孩子一起制订短期与长远目标，使其有努力的方向。当孩子真的需要我们的帮助时，要及时给予孩子恰当的帮助。给孩子的任务不要太多、太难，酌情调整一下任务难度，孩子就能继续前进，达成目标。再加以父母的鼓励，孩子坚持下来就不难了。

这个过程中，只要父母能够做出改变，我相信孩子也会有很大的改观。

借用困难，引导孩子学习成长的技能

（北京市东城区史家实验学校　牛东芳）

一个孩子影响一个家庭。

作为父母，不知道你们有没有和我同样的困扰：在孩子成长教育的路上，不断涌现出一个个问题，我知道这些问题最终会随着成长而破解，但当我们真的面对孩子的问题时，比如：写作业很磨蹭、看书只喜欢故事类的、在人群中不喜欢说话等，家长总想给他们一些帮助，让孩子少走弯路。

如何把问题变成孩子成长的资源呢？由芬兰著名作家本·富尔曼著写的《成功儿童技能教养法：芬兰式教育》（Muksuoppi：Ratkaisun avaimet lasten ongelmiin）这本书遵照孩子的发展规律，从尊重、理解的角度，从积极正向的角度解决儿童问题，把孩子存在的问题"转换"成技能，也就是说不把问题当成问题，而是当成有待学习的技能。

在育儿的路上，如果您觉得费劲、疲惫，那大概率是方法错了。如果我们能换一种心态想问题，改变思路，效果自然也改变了。

化繁为简，提炼精华

《成功儿童技能教养法：芬兰式教育》通过 15 个环环相扣的步骤，从解决问题的理念上进行突破，这让父母或老师在面对孩子出现的问题时心态更平和。我把 15 个步骤合并为四个阶段，这四个阶段会引导父母走出负面"问题"的陷阱，轻松面对孩子成长过程中暂时欠缺的"技能"，也帮助孩子们撕掉"问题"标签，重新找回了自信，体会到学习、成功的乐趣。

1. 把问题转变为要学习的新技能。解决孩子现存问题的最好方法，是让孩子学会某种能够帮助自己克服这个问题的技能。每一个问题的背后，都有一个需要学习的技能，这样，原本的问题清单就变成了学习技能的一览表了。没有哪个孩子能够一下子掌握几个技能，所以要帮助孩子挑选出首先要学习的技能，而且最好跟孩子一起来决定，再给这个技能起个好听的名字，让孩子觉得这是他的专属。

2. 招募支持者。让孩子邀请一些人做他的支持者。在这一步中，支持者越多，越容易成功。支持者分两类，一类为精神支持，一类为物质支持。当孩子知道有那么多人关心他们，期待他们成功掌握技能的时候，就会有更大的动力去学习技能。

3. 练习巩固。演示、练习、教会他人。通过练习，将技能达到一个熟练的状态，学习的最好方法就是把学到的教给别人，做老师也是学习把技能传授给别人,不仅对别人有益,对自己也是一种帮助。

4. 庆祝成功。孩子一旦掌握了技能,就应该庆祝。这也是一个机会,让孩子感谢那些在他的技能学习中帮助过他的人。

这个方法直观有效,孩子们喜欢它,家长也无一例外地给予极高的好评。它能够改善亲子关系,对家校合作也有很大的帮助,因为儿童技能教养法是如此之简单,任何人——包括家长、老师以及那些专门处理家庭问题的专业人员——都可以学习使用它,把问题变成孩子成长路上的资源。

直面困难,缓解孩子的"表演恐惧"

(北京市东城区史家实验学校 董 鑫)

在一次主题为"我的梦想"的活动中,一个平时内向、很少发言的男同学阳阳面临一个重要的选择。他一直对天文充满热情,他梦想成为一名宇航员,探索浩瀚的宇宙。然而面对即将到来的演讲活动,他感到十分紧张和犹豫。他害怕站在众人面前讲话,担心自己会忘词、结巴,甚至被同学嘲笑。他的心中充满了矛盾,一方面是对梦想的渴望,另一方面是对失败的恐惧。

****

直面问题,探究原因

孩子恐惧失败是一个很普遍的现象。事实上,阳阳的犹豫不决源于几个方面：首先，他缺乏公众演讲的经验，这使得他在面对观众时感到不自信；其次，他对自己的记忆力不够信任，担心在关键时刻忘词，影响整个演讲的表现；此外，他对同学们的看法过于敏感，担心失败后会受到嘲笑，这种对他人评价的担忧加剧了他的焦虑；最后，他还没有学会如何有效地管理自己的情绪，面对压力时容易感到恐慌。作为成年人，要一起帮助孩子在面对困难时迎难而上，肯定孩子的梦想，鼓励孩子为自己的梦想勇敢前行。

方法与建议

为了帮助孩子勇敢坚强地面对选择，家长可以这样做：

1. 增强自信。鼓励孩子参加更多的公众演讲活动，通过不断地练习，提高自己的演讲技巧。同时，可以通过角色扮演等方式，让孩子在家人和朋友面前模拟演讲场景，逐步习惯在人前表达自己。

2. 记忆训练。教授孩子一些记忆技巧，比如使用联想记忆法来帮助他记住演讲稿的关键内容。此外，通过反复练习，增强他对演讲内容的熟悉度。

3. 正面思考。引导孩子理解每个人都有可能犯错，重要的是从错误中学习而不是避免犯错。鼓励他关注演讲的积极方面，而不是过分担心可能出现的负面结果。

4. 情绪管理。教会他一些简单的放松技巧，如深呼吸、正念冥想等，帮助他在紧张时刻保持冷静。同时，可以和他一起制订应对突发情况的计划，减少未知因素带来的焦虑。

5. 社交支持。鼓励孩子与老师、家长和同学交流他的担忧和恐惧，寻求他们的理解和支持。同时，可以让他观察其他同学的演讲，了解每个人都有紧张的时候，这是正常的。

通过上述的方法和建议，孩子逐渐学会了如何勇敢地面对自己的选择。他不再害怕站在舞台上，而是开始享受与他人分享自己的梦想。他意识到，勇气并不是不恐惧，而是在恐惧面前依然能够站稳脚跟，坚定地表达自己。他学会了接受自己的不完美，明白了成长的道路上总会有挑战，正是这些挑战塑造了一个更坚强的自己。

在这个过程中，孩子不仅提升了自己的演讲能力，更重要的是，他学会了如何面对生活中的困难和挑战。他的故事激励着其他同学，让他们知道，只要有勇气和决心，每个人都能够成为自己生活的主角，勇敢地追求自己的梦想。他的经历成为一个鼓舞人心的例子，证明了即使是小学生，也能够在面对选择时表现出勇敢和坚强。

寓言故事，让孩子学会克服困难

（北京市第二中学　钟静盈）

"钟老师，您好，您今天下午有没有时间？我和孩子的爸爸去一趟学校，昨天有个突发事情，需要和您当面谈一下。""请您不要和孩子说！"孩子的妈妈补充了一句。这是我第一次收到小 M 妈妈的求助信息，后来才知道当天他们是想到学校寻求心理老师和我这个班主任的帮助的。

面谈后的几天,在我还在寻找一个帮助孩子的合适的机会时,我又陆续收到孩子妈妈的反馈信息,告诉了我孩子当天的情绪:"学习好累,我不想学了。""妈妈,我今天能不能请假。"

小 M 学习成绩中等偏上,平时听课和作业都可以基本完成,在老师眼里是一个听话懂事的孩子。但是她在高一上学期最后一个学段,成绩退步到了班里的中等偏后,尤其是她自己担任课代表的优势科目也在退步。

这个学期开学以来,高二选科分班在即,小 M 很担心自己不能分到一个好的班级。而她理想的目标是年级最好的理科班。理想与现实成绩的差距让她每天的压力很大。

班级生活中,小 M 平时少语寡言,身边的伙伴不多,走路时习惯双臂收拢含胸前倾,行动略显拘谨。但据孩子妈妈介绍,她自己在家的时候兴趣非常广泛,比如摄影、制作短视频等。

****

寓言故事的力量

收到孩子家长的求助但尚未向孩子明确我的帮助意愿之前,我们正好在学习庄子的《庖丁解牛》,班里有一个孩子在解读课文中的"以无厚入有间"时说,"无厚"可以理解为我们不要背负过多个体生命之外的负重,比如过多的欲望,才能在"有间"的生活里获得精神自由。他对这一细节的解读获得了同学们的高度认可。借此机会,我用《庄子·养生主》里的"吾生也有涯,而知也无涯。以有涯随无涯,殆已""为善无近名,为恶无近刑",印证了我们对智识的追求、对功名欲望的渴求也应当顺应自然

第八章

坚毅力：让孩子在困难中成长

规律（如自己的能力、身体的情况等），超过了自身所能负荷的要求要适当降低，难以攻克的问题也要像课文所讲的"技经肯綮之未尝，而况大軱乎"，学会迂回避让进而寻找到更合适的解决途径。

在讲寓言所蕴含的道理时，我看到包括她在内的同学都听得非常认真，就特意延伸说到，即将面临的选科与分班，既需要他们的努力，也需要他们理性客观地给自己树立目标，灵活应对可能会遇到的困难，从而避免过高要求以及不当方法带给自己的身心损耗。

在让小 M 知道我想一对一帮助她之前，我以所有学生作为对象，并借助他们自己悟出的道理启发他们，相信对于高中生，尤其是对家长的帮助已经表现出一些抗拒的她，接受起来会相对自然和容易一些。

学科上的指导

在和孩子深入交谈之后，我发现前面所讲的成绩退步可能与如下原因有关：孩子各学科的主要问题以及努力方向不明确。而这可能与她相对听话，容易让老师忽略她的问题，以及她自己的课内外主动性不足有关。

针对上述问题及原因，作为班主任，我提醒她要尝试找到各学科的主要问题，也可以主动寻求老师的帮助。以语文为例，我让她把上个学期末的试卷拿给我分析，看看问题出在哪里，以明确后续努力方向。果然，试卷上的主观题分析完之后，既暴露了她和同学一样的共性问题——概括能力不足，也呈现出了她明显弱于其他同学的地方：审题能力以及课内基础薄弱，这就直接导致了她语文成绩中等偏后。找到问题之后，对于共性问题，我又鼓励她实际上不比别人差，和同学们一起进行针对性训练即可；

而对于明显弱于其他人的地方，要她一方面引起特别的重视，另一方面在日常练习中加以解决，例如审题训练可以在课堂问答以及课后主观题练习中得到训练，只要她自己主动提高课堂参与度，基于教她的审题步骤提高课后练习的质量，就可以不用增加过多的时间来达到解决主要问题的目的。从她事后主动让我再帮她分析客观题的反应上看，这样的问题分析及方向的明确对她是有启发的。

日常生活上的帮助

除了学科上的指导，结合对小 M 的兴趣的了解，我有意识地让她参与班级的活动。例如，给班级的游学活动拍照，参与东城区的视频征集活动，前者让她在"任务"的驱动下更多地和同学接触、交流，并在服务班集体的过程中收获价值感，后者则让她的兴趣转化成作品，而最终的获奖则给予她更多的正反馈，这些都有利于发挥她的特长，提升她的自信度。

综上，对于高度敏感的孩子，老师给予帮助的时机和方式非常重要，首先以寓言故事的方式让她在潜移默化中得到启发，且故事的寓意又指向减轻不必要的精神损耗，这是培养坚毅力的第一步；其次，是在充分了解孩子困惑的基础上，有针对性地给予实质性的帮助，并基于孩子自身的特长给予相应的平台和充分的鼓励，实际上是在增加孩子的自我认同，因为坚毅力的背后往往是强烈的自我认知力和自信心；最后，坚毅力的培养还需要同家长紧密协作，一起携手创设良好的家校环境，共同助力孩子聚集能量在生活和学习中畅行无阻，愉悦前行。

第八章

坚毅力：让孩子在困难中成长

深度共情，培养孩子坚毅的品质

(北京市东城区史家实验学校　沈保刚)

刚刚入学的一年级小朋友小 A 每天早晨上学总是哭，抱住家长，不愿意走进校门，即使勉强走进教室，也会不时地哭一阵子。老师问他话，他也不愿意回答。问的次数多了，他就会低声回答"想妈妈"。就这样，小 A 的家长每天局促地将他送到教室门口，持续了几天仍然没有好转。老师的正面引导和谈话效果也不大，班级中的其他小朋友有时还会以异样的眼光看小 A。更有甚者，有个别的小朋友也会被他"感染"，一起哭起来。

* * * * * * * * * *

在小学阶段，上课时大多时候是一位老师面对四十几位学生，而且老师主要传授知识，并不会再担任"保姆"的角色。此外，不同老师教授不同的科目，陌生的老师，陌生的学习内容，陌生的规则和要求，老师不会时时陪护在小 A 身边，他顿觉失去了依靠，而且要自己照顾自己。这些变化和逐步走向独立的要求，令小 A 感到忐忑不安，面对不能解决的问题，他无法勇敢地面对，坚强、坚持、不放弃的意志品质尚未形成，因此恐惧上学。

探究原因

自我认知与动机的不足导致一年级的孩子对自己的角色认知尚不稳

定。如果他们觉得自己无法胜任学习或得不到足够的认可，就会产生恐惧上学的情绪。马斯洛需求层次理论（如图3）把第一种生理需求归类于生长需求，这是生存所必需的，对孩子的心理和生理有很重要的作用。虽然其他几项并不是必需品，但是对于孩子能否自主学习、能否在人生中取得更大的成功来说，是非常重要的，具有很大的积极作用。

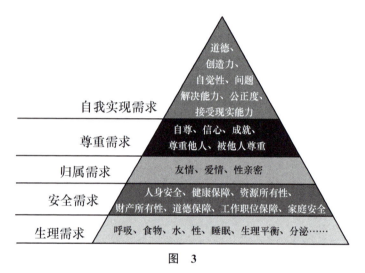

图 3

1. 生理需求的缺失。因为老师不能随时随地照顾到每一个孩子，小学生需要按照校园一日生活作息开展相应程度的独立学习生活。在与家长的日常交流中，我们知道，种种原因导致部分孩子在家不能自主吃饭，有需要家人喂饭或者边吃饭边玩等情况。到了学校这个完全有别于家庭生活的教育环境，孩子极易产生焦虑、紧张、惧怕、哭闹、无所适从等不适反应。

2. 安全需求的缺失。孩子上小学之前的人际安全感的获得主要来自家庭和幼儿园。家里温馨的环境、熟悉亲近的家人、自由自在的生活，使孩子对家庭产生依恋现象。小A上幼儿园的时间不长，断断续续的，这就使小学成了孩子人生中接触到的第一个新奇又陌生的世界。各种环境、老师、同伴

第八章

坚毅力：让孩子在困难中成长

等因素都会使小A产生陌生感和恐惧感。另外，新学期伊始，孩子与教师之间还未建立基本的信任，小学有固定的作息时间和生活制度，除此之外，孩子还要学习各种集体生活的规则以及自我服务的本领，这对新入学的小朋友来说是具有一定难度的挑战，也进一步加重了小A对安全的缺失感。

3. 在安全需求的基础上逐渐发展出的归属需求和尊重需求。小A在入学以后，也有归属需求和尊重需求。由于是生活在一个群体中，面对新的环境和同伴，孩子可能会遇到各种情绪问题。如果学校或家庭没有提供足够的情绪支持，孩子可能会因为害怕失败、担心被嘲笑而感到失落。当小A觉得没人爱自己，认为自己缺失爱与自尊，觉得自己不能勇敢地面对的时候，是不可能出现强烈的动机去完成自己的学习任务的。

4. 这也可能与中国传统观念有关。研究发现，中国的父母在孩子六岁前往往把他们当作小孩子，多加爱护和忍让，但在孩子六岁后，便认为孩子开始走向成年。小A入学后，他的父母认为也应该要认真管教了。学校也会认为小学生和幼儿园的孩子是有区别的。从孩子上一年级起，我们就会逐渐强化他们的成绩意识，哪怕是等级成绩：会表扬各个方面成绩优秀的孩子，欣赏成绩进步大的孩子。尽管现在我们的评价逐步走向多元化，但不可否认的是，成绩还是占据主导地位。孩子很多时候得到的信息是：得到一百分是"棒棒的"，当孩子得不到高分而失去奖励时，他们便会不知不觉地把自己的"失败"归因于自己的无能，不能勇敢地面对，坚强、坚持、不放弃的意志品质也不易形成。

《津巴多普通心理学》（*Psychology*：*Core Concopts*）中提到，负性情绪得不到理解和共情，就是一种"负强化"，会让孩子的消极感更强。当孩子出现畏难情绪，应该怎么做？"当然是鼓励他啊！"绝大多数父母都会这么说。但怎么鼓励呢？日常鼓励是这样的："你看谁谁谁都可以，你也可以！""这有什么难的，坚持一下就好了。""勇敢点，别被这点困难击倒。"经过调查，小 A 家长也十分配合老师的教育，也会说出类似的语言。

我们常说的鼓励，究其本质，其实是一种"激励"。上述这些所谓的鼓励话语并没有真正说到孩子的心坎里去。孩子出现害怕或退缩的心理时，父母或老师总是急于解决问题，并让孩子克制自己的负性情绪，努力向别人学习，迈出脚步。但作为孩子而言，他最希望得到的是父母或老师的认可和关爱，也就是被共情和理解。这就是大人越"鼓励"，孩子越容易放弃的原因。

共情和理解助力孩子更坚毅

我们找到问题的症结后，发现应该在共情和理解上下功夫，找到恰当的解决问题的方法。我们要把负性情绪转化为积极的人际互动。从某种意义上讲，小 A 的负性情绪是依恋与分离相矛盾的产物。通过一定的方式让他感受到学校这个新环境中的快乐与温馨，以积极的情感代替分离焦虑的情绪，建立积极的人际互动，进一步促进孩子的社会性发展。

1. 教师要与孩子深度共情。说到共情，我听到的最好的解释是"看他人之眼所看，听他人之耳所听，感他人之心所感"，如果是教师，应从孩子的心理角度出发，用亲切的态度、柔和的语言，告诉孩子："我要是你，很可能也是这个样子。"通过交谈，及时了解孩子的需求，把自己的"眼看、耳听、心感"换位于他的位置，减轻孩子的心理压力，建立师生之间安全的依恋关系，为情感沟通打下基础，以此来解决孩子生理需求和安全需求缺失的问题。

2. 开展丰富多样的活动分散孩子的注意力。我们借鉴马斯洛的需求理论来看一下，不同年龄段的孩子在生理层面的需求也不同。很多家长在孩子 6 岁以前，对于玩非常支持并主动带着孩子到处去玩，用各种方式玩。但是等孩子 6 岁上学后，玩就变得有条件了，甚至成了让孩子有罪恶感的事情。玩是孩子的本性，"玩"和"学"本来就是一体的，如果我们非要违背孩子的本性需求，就无法给孩子成长需要的营养。孩子如果最基本的需求都得不到满足，就如同树木没有土壤，失去了托起这个最低层次需求的生命的根本，那还谈什么成长呢？生理需求只是生命成长最基础、最低层次的需求。我们可以通过有趣的图画书、新颖的积木玩具、丰富多样的群体游戏，连接起小 A 在幼儿园的生活回忆或家庭生活的常态；增加孩子和其他同学之间的互动频率与机会，逐步减少小 A 人际互动的紧张与排斥感，让他在自然的交往中巧妙地融入集体生活，这样他可以在活动中悄无声息地解决自己的困难，但坚强、坚持、不放弃的意识还是模糊的、不成型的。进而老师可以邀请小 A 一起栽种植物，比如一起种豆子或花。每天一起观察、讨论植物种子生长发育的过程，经过 20 天以后，再来观察，看到自己种下的种子发芽、茁壮成长（见图 4），小 A 自然会有大大的惊喜。

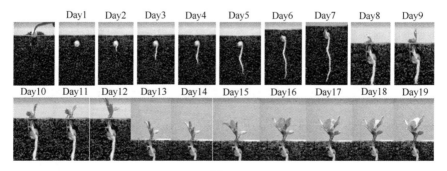

图　4

老师此时就可以和小A讨论一下：为什么一颗小小的种子能够发芽成长起来？种下种子的前6天，土壤下面的根在努力地向下钻啊钻，到了第7天种子顶端的芽在努力地向上顶啊顶，这很容易吗？它是怎样做到的？相信孩子虽然不会表达得很完整，但是一定会在心中种下坚强、坚持、不放弃的种子。我们还可以畅想一下：小芽钻出土壤之后会怎样成长？会开花结果吗？再一次强化遇到困难要勇敢地面对，坚强、坚持、不放弃的意志品质会初步形成。

3. 尊重让孩子自信地成长。孩子是有思维、有意识、有感觉的生命，需要被理解、被尊重。尊重孩子不仅仅是一两句尊重的话语，自己的事情自己做，解放他的手、眼、耳、脑也是一种尊重。当孩子感觉到自己被尊重，自己的事情自己能做好的时候，你会发现孩子竟然能做那么多事情，那种成就感会给孩子带来幸福和快乐。家长尊重孩子的核心就是帮助孩子建立自我意识系统。自我意识就是心中有"我"的概念。有了自我意识，孩子也会有自己的界限。

另外，孩子在学习生活中，遇到困难会勇敢地面对，坚强、坚持、不放弃的意志品质也会遇到考验，有时甚至会有波折。我们应该怎么办呢？

我们可以多鼓励、少表扬，当然不是那种"激将"式的鼓励。发展心理学家卡洛·德韦克做过一项针对"表扬"的研究，最后研究结果表明，被表扬的孩子会选择更加简单容易的任务，而被鼓励的孩子却会挑战更有难度的任务。夸奖孩子用功努力，孩子会明白成功与否与自己的后天努力相关。而被表扬为聪明的孩子，则会觉得成功是因为自己的天赋，不需要努力。因此，多鼓励、少表扬，让孩子具备成长型思维，才能更优秀。当家长面对孩子的"小成绩"，给予具体且恰当的鼓励，是很有必要的。孩

第八章

坚毅力：让孩子在困难中成长

子在成长过程中，得到的认同感，才是他之后努力的动力，而非口头上的几句赞扬。

再者，我们怎样调节孩子的负性情绪，让积极的情绪为孩子良好的意志品质的形成保驾护航？

著名心理学家赛利格曼提出的一个名词——心理免疫力，意思就是碰到困难之后，只有完美解决了，当我们下次遇到同样的问题时，才能有信心去解决。比如，孩子的口算总是出错，我们可以和孩子交流沟通，告诉他："我知道这是你遇到的一个难题，你很难受，但是只要每次练习的时候多专注一点儿，慢慢就会好了，不要着急，我们慢慢来。"这样，孩子就会在口算技能和心理品质上"积小胜成大胜"。

一年级小朋友恐惧上学不仅仅是教育问题，更是心理健康问题。因此，我们需要从心理层面入手，深入了解孩子的需求和感受，为他们提供全面的心理支持。孩子生理需求得到满足后，他知道自己在一个安全的环境里，在"相亲相爱"的班级里，就有足够的精神去应对一天的挑战，不用害怕自己会不明就里，并且能得到足够的成功感，学会欣赏自己，他们自然会顺利度过。马斯洛说过，相信孩子也有自我实现、发展自我潜能的需要，当孩子觉得安全、被爱、有归属感和被尊重，他们自然会有信心去发展自己的潜能，不但愿意学习，而且乐在其中，享受学习的乐趣。

最后，让我们做一个能帮助孩子，使其觉得自己有能力、有价值和自主性的老师或家长，让他们愉快地去适应学校生活，勇敢地面对困难，初步形成坚强、坚持、不放弃的意志品质，坚定、自信地去拥抱精彩的人生。

日常实践方案

培养孩子的坚毅力是一项具有挑战性的任务,父母可以在日常生活中逐步培养孩子的这种重要的性格特质。这不仅有利于孩子的学业成就,还有助于他们在未来的生活和职业中取得更大的成功。以下是一些日常锻炼坚毅品质的游戏,可以在家中操作。

▶【活动目标】

1. 知识与技能:了解坚毅力是一种性格和品质,认识拥有坚强意志的重要性,培养学生遇到困难时积极对待、知难而进的奋斗精神。

2. 过程与方法:通过创设的活动情景,增强青少年在困难中寻找解决问题的办法的意识。

3. 情感态度与价值观:让孩子认识到挫折、困惑和练习是正常的,学会在遇到困难挫折时不放弃,保持努力向前的不懈动力。

▶【活动过程】	先导游戏:钉纽扣 游戏1:故事"七巧板" 游戏2:创作"勇敢坚持之歌" 游戏3:讲故事消除"害怕"情绪

第八章
坚毅力：让孩子在困难中成长

先导游戏：钉纽扣

（北京市东城区史家实验学校　张文芳）

▶ **活动规则：**

钉纽扣，看谁钉得又快又结实。

提问和回答：钉纽扣的时候，你是什么心情？（使用情绪表达卡引导参与者分享心情）

分享成功、失败的原因，并进行讨论：什么是沮丧？什么导致了这些沮丧？

▶ **物料准备：**

纽扣、针线、情绪表达卡。

> **小结：** 任何事情都有成功与挫折，成功是漫长的旅行，布满艰辛险阻，失败、困惑、沮丧都是旅程的一部分。

游戏1：故事"七巧板"

（北京市东城区史家实验学校　张文芳）

▶ **活动规则：**

1. 准备成语卡片、大小不同规格的七巧板，每人抽一个成语，根据成语用七巧板拼出成语故事情景。

2. 边游戏边采访。

你伸手抓成语卡片时是什么心情？期待的心情，还是好奇的心情？

你知道成语内容后是什么心情？紧张的心情，还是焦虑的心情？

有拼图思路时是什么心情？高兴的心情，还是兴奋的心情？

你在拼成语情景时是什么心情？自信的心情，还是沮丧的心情？

3. 创设情景剧——感受日常生活中的心情。

（1）当你拼好一个乐高模型的时候……

（2）当你想去博物馆，妈妈没有时间陪你的时候……

（3）当你成为博物馆小导游的时候……

（4）当你做木工模型成功的时候……

（5）做木工模型没达到预期效果的时候……

▶ **物料准备：**

成语卡片、大小不同规格的七巧板。

> **小结：** 生活中并不是一帆风顺的，有成功也有挫折，关键是如何面对挫折，在遇到挫折的时候不轻易放弃，保持平和的心态，认真独立地思考，直到找出解决问题的答案，在突破一个个难关的过程中培养出坚强的意志。

游戏2：创作"勇敢坚持之歌"

（北京市东城区史家实验学校　孙彬彬）

▶ **活动规则：**

1. 活动导入——感知勇敢、坚强与坚持。

（1）引导者讲述一个关于音乐家坚持创作音乐作品的故事，引导参与者理解勇敢、坚强和坚持的意义。

（2）讨论：引导参与者分享自己在生活中遇到困难时，是如何勇敢、坚强和坚持的。

2. 音乐体验——创作"勇敢坚持之歌"。

（1）创作歌词：引导参与者想象自己是一个勇敢的探险家，面对困难时，会唱出什么样的歌词来鼓励自己。

（2）创作旋律：利用乐器和节奏卡片，引导参与者创作出激昂、鼓舞人心的旋律。

（3）演唱与分享：参与者分组演唱自己创作的"勇敢坚持之歌"，并分享创作过程中的感受和体验。

3. 音乐欣赏——感受勇敢、坚强与坚持的力量。

（1）播放一些表现勇敢、坚强和坚持主题的音乐作品，如《命运交响曲》等。

（2）引导参与者在音乐中感受勇敢、坚强与坚持的力量，并分享自己的感受。

（3）引导参与者讨论。

例如：音乐是如何表现这些品质的？

我们在生活中如何运用这些品质来面对挑战？

引导参与者回顾本次音乐活动中的所学所感，总结勇敢、坚强与坚持的重要性；鼓励孩子们在今后的学习和生活中，积极运用这些品质去面对挑战和困难；共同约定，当遇到困难时，可以唱起"勇敢之歌"，相互鼓励支持。

> **小结**：通过这个活动，我们期望能够帮助孩子们更好地理解勇敢、坚强与坚持的意义，并将这些品质融入他们的日常生活中，让他们在音乐的陪伴下茁壮成长为一个勇敢面对挑战、坚强不屈、永不放弃的人。

游戏3：讲故事消除"害怕"情绪

(北京市东城区史家实验学校　徐艳丽)

▶ **活动规则：**

1. 比赛打气球，体会情绪的变化。

（1）大家比赛打气球，看谁一分钟打的气球最大。

（2）提问与回答。

问：刚才妈妈（爸爸）在打气球时，你发现她（他）有什么变化？

答：嘴张大、身体缩起来……

问：猜猜她（他）是什么心情？

答：紧张、害怕……

问：你有什么对情绪的新发现？

答：略。（当我们将要比赛时，往往是"激动"的情绪；比赛过程中，是"紧张""害怕"的情绪，总担心自己会输；比赛结束时赢了，是"高兴"的情绪。）

> **小结：** 情绪是可变的。

（3）两轮过后，稍微暂停一下。引导大家回答问题。

问：你是怎么知道这么多种情绪的？你观察到了什么？

答：发抖、出汗、脸变红、不敢看……这些情绪我们都可以通过动作、神态等体会到。

> **小结：** 情绪是可观察的。

2. 《维利床下的鬼》故事体验。

（1）故事展开。

（2）提问与回答。

问：维利现在是什么心情？你怎么知道的？

答：扯过被子，捂住脑袋，瞪大眼睛，使劲喊妈妈……（害怕是可觉察的）

> **小结：** 生动的故事能帮助孩子更好地体会主人公的情绪，同时让孩子通过观察发现，害怕是可觉察的。

（3）故事展开。

（4）提问与回答。

问：故事到这儿，维利的害怕有变化吗？

答：有，好像没那么害怕了。

问：你是怎么看出来的？

答：打哈欠……

问：那他都做了什么，产生了这样的变化？

答：求助妈妈，听声音……（害怕是可以发生变化的）

> **小结：** 故事中维利求助妈妈，妈妈帮助维利面对害怕，并在妈妈的帮助下探索，慢慢调节了害怕。让孩子体会到，害怕是可变的，是可以调节的。

（5）故事展开。

（6）提问与回答。

问：妈妈一系列的反应表现了妈妈什么样的情绪？你是怎么看出来的？

答：妈妈也有点害怕。她尖叫，还迅速地跑开了。

问：哇，那么勇敢的妈妈也有害怕的东西。说明了什么？

答：每个人都会害怕，无论是孩子，还是大人。

> **小结：** 让孩子体会到，害怕是每个人都有的，不论是大人，还是孩子。它是正常的情绪，不需要特别排斥。

3. 体会害怕的好处。

（1）引导者引导大家思考。

《维利床下的鬼》故事读完了，维利和妈妈都体会到了害怕。比赛打气球时，我们也一起经历了这种情绪。

请大家思考：害怕让人变得怎样？

大家回答：不舒服，心扑通扑通跳，手心出汗……

总之，害怕让我们浑身不自在，那么"害怕"真的只有坏处吗？

（2）"我和害怕交朋友"，引导大家思考害怕的好处。

① 害怕老虎——当我们面对老虎等危险的猛兽时，害怕帮助我们保护自己，远离危险。

② 害怕悬崖——当我们站在悬崖边或要做可能有危险的举动时，害怕帮助我们停下脚步。

第八章

坚毅力：让孩子在困难中成长

③ 害怕大火——当我们遇到灾害时，害怕帮助我们选择逃离。

> **小结：** 害怕是我们正常的情绪，每个人都会有，可以帮助我们远离危险，小心谨慎。它必不可少，适度的害怕很重要，但是，过度的害怕需要调节。

4. "直面害怕，我能行"。

（1）提问：有些时候，我们会过度害怕，就像我们刚才比赛吹气球时那样，有时候会害怕得都没办法正常做事，这种时候，你有什么好方法吗？

对于大家的回答，引导者要关注孩子的认知变化，并给予积极评价。

（2）引导大家写一写自己的方法。例如："当我过度害怕时，我可以……""害怕，我要对你说：……"

让大家分享自己面对害怕的解决办法，并相互交流。

（3）最后，引导者带领大家起立，一起举手向"害怕"打个招呼，"害怕，你好——"

> **小结：** 生活中难免会遇到害怕的事情，关键就是看你如何去面对，如何让自己去接纳、勇敢面对。

▶ **物料准备：**

气球、《维利床下的鬼》绘本。

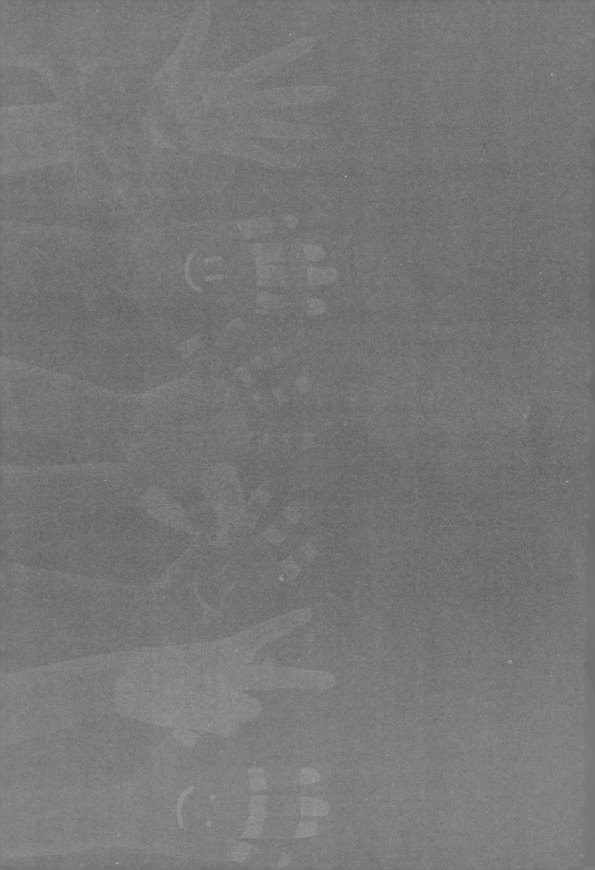

第九章

钝感力：

指引孩子平常心视角

家长早知道

什么是钝感力
（北京市东城区史家实验学校　李超群）

钝感力，指的是对外界事物、关系、情景、细节、功利等感知迟钝，而把更多注意力放到自己身上，不执着于外界、他人对自己的评价的能力。在日本作家渡边淳一的著作《钝感力》中，他将钝感力解释为"迟钝的力量"，即从容面对生活中的挫折和伤痛，坚定地朝着自己的方向前进。钝感力并不是指迟钝或者麻木，而是一种积极向上的人生态度，是赢得美好生活的能力和智慧。

钝感力高的孩子，会较为客观地看待问题，不易被情绪左右，不为小事操心，对于不顺心、不顺意的事情敏感度低，能更准确地判断事物本质。

现状与成因

当今时代，由于社会压力和焦虑的增加，许多青少年承受着巨大的心理压力，变得敏感多疑、焦虑、紧张，较难客观地看待问题，他们亟待提高钝感力，这样才能更好地应对压力，保持平和、平静的心态，塑造从容、淡定的自我。

青少年群体在人际交往、情绪管理和自我成长方面有待提升，时常感

第九章
钝感力：指引孩子平常心视角

到孤独和无助。这使得青少年在面对压力和挫折时更加敏感，难以保持良好的心态。

在当今时代，青少年钝感力弱的原因主要有以下几个方面：

1. 社会压力大。现在的青少年面临着巨大的社会压力。他们需要应对学业压力，参加各类竞赛，还要面对未来就业的压力。这种高压环境使得青少年过于敏感，无法从容地面对生活中的挫折和伤痛。

2. 网络舆情和多元信息的影响。互联网时代，青少年接触到的信息越来越多，但同时也更容易受到网络舆情和多元信息的影响，这些是导致他们对周围环境过于敏感的主要原因。

3. 家庭教育方式的问题。家庭中父母的过度保护和溺爱，以及父母对孩子的过度期待，都可能导致孩子过于敏感。此外，父母的负能量和过度干涉也会影响孩子的心理发育，使他们无法形成健康的钝感力。

4. 缺乏适当的社交支持。缺乏足够的社会支持系统，青少年的社交圈子会变窄，情绪管理和沟通交往能力欠缺，他们会感到孤独和无助。这种现象在当下越来越普遍，使青少年的钝感力受到影响。

5. 心理健康问题。根据《中国国民心理健康发展报告（2019~2020）》揭示，2020年我国青少年中，高达24.6%的人出现抑郁症状，其中轻度抑郁表现为17.2%，重度抑郁有7.4%。这种心理健康问题也会影响青少年的钝感力。

综上所述，当今时代，青少年钝感力弱是由多方面因素共同造成的，需要家庭、学校和社会的共同努力，通过培养青少年健康的心理素质，提高其钝感力，帮助他们更好地应对生活中的挑战。

应对方法

(北京市东城区史家实验学校 鲁 静)

提高青少年的钝感力,消除青少年的敏感性、去自我中心化、从关注自我到关注别人,我们可以采取以下措施:

1. 家庭教育方面。家长可以通过故事、历史人物或现实生活中的例子,引导青少年理解困难是暂时的,而坚韧不拔是克服困难的关键。同时,家长应该根据孩子的实际情况设定目标和期望,避免过高的期望给孩子带来不必要的压力。当孩子遇到挫折时,作为家长应鼓励他们从失败中学习,而不是一味地追求完美。鼓励孩子自己面对问题,寻找解决方案。家长可以提供指导,但不要替孩子做决定。这样可以帮助孩子建立独立解决问题的信心和能力。不管在什么时候,家庭永远是孩子最好的学校,家庭成员也永远是孩子最好的镜子。成也萧何,败也萧何。爸爸妈妈给孩子带来的影响注定是最大的!在实施这些方法时,家长应该以身作则,成为孩子学习和模仿的榜样。同时,家长也应该根据孩子的个性和需求,灵活调整教育方法,以最有效的方式帮助孩子成长。

2. 学校教育方面。现如今学校应该多组织加强心理健康教育,培养学生的心理承受能力和钝感力。此外,还可以通过组织各种有利于学生心理健康的实践,让学生在实践中锻炼自己的钝感力,如角色扮演和模拟,这样学生可以在安全的环境中体验不同的社会角色和情景,从而学习如何在现实中应对类似情况。

3. 社会环境方面。社会应该营造一种鼓励挑战和失败的文化氛围,减少对青少年的过度期待和压力。同时,媒体和网络平台也应该承担起责任,互联网的发展日新月异,在进步的同时,监管也需要与日俱进,给青少年提供一个更加健康和包容的成长环境。比如多多运用电视、网络、社交媒体等平台，宣传正面的价值观和克服困难的故事，以此激励青少年。

4. 个人因素方面。家校应共同引导青少年关注自身成长，培养良好的心态和性格，学会自我调适，提高自己的钝感力，不再陷入自我怀疑的境界。在学校和家里，监护人以及老师都应该多多关注青少年的情绪变化。

不论什么时候，我们都需要高度关注青少年的情绪变化。钝感力的缺乏可能会影响青少年的心理健康，使他们在成长过程中遇到更多的困难。然而，钝感力是可以通过培养和锻炼得到提升的。所以，我们发现问题就要及时解决，一定不能等造成不可逆的后果再来补救。到时或许亡羊补牢，为时已晚。

激活青少年的钝感力，是帮助他们健康成长的关键。通过培养他们的抗压能力、情绪管理技巧和积极的心态，我们可以让青少年在面对生活中的各种挑战时更加从容和坚定。同时，这也有助于他们发展出更加健全的人格和良好的心理素质，为未来的成功打下坚实的基础。

情绪调节训练，缓解孩子的敏感状态

（北京市东城区史家实验学校　徐　菲）

芝云是一位小学五年级的学生，过去常常因为一点小事就感到很伤心，对同学的批评或调侃也总是过于敏感。在课堂上，她更倾向于独立完成任务，很少主动关心或帮助其他同学。然而，通过学校的情感管理课程和情绪管理培训，以及志愿者活动和团队合作等实践活动，芝云同学发生了一系列的改变。

****

活动开展过程

1. 情绪管理训练。

开设情绪管理课程，教导学生认知和处理自己的情绪。通过角色扮演、游戏等活动，让学生了解不同情绪的表现形式，学会调节自己的情绪反应。着重引导学生区分事实和情感，培养他们客观处理问题的能力，从而减少过度敏感的情绪反应。情绪管理主要从三个方面激活孩子们的钝感力。

首先，学会迅速忘却不愉快的事情，这可以让我们保持清爽和乐观的心境，不让过去的负面经历影响到现在和未来。同时，认定目标并坚定地朝着它前进，即使遭遇失败也要坚持不懈，因为每一次挑战都是成长的机会。

第九章

钝感力：指引孩子平常心视角

其次，面对别人的流言蜚语，保持坦然和镇定的态度，不被外界言论左右，保持自信和自尊，这样才能更好地保护自己的心灵健康。

最后，当得到表扬时，保持谦逊和谨慎的态度，不要因此而骄傲自满，更不要忘记自己的初心和努力。只有保持一颗谦逊的心，才能不断进步，成为更好的自己。

2. 情感表达与分享。

班级内每周安排一次情感故事分享活动，鼓励学生分享自己的故事体验和困扰。芷云同学在分享会最开始的时候羞于表达，随着活动的开展，她逐渐能够说出自己的困扰，不知道自己喜欢一个人独处的行为是不是恰当，并且表示想要改变自己，跟别人合作完成一些事情。在与芷云同学的沟通中，我发现可以从三个方面安排此类活动，帮助她去自我中心化，从关注自我到关注别人。

首先，通过情感表达与分享的活动，孩子可以更加自由地表达自己的情感体验和观点。这有助于孩子更好地认识自己的情绪，增强自我认知能力，从而更好地管理自己的情绪。

其次，通过情感表达与分享的活动，孩子可以学会倾听他人的观点，并尊重他人的感受。在分享的过程中，孩子需要认真倾听他人的发言，理解他们的想法和感受，并给予适当的回应和反馈。

最后，通过情感表达与分享的活动，孩子能够更好地理解他人，培养关注他人的能力。在分享的过程中，孩子会了解到不同人的生活经历和感受，从而增强对他人的理解和尊重。

通过这样的活动，孩子不仅能够更好地认识和管理自己的情绪，还能够促进孩子之间的情感交流，培养他们的人际关系和沟通能力，从而为他们未来的发展奠定良好的基础。

3. 合作解决问题。

组织小组合作活动，让孩子共同面对问题并解决。在活动中，鼓励孩子主动倾听他人意见，学会与他人协商和合作。通过合作解决问题的过程，培养孩子的团队合作意识，减少自我中心，增强与他人的互动能力。通过此类活动，芷云同学能够更好地融入集体和团队合作，在小组内交流的过程中也更加从容不迫，同时还能学着理解小组内其他同学的不同想法，并与自己的内心想法进行融合，并最终从一个人处理问题，到一组同学合作解决问题。

4. 情景模拟游戏。

设计一系列情景模拟游戏，让孩子在游戏中扮演不同的角色，体验不同的情感和需求。这样的活动设计打破了以往生活中孩子感受人与人关系的局限性，从"我"转变到了"我们"，孩子有机会在同一个情境中，以不同的视角体会不同人的感受，例如模拟帮助他人的场景或者分享自己的喜悦与困惑。引导孩子思考他人的感受，培养换位思考的能力。

5. 社区服务体验。

组织孩子参与社区服务活动，如义务清洁、慰问孤寡老人等。在养老院里，芷云看到了许多需要帮助和关爱的老人，他们或身体不便，或孤独寂寞。芷云开始意识到自己以往的自我中心行为是多么的狭隘和无助，也开始反思自己应该如何关心他人。在活动中，芷云和老人们聊天，听他们讲了许多生活中的故事和经历。她还积极地参与了很多服务老人的项目，感受到了帮助他人的快乐和满足，也明白了关心他人的重要性。回到学校后，芷云开始更加主动地与同学们交流，关心他们的生活和情绪，渐渐地成了一个更有爱心的学生。

硕果展示

经过一段时间的观察,我们发现芷云同学对于很多事情不那么敏感了,不会动不动就自我伤感。她能够更加冷静地面对问题,不再过分关注自我,逐渐从关注自己转变到关注他人,表现出更多的关爱和同情心,愿意倾听和帮助他人。从一个敏感孤僻的小女孩变得积极阳光,热爱关心他人,关心周遭世界。她学会了更好地处理自己的情绪,不再轻易受伤,也开始关心和帮助他人。与同学之间的关系也变得更加融洽,学习成绩也有了明显提高。芷云同学的成长之路是一个充满希望和潜力的故事,也为我们提供了一个成功的教育案例。

情商教育对小学生的成长至关重要。通过提升孩子钝感力的教育实践,可以帮助他们更好地认识和管理自己的情绪,建立良好的人际关系,为他们未来的发展奠定坚实的基础。在此案例中,我们认识到教育者应该充分认识到情商教育的重要性,采取垂直、有效的教育策略,为孩子打造一个健康、积极的成长环境。

用耐心和毅力,缓解孩子的敏感情绪

(北京市东城区史家实验学校 李秋敏)

有个男孩叫小东,他非常敏感,比较以自我为中心,非常容易让大家

"崩溃"。比如：老师在班级中对学生进行表扬时，只要表扬了别人没有表扬他，他就会用拳头捶自己的头，说"一定是我不够好""我不行，我太差劲了"；在跑步比赛中没有获胜，他会夸张地抱着胳膊生气，不再参与后续的课程活动。也是由于自己的情绪波动比较大，时常哭泣，他的入学适应过程也比较慢。

在家里，家长只要提到他有什么问题或者给予一些建议，他都会发脾气或者生闷气，不开心，让家长感觉束手无策。

****

遇到孩子诸如此类的问题，家长也总是很头疼。像案例中的小东在遇到生活中不如意的事情总是自我归因，认为是自己没有做好，继而产生情绪波动，甚至崩溃大哭。这种行为不仅让家长心疼，更难的是不知道应该选择立刻安抚、缓解孩子的情绪，还是坚持要求孩子完成当下任务。

深度探究问题的根源

其实对于这种情形，我们应该首先分析孩子性格敏感的原因。导致孩子出现以上的这类行为可以总结为以下的一些因素：

1. 心理发育的自我中心化。瑞士心理学家皮亚杰提出，7岁以前的儿童在思考问题时，通常会由自己的角度出发，不能站在全局或者他人角度思考问题，这是儿童心理发展的正常过程。所以低年级学生在面对家长和教师，会从自我中心化的角度期待更多关注和爱。一旦没有获得表扬，学生内心的失落感会极大地影响自身情绪，严重时会发生情绪的失控。

2. 家庭因素。部分高敏感的孩子没有在原生家庭中获得充足的安全感，父母的离异、家庭成员的变动，还有在孩子的养育过程中，有的家长会无意识地将家庭问题归结到孩子身上，如"要不是你，我早就离婚了""我省吃俭用，都是为了你"等。原生家庭的养育方式使孩子自我认同感低，缺乏安全感，怕自己的爸爸妈妈不要自己，时常自我怀疑，认为自己不够优秀，所以情绪总是崩溃。另外，溺爱的养育方式也会让孩子过于敏感。当前经济水平提升，孩子的养育精细化，一些家长对孩子有求必应，生怕孩子吃一点苦头，经常把"你真聪明！""你是最棒的！"挂在嘴边，孩子在早期养育中产生过度的优越感和特殊感，但是在集体生活中，却表现不好，落差感太大，久而久之，导致敏感，情绪崩溃。

3. 自身心理特质。敏感是一种主观的人格特征，它与神经系统有关。在脑神经科学领域，高敏感孩子（Highly Sensitive Child，简称 HSC）完全由基因决定，与原生家庭的教育方式无关。他们的神经系统比一般人更加敏锐，表现为对周遭环境有更高的响应强度，对所有的事物都有更深的感受，容易哭泣。[一]

直面问题，接受挑战

由于高敏感的孩子受周围环境影响更大，所以我们不仅要给孩子提供更加积极的成长环境，同时也要陪孩子提升个人处理问题的能力，轻松应对各种挑战。

1. 积极进行亲子交流，营造有爱的家庭环境。全面接纳孩子情绪，家长要意识到孩子的敏感特质并不是缺点，他们面对事情的哭泣和退缩，是自我保护的一种方式，家长应尽量理解孩子的情绪，做一个倾听者去理

[一] 悠悠妈.面对"高敏感"的孩子[J].中华家教，2020，（Z2）：40-42.

解孩子的感受，温柔而坚定地陪伴孩子，同时和孩子一起学习认识情绪，识别情绪，应对情绪。建立良好的亲子关系，提升孩子的安全感和自我认同感。指责数落孩子只能增加孩子的窘迫和不安。

2. 鼓励孩子参与游戏，去自我中心化。游戏的规则性能使孩子学会相互交往、沟通协商、解决纠纷、培养合作互助精神，帮助孩子学会融入集体，比如"警察抓罪犯"游戏，一段时间后，必须按照平等公平的原则，互换角色，这样可以培养孩子在处于非主导角色时不觉得自己被忽视。游戏的愉悦性能使孩子在游戏活动中主动排队，自愿听从指挥，甘愿长时间等待，有利于孩子调节情绪。○另外，游戏有输有赢，有利于孩子直面失败，减少得失心造成的情绪波动。

3. 强健身体，掌控人生。渡边淳一在《钝感力》一书中指出："真正健康的躯体是有着很强大的钝感力的。"优秀的身体素质和运动机能可以帮助孩子在竞争中获得更多的优胜，帮助孩子在体育活动中获得更多的成功体验。另外，健康的体质能尽量减少生病缺勤，孩子能更好地参与学习活动，也有利于提升学业成绩，提升自我效能感。

孩子敏感，并不是缺点，很多伟大的艺术家和思想家都是高敏感人群。他们情感细腻，对环境的感受更加深刻，我们家长要为孩子营造充满爱的成长环境，通过积极的沟通来帮助孩子应对情绪，减少指责和批评。帮助孩子强身健体，提升他们的身体素质和掌控感。在家庭生活中，多开展亲子游戏，多鼓励孩子和小伙伴玩耍，帮助孩子去自我中心化，更好地融入集体生活。

○ 张永健.为什么幼儿游戏能够帮助孩子去自我中心[J].课程教育研究，2016，(29)：23.

第九章
钝感力：指引孩子平常心视角

高效亲子沟通，松弛孩子紧绷的神经

（北京市东城区史家实验学校　张梦乔）

小高，是一个成绩优异且多才多艺的女孩，她性格敏感，对自己要求高，一旦不如意，就出现头疼、精神紧张的状态。在交友方面她也有较高的标准，这导致她在班里一直没有交到稳定的朋友。五年级暑假，我接到了小高妈妈的求助信息：小高暑假看剧喜欢上了当红明星X，每天因为追星沉迷于手机、电脑。她还通过社交平台加入了粉丝群，整日为明星修图、拍视频、写文案，参与群主组织的应援活动，并为此花光了自己的零用钱。她偷偷绑定了妈妈的银行卡，为这些活动付费，这时候妈妈觉得大事不妙。妈妈一气之下删除了她电脑里关于该明星的资料，小高大闹了一场，愤而离家出走，妈妈也崩溃了。她给妈妈留言说：是妈妈在故意找她的麻烦，干扰她的生活，甚至是因为她最近学习成绩下降了而不喜欢她了。

****

倾听理解，透过现象看本质

随着电子产品在小学生中普及，小学生追星现象近年来呈现几何倍数的增长。研究认为，追星存在着低龄化、组织化、情绪化、排他化、幼稚化等特点,这些特点引发的负面影响日渐严重[一]。追星只是表象,其实质是将理想或者情感寄托在偶像身上,逃避现实生活,缓解压力的心理体现。作为家长,应该如何与老师合作,更好地应对孩子盲目追星的行为呢?今天我们就以小高的故事为例,先分析一些原因,再从亲子沟通上给大家一些思路。

盲目追星形成的原因大致分为两类:

1. 追星的孩子会在追星过程中感觉找到了组织,获得了归属感,对应"组织化"和"排他化"。这种组织归属感有时甚至超过对明星本身的喜爱。

2. 沉迷于追星的孩子往往在某些方面压力较大,需要情绪宣泄的出口,对应了追星的"情绪化"。小高在家长期待下长久的自律高压生活让她需要一个发泄情绪、放松心情的出口,对偶像肆意地表达喜欢、与"黑粉"肆意地对抗骂战恰好能够提供宣泄的机会。心理学认为,对于 A 事物的上瘾,往往来自 B 事物的缺失,而 A 只是表面上和 B 很像,永远无法真正代替 B,于是产生了周而复始的攫取和失落。小高对于归属与宣泄的需求,便是来自现实中友谊和认可两方面的缺失,这也是大部分追星孩子常见的心理诱因。

家校共育,助力孩子成长

面对这样的心理诱因,我们其实可以从孩子的角度出发,家校配合这样去做:

1. 疏导缓和。我先和小高的妈妈沟通,让妈妈不要直接去否定、摧

[一] 沈红霞. 小学生追星现象的正向引导 [J]. 教学与管理, 2020 (29):17-19.

第九章

钝感力：指引孩子平常心视角

毁她暂时的情感寄托，停止对追星和对小高本人的消极评价，以此创造了和小高沟通的空间。

2. 走进内心。在和小高沟通前，我提前做了明星 X 的功课。我告诉她，"有偶像本不是坏事，但现在很多明星被媒体质疑带坏粉丝，要是想给偶像正名，应该让自己越来越优秀，证明偶像带给自己的是正能量；另外，你肯定知道 X 成功背后的故事，他出道的时候被质疑演技唱功，于是推掉各种活动闭关苦练，才有了现在的实力，如果他沉迷于其他事情，你也就看不到他了。"小高收到了我的消息，沉默很久，回复了一个"爱心"表情。第二天，妈妈说她是好好做完作业才去看的视频——想要走进追星孩子的内心，沟通时要从认可的角度，把她的偶像和正向的引导建立联系，顺着粉丝的思路，换用积极的描述进行劝导，同时还要说明她当下的行为是违背追星初心的，她才会愿意去思考你话里的内容。

3. 填补空虚。我和心理老师给小高妈妈的建议是，一方面多支持、夸赞小高，减少压力，填补认可的缺失；另一方面鼓励她开学重新加入社团，拓宽交友可能，填补友谊的缺失。妈妈同意她约了舞蹈课认识的朋友出去玩，两个孩子许久未见，玩得很好，那天晚上小高回来都在讲舞蹈的事情，没有再去刷 X 的视频——孩子在现实中找到了情感寄托，就能逐渐摆脱追星提供的情感替代。

后续我继续追踪小高的情况，她的学习生活、人际交往逐渐走上了正轨。

小高的故事提醒了家长们，对于孩子的异常紧绷的状态，要尽早介入，倾听理解，透过现象看本质，及时发现孩子心理缺失的部分，让孩子的心灵重新充实起来。说到底，尊重才是爱的前提，倾听才能得到有效沟通，身边亲近的人提供了足够的情绪价值，孩子就再也无须到追星、游戏等虚拟世界寻找共鸣。

多场景实践，改变孩子敏感脆弱的性格

（北京市第二中学分校　韩月桥）

我家有一个"敏感"的女孩，叫童童。她成绩十分优秀，但因为之前在国外生活的缘故，总是担心自己融入不了班集体。刚开学的时候，我从她的眼神里看出了焦虑和不安，同学的一句话就可能让她思虑很久，担心自己给大家留下不好的印象。为此，我跟她爸爸和她沟通了很久，还跟她一起做手工，鼓励她，但是效果都不是很理想。

****

说到自己家的孩子过于敏感，情绪波动大，可能很多家长都有感触。这些孩子就像是温室里的小花，生怕过于强硬的干预反而折断了他们敏感的花枝。要帮助孩子激活内心的钝感力，让孩子能够从容地适应外部的变化，就要先了解青少年内心容易敏感的原因。

深度探究原因

经过了解，发现孩子出现这种状态的原因有以下几点：

第九章

钝感力：指引孩子平常心视角

1. 当青少年处于身份认同建立阶段时，他们经历着一个寻找自我、确定自我身份的过程。在这个阶段，他们可能会对自己的外貌、性格、兴趣爱好等方面感到不安，因为他们尚未完全明确自己是谁、想要成为什么样的人。这种不确定性和焦虑会使得青少年更加敏感，对他人的评价格外在意。他们可能会过度关注自己的外在形象，担心自己的言行会受到他人的负面评价，从而导致内心更加脆弱。这个女孩就是不知道"自己是谁"，很没有安全感。

2. 情绪波动也是青少年期间普遍存在的特征。在这个阶段，青少年的生理和心理发育都在发生着剧烈的变化，他们常常会经历情绪的高低起伏。一时兴奋，一时沮丧，情绪变化无常。这种情绪波动使得青少年更容易受到外界刺激的影响，对他人的态度和言行产生过度反应。他们可能会因为一些微小的事情而感到难过或沮丧，更加敏感地对待他人的言语和行为。案例中，童童就是一旦成绩考不好或者是竞选失败，甚至是好朋友拒绝自己，都会出现很大的情绪波动。

3. 家庭教养方式。如果家庭中存在冷漠、批评或过度保护等问题，青少年也可能会形成自卑感、焦虑等心理问题，对外界的评价更为敏感。例如，案例中，父母对童童的要求很高，时常会批评她学习不认真等情况，她感到自己被否定和孤立，进而导致对他人的态度和言行更加敏感。

科学合理的调整

针对这种情况，我们做出了以下的调整方法：

1. 通过日常生活中的亲身示范来培养孩子的同理心和社会责任感。

可以选择一些有意义的志愿活动，如参观敬老院、义务植树、志愿者服务等，让孩子亲身体验到帮助他人的快乐和满足感。在这些活动中，家长可以与孩子一起参与，分享彼此的感受和体会，让孩子从中领悟到关爱他人的重要性。

2. 家长要成为孩子的榜样，以自己的行为示范如何关心和支持他人。他们可以在家庭中与孩子分享自己的善举和帮助他人的经历，让孩子感受到家庭成员之间的互相关心和支持。同时，家长还可以与孩子一起参与一些公益活动，共同为社会做出贡献，这不仅可以增强家庭凝聚力，还能让孩子在实践中学会关心他人、分享爱心。

3. 家长可以鼓励孩子参与学校组织的团队活动，并与孩子一起参与社区服务项目。通过这些活动，孩子可以与不同背景的人合作，学会倾听和尊重他人的想法和感受。家长可以为孩子提供支持和鼓励，让孩子感受到关心和支持，从而激发他们对社会的责任感和关爱之心。

4. 家长可以和孩子一起反思和讨论他们的行为对他人的影响。通过与孩子的交流和互动，家长可以引导他们思考如何更好地关心和帮助他人，以及如何在日常生活中表现出更多的关爱和同情心。这样的互动不仅可以增强家长与孩子之间的沟通和信任，还能够培养孩子积极向上的社会情操，为他们未来的成长和发展打下坚实的基础。

现在，童童在我们创造的多种场景的实践活动中变得热情、开朗。有了这些经历，孩子的精神面貌越来越阳光，她不仅会主动地关心别人，也开始主动跟别人沟通，用积极的态度面对生活，与他人建立起真挚的情感联系。我相信她也会创造出美好的未来。

第九章
钝感力：指引孩子平常心视角

无条件积极关注，促进孩子更快地适应环境

（北京市第二中学分校　魏　兴）

> 刚刚踏入中学，小华表现出了明显的不适应：作业压力大，一直写不完；考试成绩不占优势，一直升不上去；新融入一个集体，和老师、同学的关系也不够融洽……他回来就跟家长抱怨，有点不想上学了。

****

类似这样的初中新生因经历挫折事件而出现心理困扰的现象是普遍存在的，家长们一定要给予足够的关注。作为家长可以关注如下三个方面。

正确理解孩子的挫折

小升初的学生在面对新环境时，很容易因班级位置重新洗牌、朋友交往、师生关系、课业负担、考试评价、作息安排等新问题而经历挫折事件，导致极端负性情绪，甚至出现畏惧学校、不想上学的情况。毕竟，孩子脱离了已经熟悉六年的学习和生活，转而去适应新环境，这对他们来说的确是一个不小的挑战。从整体上分析，刚上初中的孩子正处于心理学范畴的"心理断乳期"，此阶段孩子的一个突出的心理表现就是极度地渴望独立，而由于孩子在心智和社会经验与各项能力的不成熟，他们还必须借

助成人才能达到自己的目标，这种独立倾向与依赖倾向间的矛盾极易造成青少年在此阶段更加容易产生挫折感。除了这种共性的心理原因以外，部分孩子由于从小养尊处优、过度被娇惯、受到的挫折少等原因而致其抗挫折力较差。他们上了初中后，在新的学习和生活中遇到困难、挫折时，不知道如何应对，不会采取积极、有效的措施去解决，往往采取回避、逃脱的方式，而一些在成人看来不是事情的事情，像受到教师、家长的责备、被同学讥讽了几句等，都会让他们无法承受。正确看待孩子出现的挫折感，家长才能够更有效地引导孩子面对挫折事件。

帮助孩子合理认知自我

由于中学在学习和生活上的竞争都比小学有较大增强，再加上孩子也急于在新群体中展示自我、找到自己的位置，很多孩子容易出现完美主义倾向，希望自己在各个方面都比其他人强。而当期望值过高时，内心的情绪冲突也就越大，成功带来的满足感越弱，失败带来的挫折感就越强。建议家长在日常生活中多疏导孩子的情绪，帮助他们了解自己的兴趣、能力、特长、性格以及希望自己成为怎样的人，让孩子知晓自己的优势有哪些、不足是什么，要站在"努力向上跳后，最终能够到"的位置设立合理的目标预期，并不断鼓励孩子去为这些有效目标努力，形成良性的自我评价。

引导孩子正确应对挑战

生活中常有挑战，但最终出现问题的孩子大都是没有做好应对挑战的充分准备。建议家长可以多教育孩子正确认识环境、了解社会，告知他们

第九章
钝感力：指引孩子平常心视角

"不是所有的事情都能在短时间内用简单的方法解决"的道理。当孩子在学习和生活中遇到困难时，家长一定要先让孩子克服依赖思想，鼓励他们独立面对困难，切记不可一切事务都由家长代劳或解决。在日常生活中可以多培养孩子乐观稳定的情绪状态和坚韧不拔的意志力，使其在面对困难时有足够的心理承受力和挑战自我的勇气。同时，也建议家长多为孩子创设一些具有挑战的情景，引导孩子从畏难情绪转变为挑战斗志，让孩子在家长可控的前提下去练习挑战自我的自信和方法，如果孩子在和新同学的交往中总有问题，就可以多鼓励孩子去参加社区活动或家庭聚会，让孩子在实践中接受心理考验，掌握更多的方法。

总之，面对小升初的不适应，家长首先要转变心态，调整家教方法，这样才能让孩子不断进步。

丢弃溺爱的教育方式，让孩子不再"玻璃心"

（北京市第二中学分校　辛雨晴）

有这样一位"玻璃小孩"小光，她非常"易碎"，容易"崩溃"。而她崩溃的原因，常令人哭笑不得。比如，有一次下课后，她找到老师生气地控诉："老师，这节课我举手了三次，可是您一次都没有叫到我，您是不是不喜欢我啊？"再比如，有一次布置教室考场，老师请小A同学帮忙写黑板清样。小光再次崩溃，沮丧地说："老师，您一定是觉得我的字写得特别丑,不如小A,所以才不让我去写黑板清样吧?"这样的事情经常发生,"玻璃小孩"小光的情绪也常剧烈波动。期中考试后,她哭着找到了老师,说:"老师,我是不是不可能考好了?"老师忙问:"为什么这么说呢?"她道:"我听到您跟小B说,他数学考得好,说明他非常聪明。别的学科再加把劲,一定也能学好。可是我数学考得不如小B,那我不如他聪明,别的学科也不可能学好了。"小光一边说,一边哭得更伤心了。

在家里,父母无意间提到表姐最近考上了好的大学,小光也开始哭闹,她认为父母是在指责她不如表姐,拿她跟表姐做比较,感觉自己无论长相还是学习都不如表姐,为此感到很自卑。

****

孩子在校园生活和社会生活中,时时要面对人际关系和学业的压力,还存在无形的竞争。比如,同伴的一句负面评价、考试的一次失利、一次投票竞争的落选、一次运动比赛的失败等。敏感度高的孩子,面对别人一句不经意的话、一个不以为然的眼神,都会入心入眼,甚至由此做出种种推断,演绎出种种版本,因而常产生挫折感和受伤感。相反,敏感度低、"迟钝"一些的孩子,则能无视这些所谓的挫折和伤害。即使真的遇到些挫折或伤害,他们也往往不以为意,坚强地面对打击,勇敢挑战自己。

探究原因

作为父母,我们要如何与老师合作,降低孩子的敏感度,培养钝感力呢?首先,我们需要了解孩子敏感度高的原因。

第九章

钝感力：指引孩子平常心视角

从社会外部环境来说，上海市儿童发展研究中心主任、上海社会科学研究院社会学研究所研究员杨雄指出，90后、00后对美好生活的向往与国家发展不平衡、不充分之间的矛盾，给当代青少年群体的发展带来了整体压力感。社会深度转型的加速，也直接导致了青少年群体的焦虑感增加。加上网络自媒体多元信息的冲击，当代青少年的社会心理、社会情绪发生了矛盾与冲突。当代青少年群体社会与情感能力存在社交圈子窄、情绪管理和沟通交往能力欠缺、感到孤独和无助等问题。社会的不确定性、不稳定性，也导致青少年群体缺乏有效的社交支持，承压能力下降。

从家庭成长环境来看，有三个原因。

1. 家长过分的宠爱容易导致孩子敏感脆弱。习惯了需求无条件被满足的孩子，会变得以自我为中心，理所应当地认为别人应该去满足他的需求，自己拥有较高的支配权和掌控权。可是当孩子离开父母，走向学校和社会后，他会发现并不是一切以他为中心，很多东西是他不能掌控的，这样的反差会使孩子难以接受，以至于变得敏感脆弱。

2. 家长对孩子的过高期待。高期待往往伴随着高压力。有高期待的父母，可能只希望看到孩子成功，难以接受孩子的失败。在这种情况下，孩子经过努力取得成功时也许是开心的，但同时也会产生更大的压力，养成争强好胜的性格，逐渐形成输不起的状态。一旦遇到挫折或失败，往往会难以承受。

3. 孩子受到过多的打击。西方心理学认为六岁以前是孩子性格形成的关键时期，是孩子建立自我价值感和自我意识的黄金时期。而孩子在这个时期建立的自我价值感更多的是依靠外界对它的评价。外界如何评价孩子，会很大程度上决定孩子对自己的评价。如果外界对孩子多加肯定，他的内心就会充满着自信，对未来充满自信。反之，如果外界对孩子有过多负面评价，他也会认为自己是一个不好的孩子，变得敏感脆弱。

降低"敏感度"需要从细节入手

作为家长和老师，我们要如何帮助孩子降低对环境的敏感度，修炼钝感力呢？我们可以这样做：

1. 和孩子建立亲密关系，提供支持和安全感。良好的亲子关系是孩子的"心灵后盾"，家人无条件的爱对孩子有着深远的影响，那是一种来自心底的力量。孩子在面临来自学业和人际的压力和挑战时，知道有家庭和社交圈的支持是非常重要的。建立温暖、支持的家庭环境，让孩子知道他们在任何时候都有人可以依靠，可以降低孩子的焦虑和敏感。

2. 不娇惯，常表扬。对孩子不应溺爱，但应该用心发现他们的长处，并及时给予认可和赞美："这个你做得真好，漂亮极了！""今天的积累任务又完成了，你太自律了，好好加油吧！"由于受到赞扬，孩子会更加努力。由于更加努力，就会变得更加出色。更重要的是，"我很棒""我可以做得更好"这样的想法会根植于孩子的内心。在日后受到外界的挑战时，孩子会聚焦于克服遇到的问题，而不是在"我做不到""我一无是处"的消极想法中不断内耗。

3. 用心倾听孩子的感受和需求，通过接纳、理解孩子的情绪，帮助他们培养表达和宣泄情绪的能力。比如在孩子因遇到外界压力而情绪低落时，教会孩子到空旷的地方喊叫、记录心情日记等，或做自己喜欢的事情转移注意力和情绪。培养孩子从坏情绪中快速恢复的能力，直面问题和挑

第九章

钝感力：指引孩子平常心视角

战，勇往直前。

4. 模仿是孩子学习的重要方式，因此家长和教师的"钝感力"会直接影响孩子对环境的敏感度和对待困境的态度。我们应在孩子面前控制好自己的情绪，避免过激行为。在教育引导孩子的过程中，接纳试错教育。在这样包容平和、相对宽松的环境中，孩子更能降低敏感度，发现自己的成长节奏。比如，如果孩子英语学不好，家长非常敏感焦虑，每天让孩子刷题，呵斥孩子。长此以往，孩子会更加恐惧学英语。反之，如果父母不批评责备，慢慢引导孩子坚持积累语言知识，鼓励孩子多思多练，孩子的注意力就会转移到克服学习困难上来，同时自信心和自尊心也会不断增强。孩子也会明白，不论在学习上遇到什么困难，都可以通过努力和练习来克服，而不是纠结、焦虑。

钝感力是一种"迟钝的力量"，即从容面对生活中的挫折和伤痛，坚定地朝着自己的方向前进，它是一种"赢得美好生活的手段和智慧"。家长要努力建立充满安全感的亲子关系，营造温暖、支持的家庭氛围；对孩子不娇惯，常表扬；帮助孩子理解情绪，表达和宣泄情绪；坚持自身的包容平和，为孩子提供低敏感度的榜样；相信孩子会找到自己的成长节奏，让自己的才能发扬光大！

日常实践方案

当孩子总是过分敏感，遇到一点困难就感觉难以应对或者担心有更麻烦的事情处理时，可以这样做：

1. 引导孩子接受挑战。
2. 帮助孩子调节不良的情绪状态。
3. 培养孩子乐观的心态。
4. 正确看待孩子的敏感特质。

以下是一些用于日常训练的游戏，供大家参考。

【活动目标】

1. 知识与技能：帮助青少年理解钝感力的概念，认识到钝感力在应对挫折、压力和困难中的重要性，并学会如何培养和应用钝感力。

2. 过程与方法：通过情景模拟、团队合作和反思讨论，帮助青少年锻炼心理素质，提高钝感力水平。

3. 情感态度与价值观：激发青少年的积极心态和抗压能力，培养他们坚韧不拔、勇往直前的精神。

【活动过程】

先导游戏：豌豆公主
游戏1：被干扰的"斯巴达"
游戏2：情景训练
游戏3：制作同理心卡片
游戏4：在实验中体验钝感力
游戏5：拓展体验

第九章

钝感力：指引孩子平常心视角

先导游戏：豌豆公主

> **活动规则：**

1. 引导者将一些小石头置于四层软垫子（泡沫垫子）下方，参与者坐于垫子上方，坚持 2 分钟。

2. 撤掉一层垫子（剩余 3 层），继续坐于上方，坚持 3 分钟。

3. 再撤掉一层垫子（剩余 2 层），继续坐于上方，坚持 4 分钟。

4. 再撤掉一层垫子（剩余 1 层），继续坐于上方，坚持 5 分钟。

5. 撤掉全部垫子，参与者直接坐在小石子上，坚持 10 分钟。

6. 分享感受。

> **物料准备：**

有棱角且大小均匀的小石子、软垫子。

> **小结：** 随着软垫子的撤除，石子给皮肤带来的不适感会加重，加上坐在垫子上的时间也会增加，需要大家有足够的毅力来坚持，成功的人会有较大的成就感，感受到成功后的喜悦。

游戏 1：被干扰的"斯巴达" （北京市东城区史家实验学校 沈保刚）

> **活动规则：**

1. 团队分组与导入。

将参与者按照 5~6 人一组进行分组，每组选出一位队长，负责协调团队内的沟通和合作。并为每组分配一个团队标签。

向参与者解释钝感力的概念，以及它在面对压力和困难时的重要性。分享一个与钝感力相关的故事或案例，激发参与者参加挑战的兴趣和动力。

2. 钝感力挑战赛开始。

每组按照顺序开始挑战。第一个成员开始攀爬绳子时，其他成员在一旁加油鼓劲。当第一个成员成功通过爬绳后，第二个成员开始过平衡木。此时，观察员开始给出干扰信息，如"你们的速度太慢了，可能完不成挑战"等。团队成员需要保持冷静，不受干扰信息的影响，继续专注于完成挑战。当全体成员都成功完成赛道上的所有项目后，计时器停止计时，记录完成时间。

3. 反思与分享。

每组完成后，引导参与者分享他们在赛道上的体验和感受，特别是在面对干扰时的应对策略。讨论钝感力在挑战过程中的作用，以及如何在未来更好地运用钝感力来应对困难和挑战。

4. 总结与颁奖。

分析各组在挑战中的表现，强调钝感力在应对压力和干扰时的重要性。根据完成时间和其他表现，为表现优秀的团队颁发奖品或证书，以资鼓励。

5. 定期跟进。

在活动结束后的一段时间内，定期与参与者跟进交流，了解他们在执行钝感力提升计划中的进展和收获。针对他们在实践过程中遇到的问题和困惑，提供指导和建议，帮助他们更好地培养和运用钝感力。

第九章
钝感力：指引孩子平常心视角

▶▶ **物料准备：**

障碍赛道（包含多种挑战项目，如爬绳、过平衡木、穿越障碍等）、计时器、团队分组标签。

障碍赛道设计，可以穿插：爬绳——设置不同高度的绳子，要求团队成员依次攀爬通过；过平衡木——设置平衡木，要求团队成员保持平衡走过；穿越障碍——设置障碍物（如轮胎、垫子等），要求团队成员穿越过去；等等。

计时器：用于记录每组完成赛道的时间。

团队分组标签：用于区分不同的团队。

观察员：负责在赛道旁给出干扰信息，测试参与者的钝感力。

> **小结：** 通过以上后续活动的实施，可以确保本次激活青少年钝感力的案例活动不仅仅是一次短暂的经历，而且是一个持续的过程。后续不断地跟进和支持，帮助青少年将钝感力真正融入日常生活和学习中，成为他们面对挫折和困难时的有力武器。同时，这也为他们的健康成长和未来发展提供了有力的保障。

游戏 2：情景训练

（北京市第二中学分校　王成龙）

▶▶ **活动规则：**

1. 角色分配和理解。

准备并分发角色卡片，每位参与者随机选择或被分配一个角色，如

"班级学霸""体育明星""班级害羞者"等。

参与者花几分钟时间独立阅读并理解他们角色的背景和特征。例如，"班级学霸"可能描述为"喜欢在同学中表现自己、经常不自觉地打断别人讲话"等。

2. 情景模拟准备。

分发情景卡片，每张卡片描述一个具体的校园生活情景，要求小组成员在这一背景下进行即兴表演。

每个小组会接到不同的情景卡片，如"图书室内讨论""操场上的冲突""课堂小组讨论"等。

3. 角色扮演与情景模拟。

小组成员根据他们的角色和分配的情景，在指定区域进行即兴表演。例如，在一个"图书室内讨论"的情景中，卡片描述："'班级学霸'在图书室里大声讨论即将到来的考试，打扰到了正专心阅读的'班级害羞者'。"

小组成员根据这一情景演绎出相应的互动，如"班级害羞者"尝试用委婉的方式表达自己的不满，"班级学霸"需要识别并调整自己的行为。

4. 情景模拟分析。

角色扮演结束后，每个小组讨论他们的表演，分析各自角色的行为及其对他人的影响。

讨论如何改善交流，减少自我中心行为，促进相互理解和尊重。

5. 集体分享与讨论。

每个小组选出一名代表，向所有参与者分享他们的情景模拟经历和学习点；

播放准备的视频并分发反思卡片，引导所有参与者进行讨论，强调在

第九章
钝感力：指引孩子平常心视角

日常生活中如何观察和调整自己的行为，更好地与他人合作和沟通。

▶ **物料准备：**

角色卡片：设计具体的角色背景，如"班级学霸""体育明星""班级害羞者""勤奋学习者"等，每个角色有其独特的性格和处境描述。例如，"班级学霸"卡片描述为"总是在班级中脱颖而出，喜欢独自作答，不太听取他人意见。"

视频片段：小王在准备小组演讲时强行推翻组内其他成员的意见，导致演讲准备混乱，最终演讲效果不佳，小组成员感到沮丧和不满。

情景卡片：详细描述一些日常校园生活中可能出现的自我中心行为，例如抢占篮球场、拿餐时插队不顾排队同学、独占课堂讨论等。

反思卡片：包含引导参与者思考的问题，如"在今天的活动中，你认为小王在哪些方面表现出了自我中心？""如果你是小王，你会怎么做来避免这种情况？"

环境布置：设置多个角色扮演区，并确保每个区有足够的空间让参与者不受干扰地活动。

> **小结：** 在生活中，我们应该努力去除自我中心化，学习更好地倾听和理解他人。通过角色扮演和情景模拟，参与者体验了不同视角，了解到自我中心行为的负面影响，并认识到了团队合作和相互尊重的价值。我们应该将这些经验应用到日常生活中，在与人互动时更加关注他人的感受和需要，培养同理心。这不仅有助于我们的个人成长，也促进了团体的发展。

游戏 3：制作同理心卡片　　　　　　（北京市第二中学分校　段　利）

> **活动规则：**

1. 活动导入——情感共鸣。

参与者根据自己的生活体验，在"同理心卡片"上写下自己经历过的情感困境（如失落、愤怒、悲伤等）。

找同伴分享自己的情感困境，其他参与者需认真倾听，并记录下自己对同伴情感的共鸣和理解。

总结与分享：参与者分享在倾听和表达共鸣过程中的体验和收获。

2. 角色扮演——情感转换。

角色分配与准备：小组成员根据自己的日常生活，分别扮演两个发生矛盾的同学。

情景介绍：课间小明想找小亮玩，发现小亮没在班里，于是开玩笑地拿走了小亮的水杯，而小亮因上课传纸条被老师批评后刚回到教室，心情很不好，回来后发现水杯不见了，开始询问周围的同学，小红刚好看到了是小明拿走了小亮的水杯，矛盾即将升级……

角色扮演开始：小组成员根据角色设定，站在自己的角度，模拟矛盾激化的过程，并进行表演展示，表演结束后分别说出自己这样做的原因。

角色互换：小组内进行角色互换，尝试站在对方的角度，运用更多同理心的语言来解决问题，化解矛盾。

总结与分享：各组表演结束后，参与者分享自己在解决矛盾过程中使用的同理心的语言及其效果。最终大家在同理心卡片中写下解决矛盾中效

第九章
钝感力：指引孩子平常心视角

果显著的词语或表述。

3. 盲行体验——同理心实践。

通过模拟盲人生活的方式，增强对他人的关注和理解，进而培养学生的同理心。

前期准备：将参与者分组，每组有一名成员扮演盲人，一名扮演引路人。引路人负责在活动过程中确保盲人的安全，并引导他们完成任务。

完成"蒙眼走直线"任务：扮演盲人的成员在引导者的帮助下，尝试在平坦的地面上走直线。然后角色互换，再来一次。

总结与分享：在理解了同理心的重要性的前提下，参与者通过盲行会发现，如果彼此都带着同理心去完成合作，那么盲行便不"盲"。

▶ **物料准备：**

标有"同理心"字样的卡片若干、故事情节介绍卡、蒙眼布若干、地面标识线笔。

> **小结：** 本次游戏通过三个小活动，依托同理心卡片，让参与者渐进式理解同理心的必要性，帮助孩子建立起同理心，并教会孩子如何运用同理心解决生活中的矛盾冲突，最终让孩子感受到同理心带给他们生活的好处。

游戏 4：在实验中体验钝感力 （北京市第二中学分校　刘芳娜）

▶ **活动规则：**

1. 初识钝感力。

亲子之间先玩一个小游戏：扎气球挑战。准备两个同样材质的气球，充入等量的气体，扎紧。使用同等粗细的针，扎气球放气，比一比气球爆破的声音，声音分贝最低者获胜。三局两胜。

亲子交流：刚才扎气球的时候，你是什么心情？三局中，你都做了哪些尝试？怎样扎气球发出的声音最小？

> **小结：** 轻轻地、缓慢地将针扎入气球，声音的分贝较低。同样，在面对各种问题时，不用着急做出判断、给出回应。不用那么敏感，钝一点、慢一点，保持冷静和理智，不被情绪左右，客观地分析问题，才能做出明智的决策。这就是钝感力，一种积极的生活智慧，帮助我们用更加积极向上的态度迎接美好的生活。

亲子继续进行小游戏：准备两个同等材质的气球，一个装入水一个装入气体，扎紧。使用同等粗细的针，扎气球。观察气球缩小所用的时间，比较气球缩小的速度。

> **小结：** 装入水的气球缩小的速度更慢一些，也就是说，装入水的气球可以接受更大的刺激。"水"就好比知识和经历，当我们多读书、多旅行、多关注生活，用知识和经历武装自己后，我们的内心就会更加强大。在面对压力和挑战时，我们要通过自我调整来保持内心的平衡和稳定，不被琐碎的事物所牵绊，坚定地追求更长远的目标和人生理想，从而更好地应对生活中的变化。

第九章

钝感力：指引孩子平常心视角

2. 体验钝感力。

亲子之间再玩一个小游戏：倒水挑战。两人轮流将水倒入杯中，谁倒入的水先溢出杯子就算输，看谁能坚持到最后！

边游戏边采访：

问：当水和杯口相平时，水有溢出来吗？

答：没有，水的体积与杯子容积相等。

问：当水略高于杯口时，水有溢出来吗？

答：没有，水的体积大于杯子容积，但因为水的表面有一定的张力，在张力可以承受的限度下，水不会溢出来。

> **小结**：水的张力使杯子承载了更多的水。我们要像水一样，学会包容和宽容。不因他人的过失激发一时的矛盾和摩擦，从而断送长久的友谊和感情。用宽大的胸怀理解和包容他人的不完美，建立更加坚固和持久的情感纽带，使人际关系更加和谐。

3. 使用钝感力。

家长与学生共同回顾过往，将记忆最深刻的1~2件事情分享出来，交流讨论："如果那时的我稍微钝一点，不那么敏感，我会怎么做？"想清楚后，现场模拟一下吧！为那时伤害到的最亲的"他"，献上一个拥抱吧！

> **小结**：钝感力需要我们学会沟通和表达。在面对情感问题时，不那么敏感，不过分关注自我，全面地了解事情的经过后，及时地沟通和表达自己的想法和感受，减少不必要的误解，更好地理解自我和他人的需求和期待，建立更加健康、稳定的情绪和人际关系。

> **物料准备：**

若干气球、一个打气筒、两根针、一个分贝测量仪、两大瓶水、一个大水杯。

游戏 5：拓展体验 　　　　　　　　（北京市第二中学分校　鲁秀明）

> **互动 1：交际视野的拓宽体验**

以拓宽孩子的交际视野为主要目的，家长可以利用学校、教育部门、社区、文娱机构及公益机构，为孩子提供社会实习、公益活动的岗位，让孩子拥有更为开阔的视野，接触形形色色的人群，由此拓宽孩子的关注目标，不再仅重视小团体中的自我身份，而是加强对于他人与社会的关注与认识。例如，依据孩子的个人兴趣，为孩子提供博物馆、艺术馆、博览会、动物园与旅游景区等地的讲解员、志愿者、服务人员等实习职位，让孩子利用假期进行社会实践活动，从而接触更为广阔的世界与人群，从自己的小世界中走出来，认识世界的博大，从而减少自我中心意识。当然，家长适当地参与引导，孩子也可以更好地肯定自我价值，减少自怨自艾，潜移默化地消除学生的敏感性。再如，带孩子进行公益活动，前往社区、街道、广场、公园等地进行诸如环保、法治、非物质文化遗产、物质文化遗产等的宣传工作，提倡大众热爱环境、传承传统、支持传统文化发展，也是带领孩子拓宽视野、弱化自我中心的方法。

> **小结**：狭窄的交际圈往往是个体自我中心、忽视他人、自怨自艾的根本缘由。而利用拓宽孩子的视野远见的方式，尽量减

第九章
钝感力：指引孩子平常心视角

> 少偏狭交际圈对其的不良影响，可以很好地降低孩子的敏感性，使其摆脱自我中心心态。

▶▶ 互动 2：多角度思维的培养和引导

开拓孩子眼界的方法，除了积极地接触社会，还包括充分的知识阅读。而借助阅读去拓宽孩子的思维视野、夯实孩子的眼界基础的同时，多角度的文本认识也可以很好地降低青少年的敏感性，使其不会固执地从一个角度分析问题，从而走进思维误区而自怨自艾。

具体来说，活动会根据孩子的阅读兴趣成立阅读小组，并由组员选取阅读书目共同阅读，其间组员分享自己的阅读感受，引导者也会分享自己的阅读感受与网络上其他阅读者、专业人士的阅读评价等。而这期间，引导者与孩子、孩子与孩子之间不会就阅读感受进行情绪、思维方面的分享，孩子也不用上网借鉴他人的思维与想法，最终分享出的阅读感受都由孩子自己所思所想构成，由此形成角度多样的读后感。而引导者可对读后感进行校对并印刷成册，分享给组内的每一位组员，让孩子通过阅读逐渐意识到每个人的思想、认知都各不相同，同样的事物大家看问题的角度各有差异，由此影响孩子个体的行为。钝感力使其不会因他人的某个举动而疑神疑鬼，善于从他人角度去思考问题，进而弱化自身的敏感性。

> **小结：** 引导孩子进行多角度思维，会避免孩子基于自身角度的胡思乱想，减少孩子立于自我角度，特别是悲观自我角度去错误解读他人行为，从而影响自己的心理发展。

▶▶ 互动3：个人情绪的宣泄指导

个体情绪低落的现象非常常见，而为避免孩子就此陷入自怨自艾的境地，活动致力于引导孩子的情绪发泄。例如，部分孩子因各类原因而情绪低落，会出现自我怀疑、自我厌弃的情绪，家长可以鼓励孩子利用阅读、绘画、小剧表演、听音乐等方式分散注意力，由此从低迷的情绪中走出。再如，如果孩子实在郁结难以宣泄，家长可以引导孩子进行体育锻炼，利用长跑、球类运动等增加体内多巴胺的分泌，由此缓解低迷的情绪，拥有更积极的精神状态。诸如此类，借由发展兴趣、积极运动去分散注意力，以此来缓解个人的低迷情绪，避免孩子陷入自我否定的情绪。

> **小结：** 转移注意力是很好地避免孩子自我否定、情绪低落的方法。在人类长期的发展岁月中，大部分人都意识到了曾经难以忍受、不能释怀的问题，经过时间及阅历的增长，会变得不值一提。"一定会没问题的"虽然听上去理想化，但却有属于自己的道理。故让处于低迷心态的孩子转移注意力，削减自我否定、自我质疑的时间与精力，可以很好地调节孩子的心理状态，使其更积极地面对生活。

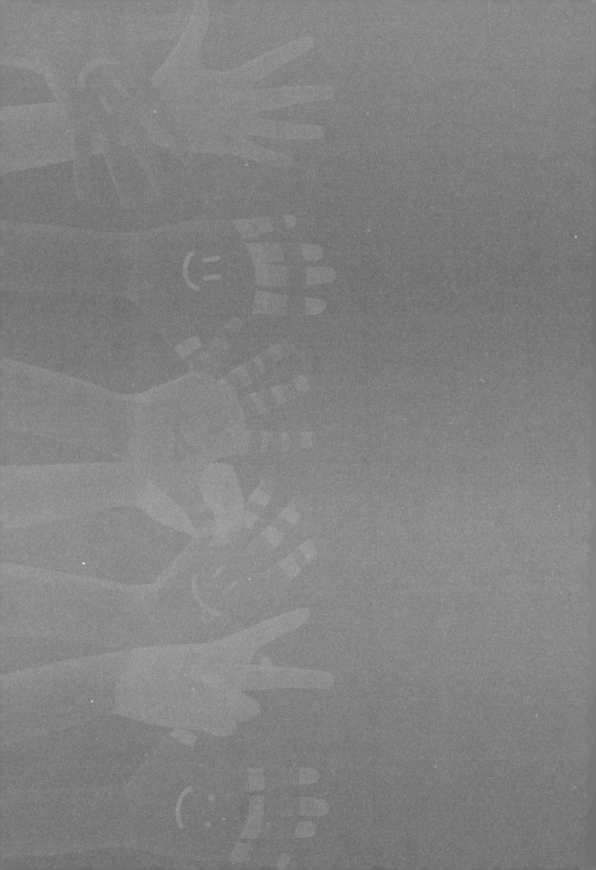

第十章

自我约束力：
引导孩子高效成长

家长早知道

什么是自我约束力

青少年的自我约束力是指他们在面对诱惑或者挑战时,能够进行自我管理、自我调控,并调整自己的行为、情绪和思考内容,让自己保持冷静和理智,从而更好地达成个人和社会目标的能力。

这种能力是个体自我意识的重要组成部分,涉及认知、情感和行为等多个方面。

现状与成因

(北京市东城区史家实验学校 吴 悠)

目前许多青少年在面对学习、生活等方面的挑战时,往往表现出行为难以自我控制、思想容易偏离、学习习惯差、成绩差等问题,这给他们的成长和未来发展带来了不利影响。

青少年的自我约束力低,一般有以下的一些原因。

1. 认知水平的影响。

青少年的认知发展水平还处在初步的形成阶段,具体表现为心理发展的不成熟,他们的思维方式暂时还处于连贯性较弱的状态。尤其是小学学龄的儿童,他们保持长时间的精力集中本身就是一件很有挑战性的事情;再加上孩子记忆不精确,记忆概念掌握不好以及表达能力有限,就会出现

第十章
自我约束力：引导孩子高效成长

这类"熟悉的规则记不住"或"管不住自己行为"的情况。另外，低学龄孩子正处于规则意识和自我管理意识初步成型的关键阶段，亟须建立一个完整的规则意识体系，但由于他们的自我认知水平还处于较低的状态，对规则的感知还更多依赖于成人，所以更需要老师和家长积极正向的引导，来辅助他们认识到规则的重要性，进而建立起较为完善的规则意识体系，形成自觉自律的良好习惯。

青少年的自我意识不足可能导致其对自己的行为缺乏觉察，难以意识到自己的行为有问题。同时，缺乏自我意识也会导致青少年无法了解自己的优势和劣势，从而不知道应该怎么做才能更好地发挥自己的潜能。此外，青少年的自我调节能力不足也可能导致其无法控制自己的情绪和行为。

2. 教育方式的影响。

父母在看到孩子的表现后会表现出一定的情绪，这些愤怒与烦恼在某种程度上也反映出自身的教育问题。例如，制订规则后，成年人是否做到了坚持原则严格执行？有没有因为孩子不愿意配合而妥协过呢？举个例子，我们给孩子规定每天看电视的时间只能有半小时，时间到了，孩子不愿意按照规则关掉电视而哭闹起来，父母不堪其扰，选择退一步再延长五分钟的时间……长此以往，父母制订的规则就不再是说一不二的"金科玉律"，而成了空有其表的摆设。在这种情况下，本应扮演引路者的我们连自己都没能做到遵守制订的规则，又怎么能要求孩子去严格遵守呢？所以，作为家长，我们首先要做的就是坚持原则，决不能因为孩子不情愿地哭闹而退让，要让孩子明白：定下的规则就要严格执行，树立起良好的规则意识，这样才能帮助孩子逐步养成自觉自律的好习惯。

除此以外，传统的教育方式往往是以老师为中心的，强调单向传授和纯知识的灌输，缺乏对青少年思维和情感方面的培养。这种教育方式可能会导致青少年的学习动力不足，学习兴趣降低，自我约束力下降。

3. 社会因素。

随着社会的发展，竞争日益激烈，青少年的确面临着越来越大的学习和生活压力，这种压力可能会导致青少年焦虑、紧张，从而影响到自我约束力的发挥。此外，现代社会的信息爆炸也会影响青少年的自我约束力。过多的社交网络、手机游戏等新媒体可能会分散青少年的注意力，降低青少年对学习的热情和动力，从而影响到青少年的自我约束力。

应对方法

（北京市东城区史家实验学校　吴　悠）

我们可以从以下几个方面着手，来提升青少年的自我约束力：

1. 为孩子设定清晰、具体的目标，让他们了解自己需要达到的标准。比如：每天看电视半小时，复习各科知识一小时，做自己喜欢的事情一小时等，这有助于孩子在追求目标的过程中保持专注，培养自律意识。另外需要注意，在孩子专注做事时，我们一定不要打扰，以免破坏孩子正在成型的连贯性思维，为孩子创设良好的做事环境。

2. 培养孩子的时间管理能力。我们要教会孩子合理安排时间，按时完成作业和任务。我们可以和孩子一起制订一份每日作息计划表，为孩子提供一个有规律的作息时间，日复一日地严格执行，这样一来，良好的时间管理习惯就在潜移默化之中逐步形成了。

3. 及时鼓励孩子，强化其正向的自觉自律行为。作为成年人，当孩子表现出自律行为时，我们应该第一时间给予积极地反馈和支持。这将激励他们继续保持自律，形成良好的行为习惯。

4. 关注情绪管理。情绪管理是自我约束力的一部分，因为情绪不稳定会影响孩子的自律行为。家长可以通过教育孩子认识自己的情绪，教导他们正确表达和释放情绪的方式，并且教导他们如何通过调整情绪来保持对目标的专注和坚持。

5. 家长要有足够的耐心。教育孩子自律不是一蹴而就的事情，需要长期的引导和培养。当孩子出现自律困难时，家长要耐心倾听和指导，鼓励他们不断尝试和改进。家长的支持和鼓励是孩子培养自我约束力的重要保障。

通过以上内容的层层分析，我们可以看到培养孩子自我约束力的方法是多方面的。作为家长，我们要充分发挥自身的作用，给孩子提供良好的环境和教育条件，通过科学合理的方法来引导和培养孩子的自我约束力。只有这样，孩子才能成长为自律、独立、有责任心的人。

目标管理，让孩子不再磨蹭

(北京市东城区史家实验学校　杨　婧)

总会听到有家长抱怨，"为什么我们家的孩子做事情总是磨磨蹭蹭，写作业总是拖拖拉拉，做什么都没有效率？""他只要坐在书桌前，不是喝水，就是上厕所，要么就是在捣鼓这个捣鼓那个，时间一不留神就过去了。""家长盯孩子写作业也很累心，最后作业完成得也不理想。""就连早上上学，他都要我们催促很久才能走出家门，时常还有迟到的情况。"

****

以上提到的种种，相信有很多家长都有感触，有些家长还会觉得孩子是故意这样做的，这是真的吗？

探索孩子对时间的认识

时间对于孩子而言，是一个很抽象的概念。换句话说，孩子根本不理解时间到底为何。它既看不见，也摸不到，时间是在他们的认知范围以外的存在。所以，孩子并不是真的是在跟父母对着干，除此以外，还有以下一些因素：

1. 有些孩子的很多事情都由父母安排好了，什么时间做什么事情，一件事做完了接下来要做什么，都已经被父母打理得井井有条，孩子根本

第十章
自我约束力：引导孩子高效成长

不需要考虑时间管理，因为父母早已经安排妥当，孩子只要照做就可以。当孩子习惯了父母安排时间，他就会形成一种对父母的依赖，一旦需要他自己安排时间的时候，孩子就会不知所措。

2. 有的孩子天生就是慢性子，做什么事情都是慢悠悠的，在慢性子孩子的眼中，时间仿佛被拉长了一样。如果再遇到急性子的父母，那么孩子可能要把父母急到崩溃。就性格而言，除了有慢性子的孩子，也有追求完美的孩子。这类孩子会把追求完美当成自己的目标，可是在追求完美的过程中，时间也就不知不觉白白过去了。我们不能说孩子追求完美是错误的，但这种心理一方面会促使孩子严格要求自己，另一方面也需要适时地引导，每个孩子都有自己能力的上限，不管最终结果如何，尽自己所能就好。

3. 有的孩子注意力常常不集中，总被各种事物分心，但他们自己并不觉得。有的家长会在这个时候训斥孩子，处在被强迫状态下的孩子也很难认真起来。

时间对于每一个孩子来说都是公平的，谁也不会多一分，谁也不会少一秒。但有的孩子善于管理自己的时间，而有的孩子却不知道如何珍惜时间，结果让时间白白地溜走。善于管理时间的孩子会学得很快乐，每天过得很快。而不善于管理时间的孩子觉得每天时间过得很慢。可见，尽管每个孩子都拥有同样的学习时间，接受同样的学习任务，却不是每个孩子都能够取得优异的成绩，这恰恰和时间的利用效率有很大关系。

时间对于每一个人来说都很重要，每一次对时间的使用都应该是有意义的，至少不能让时间被白白浪费。所以作为父母，我们需要教给孩子学会管理自己的时间，让每一分钟都过得充实且快乐。

将孩子培养成目标设定高手

说到这里,有些家长就犯了难,具体怎么做呢?

1. 提升孩子的时间感知力。我们可以从生活中的点滴入手,比如,准备送孩子去上学了,家长在这个时候提醒孩子:"七点半是要出门上学的时间,五点半是爸爸妈妈在门口接你放学的时间"等。这样具体的时间表达,能够让孩子意识到钟表上的时间与每天做事的时间是有紧密关系的。孩子在生活中的点滴小事上就能够关联到时间。

2. 设定明确的目标。帮助孩子设定具体、可实现的目标,并与他一同制订实现目标的步骤和时间表。目标能够给予孩子明确的方向,让他们有意识地朝着目标努力。

3. 建立良好的规划和时间管理能力。教导孩子如何制订合理的计划和时间安排,包括学习、休息和娱乐时间。通过合理规划时间,帮助孩子养成按时完成任务的习惯。

4. 培养坚持和毅力。教育孩子在面对困难和挑战时坚持下去,鼓励他们不轻易放弃,努力战胜困难。提供支持和鼓励,帮助孩子保持积极的态度,克服挫折。

5. 建立合理的奖惩制度。制订明确的奖励制度,鼓励孩子完成任务和达到目标。同时,也要设立适当的惩罚措施,让孩子认识到自律自控的重要性和不自律的后果。

6. 培养良好的习惯和自我约束力。教导孩子养成良好的习惯,如每天按时起床、完成作业、作息规律等。教导孩子学会自我约束,抵制诱惑,集中注意力,有效管理时间和精力。

7. 给予孩子适当的责任和自主权。给孩子一定的决策权和自主权，例如让他们参与家庭事务、学校活动的决策，培养他们的责任感和自我管理能力。

8. 榜样的力量和鼓励。作为父母或老师，要亲自做出榜样，展示出有自我约束力的行为，并及时给予孩子肯定和鼓励，让他们感受到自我约束带来的成就感和价值。

良好的事件应对能力，可以帮助孩子建立良好的学习和生活习惯、养成完成任务的习惯，让孩子学会自律和自控，不再浪费时间；帮助孩子合理分配学习时间，集中精力完成任务，提高学习效率和成绩；让孩子有规律地完成任务，成功地管理好自己的时间，增强孩子的自信心，提高个人成就感；能够让孩子明确每天的学习和生活目标，并按计划执行，培养其责任感和积极进取的态度；还可以让孩子有效地安排学习任务和空闲时间，保证学习和休息的平衡，提高生活质量。

让孩子爱上阅读，养成良好的阅读习惯

(北京市东城区史家实验学校　周　娜)

有这样一个孩子小轩，头脑聪明，思维敏捷，但是语文成绩却始终不如人意，虽然已经四年级了，但是他的识字量却只有小学二年级的水平，在做阅读等相关题目时更是难上加难，成绩十分不理想。在假期家访时，我与他的父母商量，建议提高孩子的阅读量，让孩子利用假期多阅读，多识字。当谈到这个话题时，家长立刻哭诉道："老师您是不知道，我家孩子就不爱读书，整天抱着手机刷视频，我们给他买了很多书，您看，家里整整一个书架的书，都是我和他爸爸给他精挑细选的，但是书架上都落灰了，他也不看。"孩子也表示自己不爱看书，觉得没意思。回想在家访期间，也有不少家长抱怨道："我家孩子坐不住，看书看不了10分钟就不知道跑哪去了，真是愁人"。孩子不爱阅读，没有良好的阅读习惯，这让不少家长叫苦，无计可施。

****

阅读对孩子的重要性是不言而喻的，阅读能力是所有学习能力的基础，是所有学科知识的解码器。很多父母都意识到了阅读对于孩子的重要性，但是在教育和培养孩子阅读习惯的时候往往用力过猛，反而没有达到应有的效果。身为家长，我们不妨站在孩子的角度思考一下，为什么孩子不喜欢阅读？

深度探究孩子不爱阅读的原因

一般来说，原因有二：

1. 对阅读有抵触情绪。家长在与孩子交往过程中是否会发生这样的情景：当你告诉孩子读书很重要、读书对成长有帮助的时候，他会反问你："读书好，为什么您不读书呢？"面对孩子的反问、质疑，我们常常会站在长者的角度，以高站位对孩子进行批评或劝说，继而要求孩子进行阅读，久而久之，孩子心中就会对阅读产生抵触情绪，也容易爆发亲子之间的冲突。其实父母就是孩子的一面镜子，家长的言行举止在日常生活中潜移默化地影响着孩子的行为。当父母的言与行相背时，再去要求孩子，孩子更容易产生抵触情绪。

2. 对阅读的书籍不感兴趣。仔细看看孩子的书柜，那些精心挑选的图书是否符合孩子的年龄发展特点？书籍的内容是否是孩子感兴趣的呢？不同年龄段的孩子有不同的阅读适应性，有些时候不是孩子不喜欢阅读，而是没有选对适合他阅读的书籍。

引导孩子爱上阅读的方法和建议

让孩子爱上阅读，养成良好的阅读习惯，我们其实可以这样做：

1. 以身作则，放下手机，拿起书本。家长就是孩子的一面镜子，孩子最强的能力是模仿，家长的行为和习惯都会无形地影响孩子。要培养孩子的阅读习惯，家长更应该以身作则，为孩子树立起爱读书的榜样。要让孩子看到，身处数字化的环境中，不是只有手机、电视能够提供娱乐，阅读纸质书同样能带来快乐，并且是一种更加高级的快乐。

2. 营造良好的阅读环境。环境对一个人的影响也是很重要的。环境育人思想是中国传统文化育人的重要理念，从"孟母三迁"的故事到"蓬生麻中，不扶自直"的成语，无不在强调环境对于人的成长的重要性。孔子、孟子、荀子、墨子等思想家，都提倡要主动创设环境，使受教育者受到熏陶教化。培养孩子良好的阅读习惯，同样需要创设良好的阅读环境。家长可以在家中为孩子创设一个阅读角，或者给孩子买一个单独的书柜，让孩子在家里随时随处都能找到合适的书去读。这样，当孩子玩累了或是坐下来安静的时候，他会很容易地从书架上拿出一本爱看的书翻上几页。这就是一种潜移默化的培养，让孩子在书香的氛围中慢慢喜欢上阅读。如果在家中创设阅读环境比较困难,也可以充分利用社会资源,家长可以多带孩子去图书馆看书或者参加一些阅读活动。

3. 挑选合适的书籍。根据学生的认知发展规律,3~4岁的儿童适合有细节和情节的绘本故事类书籍,且以大量图片书为主。图片能激发孩子的想象力,有助于孩子喜爱上阅读;4~5岁儿童适合有故事情节的连环画,比如《西游记》等,有情节、有图案,不仅吸引孩子眼球,还能让孩子持续阅读下去;5~6岁的孩子会对科普类的儿童故事比较有兴趣,这有助于孩子思考,还能提升孩子的动手能力;6~7岁的儿童适合幻想类童话,一方面这类书不仅能满足孩子想象力驰骋的需求,孩子还能在有趣和轻松中感受沉浸在阅读海洋中的愉悦。挑选合适的书籍不仅能够加深孩子的阅读兴趣,也可以提升孩子的阅读能力。

4. 有声阅读,加强阅读互动。有研究表明,一个儿童听父母讲故事的时间长短,与他数年后的阅读水平有很大关系。如果父母每天给孩子朗读故事,孩子就能了解更多的词汇,提高理解能力,接触更大的世界。对于高年级的孩子来说,可以让孩子坚持每日为父母朗读书籍,或者录制有声书。多感官阅读,互动性阅读,都会让孩子更有阅读动力。

5. 固定阅读时间。每天抽出一定的时间进行专心阅读,一般为睡觉前1小时,这个时间是绝佳的读书时间,孩子经过一天的学习、运动、生活,睡前的这段时间也是较为安静、专注的阶段。考虑到孩子的耐心和专注程度,早期可以从15~30分钟开始。

阅读是一件需要终生去做的事情,因此家长也不必着急,逐步培养,静心守护,静待花开。家长在平时要给孩子充足的时间、空间和积极的、有力的鼓舞,为孩子创设良好的家庭阅读氛围。

第十章
自我约束力：引导孩子高效成长

系统化的养成方式，培养孩子的自我约束力

（北京市东城区史家实验学校　刘洪洋）

对于不够自律的孩子，我们该怎么办呢？

有个孩子叫小勇。从一年级入学，他就表现出懒惰、娇气的特点，尤其在写作业方面更加明显。他常常将作业拖到最后时刻才开始动手，而且在写作业时经常拖延，一笔一画慢慢写，显得非常不情愿。有时候即便坐在书桌前，也表现出注意力不集中，他可能写三两下就开始东张西望，或者摆弄文具、做小动作。家长经常和老师诉苦，小勇在家里还会找各种理由逃避，比如说自己肚子饿、头痛或需要休息一会儿等，以此作为不写作业的借口。

****

小学阶段是儿童成长的关键时期，在这个时期所培养的自我控制和自我约束的能力会为他们日后的生活和学习打下坚实的基础。为了解决这个问题，让小勇同学养成良好的写作业习惯，我为他量身制订了一套措施。

建立固定作业时间

这一策略，核心是帮助孩子发展出规律的日常节奏，让作业成为一天

中不可或缺的一部分，就像吃饭和睡觉一样自然。

为什么要这么做呢？因为孩子的天性中带有对稳定和次序的渴望，一旦他们适应了某种规律，这种规律就会成为习惯，促进他们更自主地学习和生活。

小勇的作业之旅是从他一进教室就开启的。每天早晨进班后，吃过早餐，小勇便拿出书本，专注地写黑板上的早读内容。看到小勇手中的铅笔在纸上跳跃，我就知道他的一天又开始了。

起初，小勇确实也会有偷懒的时候，总是不自觉地向外面的操场望去，又或者偷偷地玩橡皮和尺子。这时，老师的作用就体现出来。我会用既温和又坚定的声音提醒他："小勇，再坚持五分钟，你可比昨天又进步了。你看，你的字迹多漂亮！再坚持下去，你就能完成今天的目标了。"

孩子小，非常在意老师的评价，所以当他知道老师在关注他，没有偷懒的可能了，也就能继续写下去。习惯成自然，一个月下来，早上不用老师提醒，小勇和所有同学一样，都会自觉完成每天的第一项任务：早读。

日常作业的检查，强化成就感、奖励机制

每当小勇按时完成了作业，不论作业的正确率如何，我都会首先鼓励他遵守了学习计划，然后针对他的作业进行详尽的评价和反馈。

我特别强调对作业中进步和优点的认可，以强化其成就感。例如，在看拼音写字小测中，只要他在规定时间内完成，哪怕还有错字，我也会先表扬他写作业专心，然后再让他订正。如果作业在午餐前完成，他还可以在大课间去操场玩耍。每完成一定阶段（我们通常为一周时间）的任务后，小勇就能获得一些小而实际的奖励，如一根棒棒糖、任意挑选一

本课外书带回家看、大课间户外活动等，这都能进一步激励他保持这一习惯。

家校合作，构建支持性学习环境

为了使这一习惯养成不仅局限在学校中，我特意与小勇的家长展开了深入沟通，并达成一致，帮助他们构建一个有利的家庭学习环境。我让小勇的家长在家中为小勇划定一个安静的作业角落，并监督他在固定时间开始自学。同时，家长也参与到了奖励制度中来，他们会对小勇的良好表现进行附加奖励，如一家人的户外郊游等，这样的亲子活动将作为额外激励，促进了家庭对其学习的正面支持。

自我监督

在家里，小勇学会了使用闹钟或手机提醒自己学习时间的开始和结束。同时，我也鼓励他在每完成一个作业小目标后在记事本上打钩，第二天拿到学校换积分，这样可以提升他的自我满足感和进步感，让他能够从中感受到学习的乐趣和成就。我们的目标是：随着时间的推移，这种自我监督的能力将会成为小勇习惯的一部分，并在他未来的学习生涯中起到重要作用。

总结与思考

经历了一年的习惯培养，按时完成作业对小勇来说已经不是问题了。老师、家长和小勇自己对这一点都很满意。我总结了以下系统化的教养方式，从持之以恒，到善于管理和积累以及心理发育的观察。

1. 习惯的养成并非一蹴而就，需要持之以恒的精神和耐心。

在帮助小勇养成按时完成作业的习惯中，我们发现养成一个好习惯需要一个阶段的适应过程，即便在这个过程中出现挫败或回退，也需要教师和家长提供更多的理解和支持，而不是简单的批评和斥责。

2. 养成好习惯的秘诀在于细节的管理与每个小成功的积累。

明确的作业规划、具体的奖励措施和家校持续合作对小勇的行为改变起到了显著的作用。这些管理和激励的细节，帮助他循序渐进地认识到了时间的价值和习惯养成的重要性，并且在每一次的小成功中获得了成就感，从而促使他更愿意遵守之前的规划，坚持下去。

3. 无论是班主任还是家长，在引导孩子养成好习惯的同时，也要关注孩子的心理变化，必须有足够的敏感性去察觉孩子的孤僻、焦虑等不良情绪，及时采取措施进行疏导。在这个过程中，教师的角色不仅是知识的传授者，更是心灵的引导者和情感的陪伴者。

制订学习目标，改变孩子不按时写作业的习惯

(北京市东城区史家实验学校　李　辉)

二年级时学生没有书面作业，只是读读书，但有一个女孩小徐，每次检查时她都不会读，也都没完成作业。三到四年级时，学生有书面上交的作业，但还是经常收不上她的作业本。老师跟家长联系，家长反馈说孩子

第十章

自我约束力：引导孩子高效成长

太磨蹭，即使家长在身边盯着写，孩子也会找各种理由不写作业。比如：写着写着就开始玩文具；铅笔断了，找削笔刀找半天；写错时，用橡皮擦能擦半天；总找上厕所、吃东西这种理由打断写作业等。家长自己的压力也很大，比较焦虑，逐渐失去耐心，最终躺平不去关注孩子的作业完成情况，所以小徐同学在学校的上交作业情况才会如此。

****

深度探究原因

像小徐这样写作业拖拉磨蹭的孩子很多，不同孩子的性格和成长环境形成的原因也各不相同。首先，有些孩子本身性子就慢，就像小徐，她就属于一个慢性子的女孩，平时吃饭、做事都慢慢悠悠的。对这样的孩子，家长越催，孩子反而不知道该怎么做了，所以干脆就不做了。其次，能力达不到，作业就不会写，小徐同学同样有这方面的原因。她基础比较差，而且越落越多，尤其像英语这种需要积累的学科，她连最基础的字母和简单的单词都不能掌握，让她去做题，肯定是很茫然的。基础越差，她越学不会，对于学习的兴趣就会越弱，久而久之，她就更不会主动去学习了。最后，孩子是有潜意识地对抗父母，用磨蹭来反抗父母的管控，父母越让干什么就越不干什么，孩子心里很明白，反正父母也不会拿自己怎么样，不想做就不做了。

除了孩子自身的种种原因，家长也存在一定导致孩子不按时完成作业的原因。俗话说"闲时母慈子孝，一写作业鸡飞狗跳"，家长一遇到这种问题不是躺平就是发脾气让孩子硬改。躺平最简单最轻松，就是不管了，孩子回家不爱写作业就不写，不爱学知识就不学，想着孩子长大了自然就好了。不过家长看到孩子那副样子,难免会火冒三丈,估计三天一大吼两天一小吼,这非常不利于家庭和谐。有的家长甚至每天恨不得睡觉前都把孩子放在补习班里,眼不见心不烦,心存侥幸,万一补习班把孩子不写作业的习惯改回来了呢,不过这种可能性很低。正因为家长这种躺平的心态,所以孩子从小就没有养成按时写作业的习惯,慢慢地,长大了就很难纠正了。第二种是硬改,就是家长全程时时刻刻地陪着孩子写作业,不放过每一道题和每一个知识点,孩子必须完成、必须会,不会就一直跟孩子较劲,甚至占用孩子睡觉的时间,直到孩子学会为止。这种方法需要很长时间,每天不是家长气得喘不上气,就是孩子哭得撕心裂肺,效果也未知。这种家长会让孩子对学习越来越没有兴趣,甚至害怕和厌恶,最后严重的可能导致厌学情绪。

直面问题,科学应对

面对孩子不按时做作业的情况,作为家长我们应该怎么做才有效果呢?

1. 家长一定要调整好心态,用自己成熟的心智,换位到孩子的角度去发现问题,运用智慧引导孩子去适应学习上的规则,这会让孩子和自己的处境都得到改善。家长既不要选择躺平,也不要发脾气硬给孩子纠正习惯,而要利用一些小方法慢慢帮助孩子养成好习惯。比如放学后不要让孩子立刻写作业,让孩子先自由活动半个小时,再去完成作业,孩子在放松的同时也会回顾一下今天学的知识和作业内容,给写作业一个心理准备的时间和缓冲。时间一到,务必让孩子坐到书桌前开始写作业,如果他无法遵守,就取消活动时间。多次实施后,孩子的主动性会得以提高,久而久

第十章

自我约束力：引导孩子高效成长

之成为一种习惯，而且这样在做作业时效率更高。

2. 实现公平。当孩子写作业时，家长不要看电视或玩手机，这些活动本来就容易让孩子分心，孩子心里也会想为什么父母能玩而我却在这写作业不能玩，这样不公平。家长也可以拿本书，坐在孩子的旁边看书，不打扰孩子，与孩子一起学习，用自己的专注感染孩子，中间也不要给孩子送水送吃的，不干扰孩子，营造浓厚的家庭学习气氛。孩子在这样的环境下写作业，心态就会很平和，心思就都在学习上了。

3. 家长可以根据孩子的实际情况，给孩子制订一个学习目标，并附有奖罚机制，触发孩子的学习动力，培养孩子自主学习的习惯。哪怕只取得了一个小的进步，也要多鼓励孩子，相信每一个孩子都渴望得到父母的夸奖和认同，这样也可以激发孩子的学习兴趣。比如小徐同学，作为老师，我跟她的父母说好，一开始连续两天按时上交作业，就要给予她一个小奖票；坚持两周后，再次约定，连续三天按时交作业，给她一个小奖票；两周后就连续四天，以此类推；最终达到每天都按时交作业。坚持一周一个小奖票，集齐十个奖票换一个小礼品。当然中间有坚持不下来的时候，这时可以没收一个奖票，有奖有罚，慢慢激励她按时写作业。同时我也会让家长配合，制订一个家庭的奖罚机制，做得好有奖励，做得不好有惩罚，慢慢地，小徐同学就知道，想要得到奖励，就一定要先按时完成作业，她就会逐渐养成先完成作业的好习惯了。这个方法初见成效后，小徐同学的爸爸也跟老师反馈道，如果孩子一年级时他们就这样做，也不会导致现在孩子不好管。

每一个孩子都像是绽放光芒的星星，有自己的闪光点。在成长的过程中，学习很苦，他们的压力很大，作为家长，不管用什么方法陪伴孩子的成长，都要持之以恒，循序渐进。作为孩子最亲最信任的人，家长要和孩子一起努力，共同进步，以自己为榜样，给孩子足够的鼓励和理解，还有及时开导。父母们，放下焦虑，理性平和地看待孩子的作业；父母们，回归初心，使家庭教育和孩子的成长相得益彰。这样，孩子们才会迎风成长，心向阳光。

一揽子计划，帮助孩子顺利适应初中生活

（北京市第二中学分校　汪　廉）

每每接手新初一的时候，会有很多家长和我沟通如何帮助孩子尽快地适应初中生活。作为一名班主任，我今天想和大家一起分享我的看法。

给予恰当的理解

首先，我们要理解学生初入中学校门，不适应新环境是很正常的一个现象。作为成年人，我们走进一个新的环境也会有不适感，家长千万不要强化暗示这种不适感。

其次，在入学前，我们可以进行一个大手拉小手的活动。比如请亲戚朋友家上了孩子同一所中学的学长或学姐来家里做客，和孩子讲一讲初中生活是什么样的。对于谈话的内容，我们可以通过对方家长进行渗透，孩子们在谈话的时候，我们不在场，充分信任和尊重孩子们；我们也可以提

前带孩子去已被录取的学校附近转一转，熟悉一下周边环境，和孩子约定好接送地点；再或者家长可以和孩子一起清洗校服，按学校要求准备学习用品等充满仪式感的热身活动。

最后，在入学后，每天在晚饭时我们可以和孩子聊一聊学校里的趣闻或者今天又解锁了学校里哪些新的地点等，要让孩子感受到您对他的新学校也很好奇，很愿意听他讲这些，用正能量引导孩子去发现校园里的美。

提供合理的时间安排

初中的学习任务会比小学要繁重得多，课堂内容也更丰富、更有深度，所以很多学生一上来就适应不了快节奏的初中生活，如何安排好学生的作息就至关重要。我听过很多家长反映孩子写作业写到很晚、早上起不来等问题。毫不客气地说，这些问题都是没有养成好习惯造成的。我以自己所在的学校为例，为大家梳理一下学生的作息时间安排。学校要求学生完成语数英作业的时间每科不超过半个小时，其他科目不超过 15 分钟。假设初一七科全部布置了作业，学生 17:00 或者 17:40 结束课后服务。以半个小时的路程为例，18:10 到家，很多双职工的家庭都在这个时间开始准备晚餐。各家情况不同，但是在晚饭前的这段时间学生可以用来完成部分作业。晚餐用时半个小时，学生再帮助父母简单做些家务。20:00 就又可以开始新的学习了。我们简单计算一下，从 18:10 到 20:00 这个时间，应该是有将近一个小时的时间可以写作业。孩子还剩下一个半小时的作业量，那么九点半孩子就应该可以完成所有的作业。这是在满打满算的情况下，如果再抓紧一些时间，比如课间或者午休时完成了一部分作业或者今天没有全科作业，那么孩子 21:00 结束学习任务是完全没有问题的。如果您的孩子每天 21:30 之前都没有完成作业,那么我们就要思考问题出在哪。如果是因为住得远,我们可以灵活调整时间,比如让孩子在路上完成背诵作业等。也还可以观察一下孩子的作业习惯,是因为没有抓紧时间还是因为难度太大,做不出来,浪费了时间。如果是不抓紧时间的问题,我们可以重新帮助孩子安排更为合理的作业时间。如果是因为难度太大,我们还要继续寻找原因,寻求老师的帮助,看看是孩子在小学时知识没有打下良好的基础,还是课上听讲的问题或者其他原因。

鼓励孩子运动

基于孩子的健康成长和随着体育考试比重的加大,体育锻炼也不能忽视。在作业期间,我们可以穿插半个小时的体育锻炼,让孩子呼吸呼吸新鲜空气,换换脑子,从而更好地集中精力完成学习任务。锻炼时,您可以陪着孩子一起,聊聊天,增进亲子关系。这样算下来,最晚 22:00,孩子应该可以结束一天的学习生活,准备上床休息了。从晚上 22:30 到次日 6:30,孩子 8 个小时的睡眠时间足以保证第二天的正常学习生活了。

美妙的周末时光

每到周末的时候,我们不妨"溺爱"一下孩子,让他们睡到自然醒。每天能有足够睡眠的孩子,也不会在周末睡到很晚才起。这时,我们可以安排很多周末活动帮助孩子开阔眼界和陶冶情操:一起参观博物馆,去公园走一走,参加一场公益活动,抑或在家中一起准备一顿美食,看望老人等。我不赞同周末给孩子卷课内知识。如果周末两天还在学习课内知识,那孩子剩下的五天在学校的课堂上干什么?他已经学会了,还要坐在那

第十章
自我约束力：引导孩子高效成长

儿，人在心不在，长此以往不利于孩子专注力的培养。很多家长给孩子报的这种辅导班，是为了求心安，完全没有考虑孩子的感受。我们没有权力提前消耗孩子对知识的渴望，甚至是抹杀孩子的学习动力。周末我们还可以给孩子安排一个一定是他喜欢的素养课程，比如音乐、美术、舞蹈、体育、棋牌类、科技类等。孩子在做自己喜欢的事情时是心甘情愿的，是全神贯注的，这样的活动可让孩子的大脑得到充分的休息，帮助孩子周一能够重返"战场"。学习只是教育的一个环节，我们都希望我们的孩子做一个身心健康的人，而不是学习的机器。

电子产品的使用指南

说完了一周的安排，我最后想再说说我们的老朋友"互联网"。随着智能手机的普及，其实这个问题也可以说是"手机"问题。我的建议是在三年级、最晚四年级的时候就给孩子使用他们自己的手机。我们不可能和时代去抗争，每个人的成长都和他所处的时代息息相关，孩子需要使用手机是早晚的事，我们就要在可控的时候去帮助他们养成良好的用机习惯，不要等到青春期了发现问题再去管。孩子小学的学习任务相对没有那么重，我们可以让孩子们每天自由使用手机半个小时。在使用前明确手机的所属权是家长，如果他违反了使用规定，家长随时有权力收回自己的财产。我们还要和孩子明确使用手机的规则，什么情况下会被收回。在这里，我给大家整理了一些规则，都是从我知道的失败案例里总结的，帮助大家提前规划，有不足之处，还望大家补充。

1. 不加陌生人微信。
2. 不侵犯他人的肖像权，拍照前要取得他人同意。

3. 不泄露自己的私人信息。

4. 在微信群、朋友圈发表的言论要有正能量。

5. 不绑定银行卡。

6. 手机使用时间不累计。

7. 10∶30 以后不再动手机。

8. 手机设密码，使用完后放在父母的房间。

如果在小学阶段，我们帮助孩子养成了良好的手机使用习惯，那么上初中后，让孩子继续延续这种好习惯就行。甚至我们还可以利用自由使用手机这个事情督促孩子抓紧时间。没有尝过自由的滋味，哪能知道自由的可贵呢。

抓住时机，让孩子去自我中心化

（北京市第二中学分校　石杨子）

最近，我接触了一个非常以自我为中心的孩子——小林。他成绩很好，上课积极回答问题，学习努力又用功。但是他在课上想到什么就会马上举手打断老师讲课，许多时候问的问题也与课程无关。下课后他到处问其他同学上什么课外班，引起同学反感，同学和他做小组作业，到了约好的时间他不在，小组只能把他去掉。

运动会彩排前他与同学打架，我批评了他，等到出发去体育场前他就在学校里"消失"了，我只能拜托留校的老师寻找他。运动会上他不听调

第十章

自我约束力:引导孩子高效成长

度,私自跑下体育场,又错过了自己项目的签到时间,就一直纠缠裁判老师,要求自己重新比赛,等到我们整队时又找不到他。

他最喜欢数学,数学晨练但凡成绩不尽如人意,他就要在课堂上撕卷子,大吼大叫,满嘴脏话,情绪失控,我每次安抚他数个小时,好不容易让这位"大宝宝"愿意回去上课了,等到下次数学晨练,一切照旧。

音乐课上,他写其他学科作业被某班委批评,他反而骂骂咧咧,觉得这位同学针对自己。第二天下雪,学校操场积雪,学校广播不让去操场玩,同一位班委特意又提醒他一遍,他觉得是这位班委不停地针对自己,是挑衅,打了对方好几拳。结果当天下午他就因为私自去操场玩雪摔倒,嘴角磕在大理石砖角上,被紧急送医院缝了针。

这一系列的问题,导致班内同学对他敬而远之,他反而觉得自己这么优秀,同学们都是故意排挤自己,是班内一些成绩好的同学有意为之,他妈妈也认为是我经常批评他,刻意引导班内同学疏远他。总之,他从来不认为自己有问题,反而都是别人的错。

****

了解家庭情况

和小林妈妈交流时,她说自己为孩子付出了一切,自己本来是公司高管,为了有时间陪伴孩子,辞职找了一份闲职。其实这种情况本身就会让妈妈心理失衡,为了孩子辞职,孩子的学业、生活不理想的时候,妈妈是会感受到不平衡和压力的。虽然小林妈妈没有给小林任何压力,但是情绪和行为有时候也会影响到孩子。而且小林这种以自我为中心的情况,与他父母对他的纵容是分不开的。

父母是孩子的一面镜子，从我与他妈妈的交流来看，小林的父母也有类似的情况，只不过成年人懂得分寸，可以承担责任。

小林非常崇拜他的父母，跟我聊天时他也会说："爸爸妈妈像我这么大的时候都那么优秀，我现在这样，我对不起他们。"我感受到小林的精神压力非常大，每天在学校时情绪都很紧绷。

了解人际交往

小林妈妈说，她跟小林说不要在意别人怎么想，只专注自己。但是中学阶段是学生社会化的阶段，人是群居动物，必须适应集体，学会与人正常交往。小林非常想让同学们关注他，关注到他的优秀，但当他取得好成绩时，他又会洋洋得意，在别人面前炫耀自己的成绩，这让一些同学对他不满。初一的孩子有时候还很单纯幼稚，孩子们把不喜欢谁都挂在脸上。久而久之，小林就感受到别人对他的不满，他会疑惑，为什么优秀的自己会受到排挤？然后就会非常沮丧，甚至和他人产生矛盾冲突。

调节情绪状态

小林无法控制自己的情绪，当他处于愤怒或者激动时，他无法控制自己，也无法顾及他人。有一次，小林和某同学在篮球场上发生矛盾，两人在球场上的明争暗抢已经持续了一星期，最终在当天体育课上爆发，两个人打了起来，其他同学把他们分开，又把他俩拉到我面前。我在听他俩和亲历同学说事情经过时，小林说的和其他同学说的都不一样，可以说，他说的和同学们描述的完全南辕北辙。我对小林说，"冷静一会儿，再想想。"他认为我对他不信任，于是更加生气，我让他坐一会儿冷静冷静，然后慢慢地，他承认同学们说的是真相。这样的事情还有好几次，我发现不是他有意撒谎，而是他完全无法控制他的情绪。

小林内心还十分敏感，感觉到同学们针对他后，他总是疑神疑鬼。同学们无意间的笑，几位同学路过他时说的某一句话，都让他觉得是在针对自己。他渴望关注，希望所有人都围着他转，甚至希望老师也为他的各种跳脱行为开绿灯。

应对策略

在了解小林这种情绪化的问题后，老师在班级内嘱咐了几位和他关系近的同学，有情况及时告诉老师，也拜托他们在老师不在的时候照顾一下小林。

又一个失败的数学晨练后，小林在稍后的科学课上大吼大叫，后来说自己心脏很疼，科学老师让他来找我。我给他分析了几个问题，他委屈地说："老师，我那么努力了，为什么成绩还是不行，我想给妈妈打电话。"我和他妈妈约定，需要安抚情绪的时候可以让小林给他妈妈打电话，避免耽误我数个小时的工作时间还一无所获。我坐在他身后，听他带着哭腔给他妈妈打电话，"妈妈，我现在不能放松，我数学这么差，回家没法和你交代。""我必须现在努力，将来上好大学，找到好工作，然后孝顺您。""您在我这个年龄那么优秀，我现在太差了。"能听出他妈妈像往常一样尽力在安抚他，但是他依然重复这几句话，等他挂了电话，我把他叫到身边。

"小林，你长大究竟想做什么呢？你知道欲速则不达吗？"这些话其实我对他说过很多次了，但是好像没有起作用。他低着头，说："老师，我知道我控制不住情绪，但是我刚才难受，心脏好疼。"我说："一般人感觉到愤怒、失望、沮丧是不会心脏疼的，你这是内在情绪影响了你的身体健康，而且已经很严重了，你一定要试着控制自己的脾气。"他瞪大了眼睛："老师，这么严重吗？""是啊，你好好想想老师说的，欲速则不达。"

他不太明白："老师，我上课也在写数学，其他课也在写，连眼保健操的时间都在写题，为什么我还会错同样的问题？"我说："正是因为你用这些时间在写题，所以你还在出问题，你一边防范老师，一边写题，一心二用，能写好吗，能有思考的空间吗？"他思考着，点了点头。我又接着说："拔苗助长，树苗虽然也能长大，但是它蕴含的营养物质是缺乏的，学习也是这样，不要急功近利。"他说："老师，我很多时候改得很慢，您可能得多跟我说几遍，说一阵我才能慢慢改。"我很震惊，震惊于他的改变。我说："老师觉得你谦虚了很多，一定要保持，认真对待老师和同学的建议，谦虚才能进步。"他说好。

我想，对于他来说，改变的时机到了，佛教讲究"禅机"，讲求时机，那个瞬间我突然意识到属于小林的"禅机"已到，他已经意识到了自己的问题，需要老师进一步引导他逐步改善。

小林的状态越来越好，虽然还得多提醒，没收他在其他课上的数学作业，但是我切实感受到了他的变化，也感受到了小林妈妈的变化。小林妈妈也坦言感觉班级班风很正，同学们虽然有些疏远小林，但大家都很友善，小林有什么问题时同学们都能及时帮助他。小林也在逐渐用自己的方法融入班集体，比如卖力拖地，积极收发作业。

总结

每个孩子都是独一无二的,小林的优点和缺点都非常鲜明,他真诚、用功、努力、朴实,但是也以自我为中心,敏感、要面子。对待小林这样的孩子也没有灵丹妙药,只有真诚、耐心地开导他,指引他。我们相信真心换真心,也相信锲而不舍,金石可镂。花朵需要时间的浸润才能开放,但或许有的孩子永远不会开花,因为他是一棵参天大树。我也相信,终有一天小林能明白:清风拂山冈,明月照大江。

日常实践方案

自我约束是在生活中经常提到的一个话题,青少年在成长的过程中,家长可以引导青少年拥有自己的节奏,但是对于时间的感知和管理,是青少年需要培养的能力。

培养孩子的自我约束力,家长可以简单地做到以下几点:

1. 建立规律的生活习惯。
2. 给孩子设置一些小而具体的目标。
3. 激发孩子的兴趣爱好。
4. 建立适当的奖惩机制。

以下是一些适用于家庭中的亲子游戏,供大家参考。

▶ 【活动目标】

1. 知识与技能:引导青少年感受自我约束对自己的生活、学习、身体素质的正向积极影响,并学习相关的时间管理、调节学业情绪的方法。

2. 过程与方法:通过情景模拟、心理健康游戏、亲子运动、团体分享和讨论等方法,提高青少年的自我约束力。

3. 情感态度与价值观:提升青少年的积极心态,引导青少年认识到,自我约束并不是强迫自己去完成某件事,而是自己会享受整个过程,并达到福流(Flow,也称为心流)状态。

▶ 【活动过程】　先导游戏:熊猫保卫战
游戏1:俯撑石头剪刀布
游戏2:屈腿石头剪刀布
游戏3:猜拳踩脚

先导游戏：熊猫保卫战

> **活动规则：**

1. 参与者均分为两队，一队要抢夺熊猫，另一队则要守护熊猫。

2. 守护熊猫的队伍需要将熊猫固定在头顶，手要放在身后。

3. 抢夺熊猫的队伍需要将双脚绑住，戴着手套去抢夺熊猫。

4. 时间为 5 分钟，熊猫被抢夺过来的小组为赢，反之对方赢。

> **物料准备：**

熊猫公仔、绑带、计时器。

> **小结：** 活动中引导青少年感受团队合作和守护熊猫的乐趣。

游戏 1：俯撑石头剪刀布

（北京市东城区史家实验学校　牛东芳）

1. 活动目标：通过练习提高腰腹肌及上肢的力量。

2. 动作方法：家长与孩子头与头相对做俯撑动作，同侧手臂抬起做石头剪刀布。家长可以与孩子先练习俯撑，过渡到俯撑击掌，由易到难。赢的一方换手，输的一方继续用刚才的那一只手（如下图5）。

3. 练习方法：

强度大——10 次一组，做 4 组，组间隔时间 30 秒。

强度中——8 次一组，做 3 组，组间隔时间 40 秒。

强度小——6 次一组，做 2 组，组间隔时间 50 秒。

图 5

建议与注意事项：在抬起一只手后，背、腰、臀、腿保持姿态，切不可扭动。

游戏 2：屈腿石头剪刀布 　　（北京市东城区史家实验学校　牛东芳）

1. 活动目标：通过练习提高身体协调性和腰腹肌力量。

2. 动作方法：家长与孩子面对面屈腿坐，身体后倒 30°~45°，两只手在体侧撑地，双腿屈腿脚离地面 10 厘米，做石头、剪刀、布的游戏。石头，两脚并拢；剪刀，两脚前后分开；布，两脚左右分开。如图 6 所示。

3. 练习方法：

强度大——10 次为一组，做 4 组，组间隔时间 30 秒。

强度中——8 次为一组，做 3 组，组间隔时间 40 秒。

强度小——6 次为一组，做 2 组，组间隔时间 50 秒。

建议与注意事项：注意在每组游戏过程中，始终保持屈腿后倒，脚不能着地。

第十章
自我约束力：引导孩子高效成长

图 6

游戏 3：猜拳踩脚　　　　　　　　（北京市东城区史家实验学校　牛东芳）

1. 活动目标：通过练习，提高下肢力量及反应能力。

2. 动作方法：家长与学生在同时进行双脚蹦跳的情况下，手上做石头剪刀布游戏，当一方获胜时，可以迅速去踩对方的脚一次，输的一方可以躲闪，看谁反应快。也可以增加游戏难度，手脚同时做石头剪刀布。如图 7 所示。

3. 练习方法：

强度大——30 次为一组，做 3 组，组间隔时间 30 秒。

强度中——20 次为一组，做 3 组，组间隔时间 40 秒。

强度小——20 次为一组，做 2 组，组间隔时间 50 秒。

建议与注意事项：两人在说石头剪刀布时始终保持小跳，赢的一方只可以踩对方一次，如果没有踩到要继续游戏，不能追着踩。

图 7

> **小结：** 以上这些小游戏不仅能够让你们出出汗，还能缓和亲子关系，提升身体素质，时间久了，不管是肌肉记忆还是习惯养成，都可以让孩子主动地去做事情，培养自我约束力。

后 记

在完成了这本书的编写之后，我们深感责任重大，同时也满怀期待。这本书不仅是我们对家庭教育理念、家庭教育方法的总结，更是对广大家长朋友们的诚挚建议与指导。

回顾整个编写过程，我们深知，每个孩子都是独一无二的，每个家庭也都有其独特的教育环境和挑战。因此，在编写过程中，我们特别注重内容的针对性和实用性，希望能够帮助家长们更好地应对家庭教育中遇到的各种问题。这本书的所有稿件都来源于一线教师们的实践经验、教育智慧和思考提炼。在此，感谢参与编写的各位一线教师，汇集家校育人的智慧力量。同时也要感谢家庭教育指导专业机构知行华夏的各位专家的专业指导和大力支持，让这本书成功问世！

希望这些教育思考、活动案例能成为各位家长朋友、各位教育同仁们家庭教育道路上的良师益友，为您提供有益的指导和帮助。同时，我们也期待与您一起探讨更多家庭教育的话题，共同为孩子的成长和发展贡献我们的智慧和力量。

北京市东城区史家实验学校

李娟　谷思艺